Konrad Beikircher

Pasticcio Capriccio

Der allerneueste Opernführer

Kiepenheuer & Witsch

Umschlaggestaltung: Rudolf Linn, Köln
Umschlagmotiv: © Melanie Grande
Gesetzt aus der Scala und der Gill Sans
Satz: Felder KölnBerlin
Printed in Germany
ISBN 978-3-462-05011-0

DAS BUCH

Mit »Palazzo Bajazzo« und »Bohème suprême« hat der Musiker und Kabarettist Konrad Beikircher das verstaubte Genre der Opernführer auf charmante Weise aufgemischt. Nun legt er mit »Pasticcio Capriccio« nach: In einer unnachahmlichen Verbindung aus höchster Fachkompetenz und hintergründigem Humor führt uns Beikircher durch weitere große Opern von Rossini über Puccini bis Richard Strauss. Erzählerisch bringt er uns Komponisten und Librettisten nahe, schildert die Handlung so, dass man beim Lesen immer wieder herzlich lachen muss, erläutert die musikalischen Hits und Flops – und verteilt Bewertungspunkte in Kategorien wie Ewigkeitsfaktor, Gähnwert, Tränenpotenzial und Genusshöhe. Kurzum: Mit »Pasticcio Capriccio« hat man alles, was man braucht, um als Opernliebhaber mitreden zu können. Und großen Spaß obendrein. Hoch soll sie leben, die Oper! Dreimal hoch!

DER AUTOR

Konrad Beikircher, Jahrgang 1945, Diplom-Psychologe und Musikwissenschaftler, Kabarettist und Klassik-Freak. Beikircher stammt aus Bruneck in Südtirol/Italien und verbrachte dort auch seine Kindheit. Mit elf Jahren kam er nach Bozen und besuchte dort die weiterführende Schule. 1964 ging er zum Studium der Musikwissenschaften und Psychologie nach Wien (eineinhalb Jahre Stehplatz in der Staatsoper Wien), wechselte bald nach Bonn und war ab 1971 als Psychologe im Justizvollzugsdienst tätig. Seit 1986 arbeitet er u.a. als Kabarettist, Komponist, Musiker, Moderator und Buchautor. Zahlreiche CD- und Buchveröffentlichungen, unter anderem: »Der große Opernführer in zwei Bänden. Palazzo Bajazzo/Bohème suprême im Schuber« (KiWi 1073). Zuletzt als Buch erschienen: »Eine Kindheit in Südtirol« (KiWi 1432).

Verlag Kiepenheuer & Witsch GmbH & Co. KG,
Bahnhofsvorplatz 1, 50667 Köln

Kontaktadresse nach EU-Produktsicherheitsverordnung:
produktsicherheit@kiwi-verlag.de

KiWi

1530

Inhalt

Vorwort

Nee, was ist es schön, wieder mal in die Opernwelt einzutauchen! Mit meinem allerneuesten Opernführer möchte ich Ihnen etwas an die Hand geben, falls Sie mal wieder in die Oper gehen wollen und gerade ein Wagner, ein Rossini, ein Puccini oder ein Strauss auf dem Programm stehen.

Oper ist nichts Heiliges, Oper soll Freude machen und gute Laune. Umso mehr, wenn auch ein paar Tränchen fließen, weil der süße Schmerz das Vergnügen erst rundmacht. Oper erzählt von Herz zu Herz und wie sie das tut, will ich Ihnen hier erzählen. Weil man aber seinen Kopf nicht an der Garderobe abgibt, kommen einem auch abstruse Gedanken in den Kopf und davon erzähle ich Ihnen auch. Und weil Sie ja auch wissen wollen, wie viel Sterne sie denn verdient, die Oper, gebe ich Ihnen obendrein Tipps zum Angeben, Tipps zum Einordnen, und verteile die Plätze auf dem Siegertreppchen. Seien Sie versichert: Was ich zu Handlung und Musik zu sagen habe, hat Hand und Fuß, Sie können sich darauf verlassen. Lachen aber, das müssen Sie schon selbst. Und sollte es Sie im zweiten Akt plötzlich vor Lachen schütteln, halten Sie dieses Buch hoch, dann weiß Ihre Umgebung Bescheid und lacht mit, so einfach ist das!

Also dann: Der Dirigent kommt, das Licht geht aus und los geht's!

Gebrauchsanweisung

DIE AUTOREN
Es ist mir wie immer schwergefallen, die biografischen Notizen knapp zu halten, zumal ich denke, dass die Librettisten in der Fachliteratur wirklich zu kurz kommen (außer die drei ›Großen‹: Da Ponte, Boito, Hofmannsthal), aber auf sie zu verzichten kam wirklich nicht infrage.

ENTSTEHUNG UND URAUFFÜHRUNG
Hier ist zusammengetragen, was man wissen sollte, wenn man sich intensiver für eine Oper interessiert.

PERSONEN
Natürlich die handelnden Personen mit ihren Rollen-Namen!

ORCHESTERBESETZUNG
Natürlich die Instrumente ohne die Namen der sie bedienenden Musiker!

BESONDERHEITEN
Ob Ballett oder nicht, deutsch oder tschechisch etc. pp., erfahren Sie in dieser Rubrik.

DAUER
Die Zeitangaben sind allenfalls Näherungswerte. Informieren Sie sich vielleicht lieber bei »Ihrem« Opernhaus, die können Ihnen sicherlich die genaue Dauer in Ortszeit nennen.

HANDLUNG

Ich habe mich bemüht, die Handlung seriös wiederzugeben. Ist aber nicht immer gelungen ...

HITS

Hier die schon in den Konzertführern (»Andante spumante« und »Scherzo furioso«) sowie in den beiden ersten Opernführern (»Palazzo Bajazzo« und »Bohème suprême«) bewährten Hinweise auf die wesentlichen Momente. Wichtig!

FLOPS

Dasselbe mit Daumen nach unten! Außerdem will man ja wissen: Wann kann ich SMS gucken, ohne dass ich was versäume?

OBACHT

Dasselbe in Bezug auf Stolpersteine, gefährliche Kurven etc.

DER KLEINE OPERNTÄUSCHER

Wenn Sie das, was hier steht, auswendig lernen und in der Pause loslassen, wird Sie jeder für einen Opernexperten allerersten Ranges halten. Egal, ob Sie eine Bassklarinette nicht von einem Schuhlöffel unterscheiden können oder Alt für ein Verfallsdatum halten.

BEWERTUNGEN

Hier werden die Werke unter verschiedenen Gesichtspunkten klassifiziert (jeweils von 1–5, wobei 5 natürlich die höchste Benotung ist).

MAGIE

Wie stark entführt uns die Oper in ihre Welt, wie mächtig verzaubert sie uns?

EROTIK
Damit ist nicht nur Sex gemeint!

FAZZOLETTO
Tja, da gibt's Taschentücher dafür, ob und wie stark wir von der Oper zu Tränen gerührt werden (zugegeben: das ist mehr was für die italienische Abteilung!).

GEWALT
Da gibt's 1–5 Paar Handschellen für die menschlichen Abgründe, die sich in der Opernwelt immer wieder gerne auftun.

GÄHN
Hier gibt's 1–5 »Gähn's« für den Faktor Langeweile. Schwer zu vergeben, weil das ja sehr unterschiedlich empfunden wird. Ich hab's trotzdem versucht.

MORAL
Hier gibt's Bischofsmützen für die Antwort auf die Fragen: Wie jugendfrei ist die Oper? Wird sie unseren Moralvorstellungen z. B. bei der Bestrafung der Bösewichte gerecht oder nicht?

EWIGKEIT
Wie zeitbeständig ist die Oper? Hat sie ein Haltbarkeitsdatum oder nicht?

GOURMET
Damit meine ich: Ist die Oper für die wahren Feinschmecker ein Leckerbissen oder Kantinenkost? Geht mehr die Kenner an!

GESAMTWERTUNG

Wie wertvoll ist die Oper als Gesamtwerk? Das muss man wissen, um entscheiden zu können, ob man überhaupt hingehen soll oder nicht.

Zwei große Opernmythen

1. LA SCALA

Jedem Opernfreund weltweit ist die Scala in Mailand ein Begriff und nicht nur das: Sie ist der Inbegriff der Oper überhaupt. Auch wer nie in der Oper war, kennt die Scala und hält sie für den Olymp der Opernwelt. Ich frage mich, woher dieser Mythos kommt und wie er entstanden ist, denn die Scala ist ein Mythos, zweifellos.

Denn: Es gibt schönere Opernhäuser in der Welt als das renovierte Teatro alla Scala (das so heißt, weil es seit 1776 auf dem Platz steht, wo bis dahin die Kirche von Santa Maria alla Scala stand), ich sage nur La Monnaie in Brüssel, die Opèra Garnier, eines der zwei staatlichen Pariser Opernhäuser, das La Fenice in Venedig, die Staatsoper Wien, von mir aus Bayreuth wegen seiner Harmonie mit der Landschaft (wenn man in die richtige Richtung schaut!), die Oper Budapest, von Juwelen wie dem Theater in Schwetzingen, in der einst Mozart auftrat, ganz zu schweigen. Es gibt musikalisch interessantere Opernhäuser als die Scala mit ihrem eher klassischen Repertoire, Häuser, die mehr wagen, mehr experimentieren, die näher am Puls des musikalischen Lebens sind (Sie glauben doch nicht ernsthaft, dass ich Ihnen jetzt ein paar Häuser nennen werde, um in den anderen nicht mehr auftauchen zu dürfen?). Es gibt Häuser mit besseren Orchestern als es das der Scala ist (ob sie allerdings auch so gefühlvoll sein können, lasse ich mal dahingestellt), ich brauche nur Wien zu sagen, Amsterdam, London, New York oder Paris. Es gibt Opernhäuser, in denen das Publikum ihre Lieblinge noch enthusiastischer feiern kann als es die Mailänder tun, so da wären Parma, Neapel oder Buenos Aires. Allerdings sind Letztere auch die Opernhäuser, in denen die Diven und Stars gnadenlos an die Wand gebuht werden, wenn sie enttäuschen, oder in denen vierzig Hobbytenöre plötzlich aufstehen und dem Tenor da oben das hohe C entgegenschmettern, sollte es ihm ausgegangen sein (Placido Domingo soll in Parma extra danebengehauen haben, weil er das mal erleben wollte!). Da sind die Mailänder doch etwas zurückhaltender.

Das alles also kann es nicht sein, warum die Scala als das Opernhaus weltweit gilt. Dass in Mailand so vieles zusammenpasst, kann aber auch nicht der Grund für diese alles überragende Weltgeltung sein: High Society und Glamour wie in Mailand gibt es auch anderswo, vielleicht noch mehr, wenn man an Paris oder New York denkt. Selbst das etwas trampelige Bayreuth hat da einiges zu bieten und was die bizarre Seite angeht, ist das Opernfestival von Glyndebourne in der Nähe von London ja nach wie vor ungeschlagen. Sind doch die Mailänder obendrein so etwas wie die Düsseldorfer Italiens: modebewusst, aber nicht prahlerisch, laufstegsicher, aber nicht wirklich mediengeil, schrill, aber nicht neureich. Geld haben die Leute anderswo auch, sicherlich mehr als die Mailänder und ihre Oper (die ja finanziell eher »al verde« ist, also immer mal wieder das Grüne am Boden des Portemonnaies sieht), und Italianità haben die Venezianer, die Neapolitaner, die Römer oder die Sizilianer auch. Woher also kommt dieser Mythos »La Scala«? Es kam einiges zusammen, was zu ihm führte.

Sie wurde 1776 im richtigen Moment gebaut, nämlich während einer Zeitspanne, in der die Oper als Kunstgattung anfing, sich von den Adelsresidenzen und ihren »Inner-Circle-Aufführungen« zu emanzipieren. Man spielte am Anfang zwar brav seinen Paisiello und Cimarosa, also die Opera buffa napoletana, schwenkte dann aber sehr schnell auf Paër und Mayr um und damit auf die hochernste, quasi amtliche neoklassizistische, eher französische Linie. Diese bereitete den Boden für Rossini und ab der Aufführung der Zauberflöte (1816) war man aus den Kinderkrankheiten heraus (eine davon war zum Beispiel, dass die Scala auch an Zirkusleute vermietet worden war oder sogar an ein Stierkampfunternehmen, das die Bühne zur Arena verwandelt hatte – für manches Opernhaus unserer Eventgesellschaft wäre das doch eine Überlegung wert, oder?!). Jetzt wurde man die Avanguardia, die Vorhut der großen Oper. Rossini, Donizetti, Bellini: eine Uraufführung nach der anderen fand in Mailand statt. Und dann schließlich der internationale Durchbruch mit den Uraufführungen der frühen Verdi-Opern bis zum Nabucco. In derselben Zeit war die Politik des Hauses, die allerersten Sängerinnen und Sänger nach Mailand zu holen. Und sie kamen alle: von der Colbran bis zur Patti, von Pacini bis Tamagno (dem Othello der Uraufführung), selbst Fanny Elsler gab sich die Ehre und tanzte die Mailänder um den Verstand.

Es kam aber etwas ganz Wichtiges hinzu, was die Scala zum nationalen Heiligtum machte: die Einigungsbewegung in Italien, il risorgimento. Das von den Österreichern besetzte Mailand wurde immer mehr zum Zentrum des Risorgimento und als dann Verdi seinen Gefangenenchor »Va pensiero – Flieg Gedanke« schrieb (ohnehin die eigentliche italienische Nationalhymne) und dieser in Mailand erklang, wurde die lombardische Stadt der Motor, der zur Einigung führte. Diese Chöre (und Verdi kannte genau ihre politische Wirkung) haben das Gefühl, EIN Italien sein zu müssen, in alle Herzen getragen und haben darin das Feuer der Einigung entfacht. Damit wurde die Oper selbst für alle Italiener eine nationale Kunstform. Diese Koppelung der Gefühle ist heute noch spürbar (hören Sie sich mal »Nabucco« in der

Aufnahme von 1949 mit der Callas an und das Inferno, das nach dem Chor losbricht, weil die Neapolitaner damals die Amerikaner loswerden wollten und einer in den Schlussakkord rief: »Viva Italia!«) – und sie ist wunderbar.

Der zweite Strang in der Geschichte, der den Mythos Scala endgültig zementierte, war die Qualität der damaligen Arbeit. Arturo Toscanini und sein unerschütterlicher Qualitätsanspruch haben aus einem Haufen Musiker ein Orchester geformt, er brachte dem Scala-Publikum Wagner und Tschaikowski nahe (von Puccini und der legendären Uraufführung der Turandot ganz zu schweigen), er holte alle großen Sänger seiner Zeit nach Mailand (die waren in der Zeit lieber in den USA und verdienten sich dort ihre goldenen Nasen) und sie kamen auch: Gigli, Lauri-Volpi, Gilda Dalla Rizza, der wunderbare Tita Ruffo, Mafalda Favero und sogar Caruso und Schaljapin. Sie standen für höchste Sangeskunst, Toscanini für unerbittliche Werktreue allerhöchsten Anspruchs und das zusammen führte zu einer Referenzaufführung nach der anderen. So entstand eine Renaissance der italienischen Oper, die Anfang des 20. Jahrhunderts weltweit ihren Siegeszug antrat. (Wir erinnern uns: Speziell beim deutschen Publikum waren Opern wie Aida, Nabucco oder Lucia di Lammermoor, von Donizettis Köstlichkeiten ganz zu schweigen, als seichte Unterhaltung verschrien!) Wollte die Met, das Teatro Colon oder London oder oder ... einen vernünftigen Verdi aufführen, holte man sich die Sängerinnen und Sänger, die in Mailand reüssiert hatten. So wuchs sehr schnell der Ruf der Scala als der Oper, an der man sich zu orientieren hatte, will man italienische Opern aufführen. Vollends zementierte sich dann dieser Ruf, als sich mit Furtwängler, de Sabata, Walter und Karajan die Creme der Dirigenten den Stab in die Hand gab und als Größen wie del Monaco, Tebaldi, di Stefano und schließlich die Callas in der Scala quasi zu Hause waren. Als dann auch noch Karajan, als er in den 1950er-Jahren künstlerischer Leiter der Wiener Staatsoper war, einen Vertrag mit der Scala machte, um sie zu Gastspielen an die Staatsoper zu holen, war klar: Es gibt nur eine Nummer 1 und das ist die Scala (der Name selbst ist schon Programm und klingen tuts ja auch richtig musikalisch). Fragen wir einfach nicht weiter nach (auch weil das eine sehr, sehr deutsche Eigenschaft ist), sondern genießen wir einfach, dass es so was Schönes wie die Scala gibt, machen wir unsere Reverenz vor dieser wundervollen italienischen Diva und werfen ihr Rosen zu. Sie hat es verdient.

2. BAYREUTH

»Hier war alles ein schöner, tiefbegeisterter Wille«
Diesen Satz schrieb Richard Wagner in seiner vorsichtigen Bilanz der ersten Bayreuther Festspiele 1876. Im Grunde ist das auch die Erklärung für den Mythos, der Bayreuth wurde – und der es von Anfang an war: der »schöne, tiefbegeisterte Wille«. Das fing 1810 an, als der wunderbare Dichter Jean Paul (1825 in Bayreuth gestorben) schrieb, »dass wir bis jetzt auf den Mann harren, der eine ächte Oper zugleich dichtet und setzt«. Dieser Mann wurde immer wieder als Wagner identifiziert, der seinerseits den Mythos Bayreuth in einer begeisterten Notiz weitertrieb, wenn er als alter Herr seiner Cosima in die Feder diktierte, wie er mit 22 Jahren »in das vom Abendsonnenschein lieblich beleuchtete Bayreuth« gekommen und quasi seitdem diesem Ort magisch verbunden sei. Alle haben am Mythos Bayreuth mitgewebt, am meisten aber der Meister selber, und es hat geklappt wie bei keinem anderen Mythos. Das ist umso erstaunlicher, als die Gründe für Bayreuth als Festspielort eher trivial und absolut egozentrisch waren, was es natürlich zu verschleiern galt. Die Ideen nämlich, die zu Bayreuth führten, kamen aus unterschiedlichen und eher praktischen Ecken: In den 1840er-Jahren, als

Wagner auf Stoffsuche war und die abseitigsten Ideen hatte (Barbarossa finden wir in der Stoffsammlung, Wieland den Schmied, was ja immerhin germanischer Sagenkreis ist, dann Achilles, na ja, und, ganz weit vorn: Jesus von Nazareth, den er als Sozialreformer sah, sozusagen auf den Barrikaden von 1848 gekreuzigt), las er Aischylos und hatte von da an vor Augen, dass es im antiken Griechenland so etwas wie den attischen Tragödientag gegeben haben muss, den Tag, an dem in olympischer Abgeschiedenheit die Tragödie ein tagesumgreifendes Spiel für Frau, Mann und Kind war – vielleicht dachte er da schon an die Bayreuther Zelte, in denen man »für nach dem Zweiten Aufzug« die Weißwürste vorbestellen kann! Als dann sein Fürst und Gönner, der Ludwigl, gegen seinen Willen Rheingold in München uraufführen ließ (am 22. 9. 1869), war der Groschen gefallen: Dem genialen sächsischen Giftzwerg und Bilanzenfriseur wurde klar, was er wirklich wollte. Er wollte, dass seine Opern fernab vom Getriebe der Großstadt gespielt werden, wo man in der Oper gestern Verdi sang, heute Wagner spielte und morgen vielleicht gar Meyerbeer auffahren würde, wo die Primadonnen von intriganten Ministern von der Couch aus besetzt wurden und wo ein gehetztes Publikum nicht die Muße hatte, sich einem Werk wirklich widmen zu können, weil es von seinen Schreibtischen und Haushalten in die Oper lief. Er wollte in »seiner« Oper Wagner und nichts als Wagner – war er sich seines Erfolges so unsicher oder war das Gigantomanie?

Als bekannt wurde, dass Ludwig auch die Walküre in der Hofoper in München aufführen lassen wollte, war es aus. In einer weiteren Mythologisierung erzählt Cosima, dass sie und ihr Richard nach Bekanntwerden dieser Nachricht im März 1870 im Conversationslexikon das Stichwort »Baireuth« aufschlugen: »Diesen Ort hatte R. genannt als den, den er wählen wollte«, und damit waren die Dinge perfekt. Der Stadtrat von Bayreuth witterte Morgenluft – ich meine: stellen Sie sich doch bitte mal ein Leben in Bayreuth anno 1870 vor, oder? Da nimmt man doch alles, was kommt, oder glauben Sie, Selb, Weiden oder Bad Orb hätten sich einem Stockhausen verweigert, wenn der seine Ideen exklusiv dort hätte verwirklichen wollen?

Ein Grundstück war bald gefunden und ein Haus nach den Vorstellungen Wagners – natürlich! – alsbald gebaut. Wie jeder weiß, ging es ab da erst richtig los, Geld musste beschafft werden, gebaut werden musste, und zwar nicht nur das Festspielhaus, sondern auch gleich die Villa Wahnfried mit dazu (und der cholerische Barett-Träger war ein gefürchteter Bauherr, solange er fremdes Geld ausgeben konnte!), die abenteuerlichsten Finanzierungsideen wurden verworfen oder verwirklicht, Wagner schrieb Bettelbriefe über Bettelbriefe, dirigierte, reiste, beschaffte immer wieder Geld – und komponierte ›nebenbei‹ die Götterdämmerung weiter, und das, obwohl es einen bequemen Ausweg gegeben hätte: Bad Reichenhall lud ihn nicht nur ein, dort das Festspielhaus zu bauen, sondern bot ihm dazu sogar ihre 25-köpfige Kurkapelle an, was Wagner – wer weiß, warum? – allerdings ablehnte. Wär ja auch was gewesen: Tristan und der Isolden-Jodler!

Und nicht zu vergessen: In der Tropfsteinhöhle von Ludwig II. hätten nun wirklich nicht so viele Leute Platz gehabt wie im Festspielhaus, oder?! Sie sehen: Mythenbildungen en masse, Waldweben vom Feinsten, was Wunder also, dass für viele die Eröffnung der Bayreuther Festspiele am 13.8.1876 ein Wunder war.

Seitdem läuft der Hase, nur fragt man sich jedes Jahr aufs Neue: warum eigentlich?

Diese Frage ist nur zu beantworten, wenn man von den Mythen absieht, vom Gewabere und Gewebe ablässt und einfach mal aufs Augenscheinliche schaut.

Bayreuth ist Mythos, weil:

- der Komponist und Dichter es selbst eingerichtet hat, was bis heute den Geruch des Authentischen gibt;
- es deshalb stilvoller ist, in Bayreuth Wagner zu singen als in Bielefeld, Mailand oder Chongqing;
- es eine Reihe interessanter bis genialer Familienmitglieder gegeben hat (ich sage nur: Wieland Wagner), die für so etwas wie genetische Kontinuität gesorgt haben (bis hin zur typisch Wagner'schen Streitkultur);
- Bayreuth in einer Gegend liegt, in der es ohne Anstrengung möglich ist, sich völlig unabgelenkt auf das abendliche Bühnenereignis einstimmen zu können, wobei diese Gegend obendrein schön ist, hohen Freizeitwert hat und – was den Franken besonders wichtig ist – nicht den Bayern gehört;
- wer Wagner liebt, nur dort unter Gleichgesinnten ist, weshalb Bayreuth eben nicht vertikal elitär ist im Sinne von »Merkel kommt morgen, Gottschalk war gestern hier«, sondern horizontal elitär im Sinne von: Wer hier ist, mag Wagner, sonst wäre er nicht hier und das verbindet auf eine familiäre Art, das gibt den Gleichklang der »Bayreuther« denen es wurscht ist, ob einer in der Pause Austern schlürft oder das Mitgebrachte isst;
- Parsifal für alle gleich lang ist;
- Bayreuth letztlich so etwas wie ein Wave-Gothic-Treffen ist: in der Harmonie einer abgeschiedenen schönen Landschaft treffen sich schön gekleidete Menschen, die am Werk Wagners Freude haben, und ziehen sich ungestört von U-Bahnen, Demos oder Flughäfen den Herrn der Ringe rein, setzen mit Tristan ans andere Ufer und suchen verzweifelt nachts nach dem Venusberg: so was gibt es nämlich in Bayreuth nicht und das ist ja auch schön, oder?;

– es dort den wundervollen Deckel über dem Orchestergraben gibt, weil schon Wagner den Blick ins Orchester nicht mochte (und jeder, der bei den Salzburger Festspielen die Herren Philharmoniker während der Opernaufführungen aus und ein gehen sieht, teilt diese Abneigung). Und weil Wagner selbst diesen Deckel, den er im Konservatorium von Paris gesehen und für total modern gehalten hatte, auf den Orchestergraben setzte, gilt auch der Klang von Bayreuth als der einzig legitime Wagner-Klang. Nur so könne man die Sänger hören und das Orchester könne so laut spielen, wie es der Klang erfordert: is ja der Deckel drauf! (Gepfiffen! – kann ich da nur sagen! Ich habe unter der Leitung von Herbert von Karajan in Wien am 23. Juni 1963 »Tristan und Isolde« gesehen: Die Wiener Philharmoniker spielten ungedeckelt und man hörte dennoch jeden Ton von Birgit Nilsson, Hans Beirer, Otto Wiener und Hans Hotter, dass es eine Freude war. Das also kann nicht der Grund sein, warum man nach Bayreuth fährt.)

Kurz und gut:
Bayreuth ist Mythos, weil Wagner einfach tolle Musik geschrieben hat, die zum anderen auch noch »mehrheitsfähig« ist, d. h. die vielen Menschen aus unterschiedlichsten Gründen gefällt, ohne deshalb massenkompatibel zu sein. Es ist Kino vom Allerfeinsten aus einer Zeit, in der man dafür noch Zeit hatte. Ist das nicht wunderbar? Wen stört es da noch, dass man auf eine Karte zehn Jahre warten muss – falls man nicht gerade bei der FDP ist.
Das alles heißt: Den Gral braucht man nicht mehr zu suchen (weder im Da Vinci Code noch sonst wo): Bayreuth selbst ist es und Wagner hat ihn im Grundstein zum Festspielhaus eingelassen, ganz bestimmt mit »schönem, tiefbegeistertem Willen«! Nämlich den Spruch:

»Hier schließ ich ein Geheimnis ein,
da ruh' es viele hundert Jahr';
so lange es verwahrt der Stein,
macht es der Welt sich offenbar.«

Na, das sagt doch alles!
Und heute? Was macht die Chill-Generation, von der es heißt, sie würde sich nicht für Oper und so 'n Silberlocken-Gedöns interessieren? Pustekuchen: Sie haben Bayreuth als Event entdeckt: sitzen draußen (wie in Salzburg auch immer wieder), vor Flat-Screens, Kaltgetränke in der Hand und genießen Wagner wie den Herrn der Ringe. Und jetzt mal Hand aufs Herz: Ist ja sooo schlecht auch wieder nicht, oder? Prosten wir ihnen zu und registrieren wir: Jede Generation definiert auf ihre eigene Weise Kunst, Musik, kurz: die Wirklichkeit. Seien wir also nicht kulturpessimistisch, das sind bittersüße sentimentale Zähren, die niemanden weiterbringen, uns auch nicht.
Ich kenne allerdings auch Leute, die nicht wegen Richard Wagner nach Bayreuth fahren. Sie fahren wegen Jean Paul da hin, der wohl nie mehrheitsfähig wird – was für Feinschmecker!

Gioachino Rossini

1792–1868

Gioachino Rossini: geboren am 29. Februar 1792 in Pesaro, gestorben am 13. November 1868 in Paris-Passy.
Heute wie damals scheiden sich die Geister an ihm. Geschmäcklerisch wurde und wird er von denen genossen, die nach der Oper einen Drei-Sterne-Tisch bestellen, naserümpfend wurde und wird er weggeschnäuzt von denen, die Askese für Kunst, Kinderkriegen für Schicksal und Liebe für ein Beichtgeheimnis halten. Den einen ist er die seidene Leiter der Koloratur in den siebten Sopranhimmel, den anderen Kirmesgejammer im Katzenduett (das übrigens nicht mal von ihm ist) mit eingebautem Brechreiz.
Rossini lag immer quer und das tut er heute noch. Seinen Zeitgenossen war er Revolutionär und Reaktionär zugleich und uns fällt es immer noch schwer, jemanden wertzuschätzen, der sich augenzwinkernd und freiwillig zwischen U- und E-Musik setzte.
Wie kann man auch einen Komponisten ernst nehmen, der lieber kochte als Partituren schrieb, der für ein schönes Bonmot eine Arie zu opfern bereit war, der sogar dem himmli-

schen Sendungsbewusstsein, das wir heute noch bereitwilligst jedem Komponisten unterstellen, irdisches Vergnügen entgegenhielt, ja, der sogar behauptete, seine göttlichen Einfälle habe er nur seiner Faulheit zu verdanken?

Da liegt er im Bett, möchte eigentlich schlafen, muss aber für diese Hyäne Barbaja – der Impresario seiner Zeit – muss also für diesen Barbaja eine Oper fertigschreiben, da fällt ihm – ausgerechnet vor dem Einschlafen – ein Duett ein. Schnell schreibt er es hin, da entgleitet das Notenblatt der müden Hand und segelt unters Bettgestell. Verzweiflung? Haareraufen? Kabelbrand im Herzschrittmacher? Jetzt nicht den göttlichen Funken verlieren? Nein, nicht bei Rossini. Eine geschlagene Viertelstunde lang überlegt er: Soll ich raus aus den warmen Federn oder nicht? Wer von uns Sinnlichen könnte das nicht nachfühlen? Zumal: Zentralheizung und Wärmethermostate gab es damals noch nicht. Was macht Rossini? »Vergiss es! Ich schreib's noch mal, kann nur besser werden!«, tuts und schläft ein. Am nächsten Morgen besucht ein Freund den noch Schlafenden. Rossini bittet ihn, das Blatt unterm Bett hervorzuangeln, er guckt es sich an, prüft, stellt fest, dass die beiden Kompositionen überhaupt nichts miteinander gemein haben, und macht aus beiden – ein neues Terzett!

Doch ich greife vor.

Zunächst kam er unter einem nicht besonders freundlichen Stern zur Welt: 29. Februar! Das heißt schon mal per se: Geburtstag? Ja! Aber nur alle vier Jahre! Ich kenne keinen Komponisten von Rang, der dieses Schicksal mit ihm zu teilen hätte. Und was da noch alles drumherum war!

Mal war sein Geburtsort, die umbrische Hafenstadt Pesaro, päpstlich, mal napoleonisch, mal eigenständig. Keiner wusste Bescheid, jeder richtete sich nur nach der Tageszeit, und der Papa von Rossini hing jedes Mal, wenn die Franzosen wieder kamen, einen Zettel an die Tür: »Wohnung des Bürgers Vivazza, eines wahren Republikaners« (Vivazza war der Spitzname des Papas), und holte die Büste von Papst Urban VIII. vom Sockel. Wenn die Franzosen wieder weg waren, stellte er sie wieder drauf. Normal.

Mittendrin in dem Bohei unser kleiner Gioachino. Papa war Trompeter und Hornist, hupte mal bei der Stadt, dann in einem Polizeiblasorchester, dann wieder im Operngraben. Mama, eine wunderschöne Frau, sang im Umkreis von 150 Kilometern auf diversen Opernbühnen kleine Rollen (ohne Notenkenntnis, rein ›all'orecchio‹, nach Gehör, sie muss also wohl die wirklich Musikalische in der Familie gewesen sein). Wenn das nicht reichte, ließ sie sich von Honoratioren zu gut honorierten Körperkoloraturen überreden, was ihre Schwester – möglicherweise nicht minder künstlerisch – zum Beruf ausgestaltete. Jedenfalls: Der kleine Gioachino war mehr bei seiner Oma, als ihm – psychologisch gesehen – guttat. Ein Biograf drückte es so aus: Non ebbe infanzia artistica e fu subito lui – frei übersetzt: Er hatte keine Künstlerjugend, also war er sofort er selbst.

Ja, was willst du machen, wenn keiner da ist ...!

Dem Pubertierenden und Mann hat das sicher gutgetan: In dieser – zumindest erotisch – eher freizügigen Jugend brauchte er durch keine dunklen Gässchen zu schleichen, um dem Rätsel Frau auf die Spur zu kommen. Er hatte ab etwa zwölf Jahren seine regelmäßigen Alliancen, eine Gewohnheit, die er durchhielt, bis er mit 54 Jahren Olympe Pélissier heiratete – was aber mehr mit der zunehmenden Unfähigkeit zu solcherlei Alliancen zu tun hatte (zum Beispiel wegen der damit verbundenen Heimlichtuereien, die schwierig werden, wenn das Kurzzeitgedächtnis nachlässt ...) als mit irdischer Liebe, aber davon später mehr.

Der kleine Gioachino schnappte hier was auf und dort, lernte hier ein bisschen und da und schnappte doch immer wieder das Richtige auf. Die Lehrer, soweit er welche hatte, beschreiben ihn als faul, zu Streichen aufgelegt und ungehorsam. Er heimste sich diverse Strafen für seine Streiche ein, zum Beispiel musste er beim Schmied in Pesaro den Blasebalg treten, und als das nichts half, wurde er einem Schweineschlächter in Bologna zur Pflege übergeben. Man stelle sich vor, was herausgekommen wäre, wenn Rossini später das Libretto des Zigeunerbarons vertont hätte! Ein Freund, Francesco Genari, schrieb dem 73-jährigen Rossini in einem Brief:

»Im Nacken habe ich noch die verheilte Narbe, die durch einen von Ihrer Erlauchten Exzellenz nach mir geworfenen Steine verursacht wurde. Dies geschah zu der Zeit, als es Dir Spaß machte, in die Sakristeien einzubrechen, um die Messkännchen zu leeren, und als Du eher ein Problem als ein Vergnügen für die ganze Welt warst.«

Dann gewannen die Päpstlichen, was für die Familie bedeutete, dass sie auf Tour mussten. Dummerweise legte sich der Papa auch gleich noch mit den Österreichern an – und das Haus Habsburg hat noch nie Spaß verstanden, wenn es um Aufruf zur Revolution ging – und ging für fast ein Jahr ins Gefängnis. Als dann Napoleon die Habsburger besiegte, kam er wieder raus.

Das war übrigens in der berühmten Schlacht von Marengo, am 14. Juni 1800, in der Napoleons Koch das »Huhn Marengo« kreierte. Ob vielleicht hier die Wiege für Rossinis Gaumenlust zu suchen ist? Man weiß es nicht.

Jedenfalls zogen die Rossinis nun durch die Gegend, der kleine Gioachino spielte und sang und trug so auch zum Lebensunterhalt aller bei, schrieb seine ersten Kompositionen – dazu kommen wir gleich – und landete schließlich als 14-Jähriger in Bologna am Liceo musicale, wo er neben Gaetano Donizetti an beziffertem Bass und Kontrapunkt verzweifelte. Weil er aber so schön singen konnte, wurde er in die Accademia Filarmonica di Bologna aufgenommen, was ungefähr so viel bedeutete, wie in den Festausschuss Kölner

Karneval berufen zu werden. Mindestens. Plötzlich war er in Bologna prominent – als Sänger. Und weil er die deutsche Musik so liebte, wurde er »il tedeschino«, der kleine Deutsche, genannt. (Von Rossini stammt übrigens der wunderschöne Satz über Mozart: »Er ist die Bewunderung meiner Jugend, die Verzweiflung meiner Reifejahre und der Trost meiner alten Tage.«)

So langsam also lernte er den Geschmack des Erfolgs kennen.

Er sang auf Opernbühnen, er spielte Cembalo im Orchestergraben und überhaupt: er war in der Oper jetzt zu Hause.

Mit 16 bekam er seinen ersten Opernauftrag in Venedig und so viel Geld, wie er bis dahin auf einem Haufen noch nie gesehen hatte.

Und ab da bahnt sich das Genie seinen Weg.

Gut – er hatte beste Voraussetzungen, wenn nicht musiktheoretisch, so doch musikantisch. Weil er sozusagen in der Kulisse aufwuchs, konnten ihm keine Sängerin und kein Sänger etwas vormachen, er wusste alles. Und weil er auf vielen Instrumenten dilettierte, kannte er wie kaum ein anderer die Möglichkeiten, aus ihnen Effekte zu zaubern. Weil er aber vor allen Dingen aus der Aufführungspraxis kam – lange bevor er Musikunterricht hatte –, wusste er, wie man ein Publikum bezaubern kann.

Wo wir gerade bei Sängerinnen und Sängern sind! Rossini hörte sich – bevor er eine Arie schrieb – die jeweiligen Stimmen sehr genau an, klopfte sie nach Stärken und Schwächen ab und komponierte dann quasi mundgerecht. Und alle dankten es ihm, besonders die schlechten. So hatte er zum Beispiel in einer Aufführung des »Ciro di Babilonia« eine schauderhafte Seconda Donna vor sich. Rossini schreibt: »Sie war nicht allein über die Erlaubnis hässlich, auch ihre Stimme war unter aller Würde. Nach der sorgfältigsten Prüfung fand ich, dass sie einen einzigen Ton besaß, das B der eingestrichenen Oktave, welcher nicht übel klang. Ich schrieb ihr daher eine Arie, in welcher sie keinen anderen als diesen Ton zu singen hatte, legte alles ins Orchester und da das Stück gefiel und applaudiert wurde, so war meine eintönige Sängerin überglücklich über ihren Triumph.« Was für ein rücksichtsvoller Komponist, was für ein galanter Mann!

Dass er das alles wusste und anwandte, hat ihm – bis heute – den Vorwurf der Effekthascherei eingetragen, der schnellen Verführung. Dabei war er – finde ich – nur einer von jenen Komponisten, die sozusagen auf direktem Wege komponierten: aus der Hand in die Gurgel, hätte Mozart gesagt. Keine theoretischen Überfrachtungen, kein titanisches Ringen mit den Göttern, kein überhöhtes Sendungsbewusstsein. Erst mal war für Rossini eine Oper ein Ereignis des jeweiligen Abends, danach erst kam der Gedanke an die Ewigkeit.

Unterliefen ihm zum Beispiel in seinen Partituren manchmal Verstöße gegen die klassischen Tonsatzregeln – und er wusste natürlich, dass die Kritiker auf so etwas warteten –, dann änderte er nicht etwa die Noten, sondern schrieb nur an den Rand: »per soddisfazione dei pedanti – zur Befriedigung der Korinthenkacker!«

Und was die geistigen Höhenflüge betrifft, sei Folgendes erzählt:

Louis Engel fragte Rossini, ob das großartige »Gebet des Moses« (die preghiera aus der Oper »Mosè in Egitto«) entstanden sei, als er verliebt, hungrig oder elend war, denn Hunger und Liebe hätten die Macht, Menschen inspiriert arbeiten zu lassen. Rossini antwortete ihm: »Ich werde Ihnen etwas erzählen. Ich hatte etwas Pech, ich kannte eine Prinzessin B., eine der leidenschaftlichsten Frauen, die es gibt, begabt mit einer großartigen Stimme; mit Duetten, Gesprächen etc. hielt sie mich eine ganze Nacht lang wach. Kurz nach dieser kräfteraubenden Vorstellung musste ich einen Kräutertrunk zu mir nehmen, der vor mir stand, als ich das ›Gebet‹ schrieb.

Wie ich nun den G-Moll-Chor schrieb, tauchte ich plötzlich meine Feder aus Versehen in die Arzneiflasche statt in das Tintenfaß; es gab einen Klecks, und während ich ihn mit Sand trocknete (damals gab es noch kein Löschpapier), gewann er immer mehr die Form eines Auflösungszeichens. Daraufhin überlegte ich mir sogleich, welche Wirkung es wohl habe, wenn ich von G-Moll nach G-Dur überginge – und wenn dies nun eine positive Wirkung hat, dann verdankt die Stelle sie jenem Klecks.«

Schon seine erste Oper »La cambiale del matrimonio« war ein Erfolg und ab 1812 (da war er zwanzig) ging es Schlag auf Schlag. Zwei, drei, manchmal vier Opern pro Jahr schrieb er in rasender Kreativität, die Wichtigsten seiner Zeit buhlten um ihn, Barbaja zum Beispiel, ohne den im damaligen Opernleben Italiens nichts und mit dem alles lief. Zehn Jahre lang raste Rossini quasi von Erfolg zu Erfolg. Neapel, Bologna, Mailand, Rom, Venedig. Natürlich war da auch mal ein Misserfolg dazwischen, er reagierte aber souverän auf solche Ereignisse.

1812 zum Beispiel fiel in Bologna sein biblisches Oratorium »Ciro di Babilonia« krachend durch. Was machte Rossini? Er bestellte beim Konditor eine Marzipantorte in Form eines Schiffes, das den Namen Ciro trug: zerbrochener Mastbaum, Löcher in den Segeln und massive Seitenlage, so lag das Schiff in einem Meer aus Sahne. Und die Premierengesellschaft, Rossini allen voran, verzehrte lachend das gescheiterte Fahrzeug!

39 Opern in 19 Jahren. Da musste einer schon sehr schnell schreiben können! »La Cenerentola« schrieb er in drei Wochen, den »Barbiere di Siviglia« gar in zwei Wochen. Oft genug legte er noch am Premierenabend den Musikern die noch von Tinte feuchten Notenblätter für die Ouvertüre auf die Pulte, oft genug sperrten ihn die Impresari ein, um sicherzustellen, dass er die Oper noch rechtzeitig hinkriegte.

Kurz vor Rossinis Tod bat ihn ein junger Komponist um Rat, wann man denn am besten das Vorspiel zu einer Oper schreiben solle. Rossini antwortete 1868 wie folgt: »Wartet bis zum Abend vor dem Tag der Aufführung. Nichts regt die Eingebung mehr an, als die Notwendigkeit, die Gegenwart eines Kopisten, der auf Eure Arbeit wartet, und das Drängen eines geängstigten Impresarios, der sich in Büscheln die Haare ausrauft. Zu meiner Zeit hatten in Italien alle Impresari mit dreißig Jahren eine Glatze.

Das Vorspiel zum ›Othello‹ habe ich in einem kleinen Zimmer des Palastes Barbaja komponiert, wo der kahlköpfigste und wildeste aller Direktoren mich nur mit einer Schüssel Maccaroni und unter der Drohung, mich nicht eher aus dem Zimmer herauszulassen, bis ich die letzte Note geschrieben hätte, gewaltsam eingeschlossen hatte.

Das Vorspiel zur ›Diebischen Elster‹ habe ich am Tage der Uraufführung unter dem Dach der Scala geschrieben, wo mich der Direktor gefangen gesetzt hatte. Ich wurde von vier Maschinisten bewacht, die die Anweisung hatten, meinen Originaltext Blatt für Blatt den Kopisten aus dem Fenster zuzuwerfen, die ihn unten zur Abschrift erwarteten. Falls das Notenpapier ausbleiben sollte, hatten sie die Anweisung, mich selbst aus dem Fenster zu werfen.

Beim ›Barbier‹ machte ich es mir einfacher: ich komponierte gar kein Vorspiel, sondern nahm das für die halbernste Oper ›Elisabeth‹ bestimmte. Das Publikum war höchst zufrieden.

Das Vorspiel zum ›Graf Ory‹ habe ich beim Fischfang mit den Füßen im Wasser in Gesellschaft des Herrn Aguado geschrieben, während dieser mir einen Vortrag über die spanischen Finanzverhältnisse hielt ...«

Und das alles, weil er so faul war. Rossini ist der Klassiker des alten Paradoxons: Nur der Faule ist wirklich fleißig.

Donizetti antwortete einem Kollegen auf die Frage, ob Rossi-

ni seinen Barbier wirklich in nur 14 Tagen komponiert habe: »Das könnte sein – er war immer ein schrecklicher Faulpelz!«
Aber sein Erfolg war ungeheuer. Nachdem er Italien erobert hatte – und dabei auch noch die sieben Jahre ältere Isabella Colbran heiratete, die Callas seiner Zeit quasi, was er allerdings (genauso wie Onassis) ziemlich bereuen musste –, kam Europa dran. Zum Beispiel 1822 Wien, das in einen Rossinitaumel verfiel. Schubert war hin und weg und schrieb eine Ouvertüre im italienischen Stil, Rossini seinerseits besuchte Komponisten, natürlich auch Ludwig van Beethoven. Und das beschreibt er so: »Ich stieg dic Treppe zu der ärmlichen Wohnung des großen Mannes Beethoven hinauf ... Dort fand ich mich auf einer Art Dachboden wieder, der völlig in Unordnung und überaus dreckig war. Besonders erinnere ich mich an die Zimmerdecke. Sie befand sich unmittelbar unter dem Dach und ließ Risse erkennen, durch die sich bei schlechtem Wetter wohl Regen in Strömen hernieder ergoss ...«
Dann Paris, dann London, dann wieder Paris und da blieb er erst mal bis 1829, dem Jahr, in dem er seinen »Wilhelm Tell« schrieb, der unter ungeheurem Triumph aufgeführt wurde. Er wurde als größter lebender Komponist gefeiert und was tat er? Er nahm seinen Hut und zog sich von der öffentlichen Szene zurück!
Was für eine Entscheidung!
Da ist also einer, dem die Musikwelt zu Füßen liegt, der alles erreicht hat, was ein Komponist erreichen kann, quasi Andrew-Lloyd-Webber-mäßig, der zwar gestraft ist mit einer Primadonna als Ehefrau (die er zum Glück nur selten sah) und der mit seiner Gesundheit auch nicht zufrieden sein kann (dazu später mehr), der sich aber jetzt mit seinen 37 Jahren in Ruhe auf große kompositorische Aufgaben stürzen könnte, was weiß ich: Vertonung der Bibel oder des Code

Napoléon oder so. Und was tut er? Lüpft den Hut, sagt artig: »Das war's!«, und ab in die Küche!

Frech! So empfanden es die Zeitgenossen.

Er hörte also auf. Hat er wirklich aufgehört? Quatsch. Er hat das getan, was so mancher tun sollte: Er hat sich auf dem Höhepunkt aus dem öffentlichen Leben zurückgezogen, um von da an heiter-souverän beobachtend zu kommentieren, was passiert, und eher mit dem Pfeil eines Bonmots einzugreifen als mit dem Donnerschlag neuer Opern. Er hat sich Zeit dafür genommen, sein eigenes Leben zu leben.

Und natürlich hat er weiter komponiert. Nicht nur große Werke wie das »Stabat mater« oder die »Petite messe solennelle«, sondern darüber hinaus jede Menge Pièces für Klavier mit den amüsantesten Titeln wie »Rizinusöl – ein kleiner Walzer«, der natürlich besondere Geläufigkeit erfordert, oder »asthmatische Etude« oder »4 Horsd'œuvres: Radieschen – Anchovis – Cornichons – Butter« oder »Fehlgeburt einer Mazurka«. Stücke, die nicht nur Vorläufer von Erik Satie sind, sondern in ihrer oft ironischen Art eine fast neue Musikgattung darstellen. Vielleicht nicht unbedingt geeignet für den großen Konzertsaal, aber deshalb beileibe nicht von minderer Qualität.

Er komponierte also weiter und das Centro Rossiniano in Pesaro wird noch Jahre damit zu tun haben, alle Schätze aus dem Nachlass zu heben.

Rossini antwortete dem Sohn von Karl Maria von Weber, als der ihn fragte, warum er nichts mehr für die Bühne schreibe: »Seien Sie still – sprechen Sie zu mir nicht davon! Außerdem komponiere ich dauernd. Sehen Sie diesen Schrank voll Noten? All das habe ich seit Guillaume Tell geschrieben. Aber ich veröffentliche nichts, und ich komponiere, weil ich nicht anders kann.«

Außerdem suchte er ein anderes Publikum, wie ein Besucher erzählte: Er habe Rossini sich mit einer Komposition abmü-

hend angetroffen und auf die Frage, was das denn werde, zur Antwort bekommen: »Heute hat mein Hund Geburtstag und ich schreibe jedes Jahr ein Stück für ihn.«
Kurz und gut: Es mag wohl vieles eine Rolle gespielt haben bei diesem Rückzug aus dem öffentlichen Leben. Sicher aber nicht Resignation oder Ähnliches. Vielleicht nur eine Verlagerung seiner Kreativität.
Was er nämlich tatsächlich tat, war: Hof halten in seiner Pariser Wohnung und in seiner Villa in Passy bei Paris, wo er legendäre Soireen veranstaltete (samedi soir chez Rossini!), sich um junge Komponisten kümmern, die er für talentiert hielt, und sie fördern und – kochen.
Alle drei Bereiche verlangen, will man es richtig gestalten, hohe Kreativität und Fingerspitzengefühl. Zu viel Salz im Rezept, zu viel Honig in Empfehlungsschreiben oder zu viel Selbstinszenierung bei Soireen lassen alles ins Gegenteil kippen.
Also schreibt er an seine erste Frau: »Was Sie wohl am meisten interessieren wird, viel mehr als meine Oper, ist die Erfindung eines Salates, die ich kürzlich machte, und ich beeile mich, Ihnen das Rezept zu senden. Nehmen Sie Provence-Öl, englischen Senf, französischen Essig, Salz und Pfeffer und mischen Sie alles zusammen. Werfen Sie einige Trüffeln dazu, die Sie zuvor ganz fein geschnitten haben. Die Trüffeln mit der Salatsauce ergeben ein Aroma, das den Feinschmecker zur Ekstase reizt ... Die Trüffel ist fürwahr der Mozart der Pilze.«
An einen Grafen schreibt er: »Herr Graf, ich bat Euch um geräucherte Fleischwaren, nicht um Orden. Diese kann ich überall haben; die Fleischwaren dagegen sind Eure Spezialität. Ich sende Euch Patent und Insignien zurück.«
Er erfand die Cannelloni und viele Salatsaucen. Die Tournedos à la Rossini hingegen hat er nicht erfunden. Die Idee, Trüffel und Gänseleber mit Rinderfilet zu kombinieren, mag

ihm gekommen sein, ausgeführt hat sie ein Profi. Soweit wir wissen: Carême, der Große.

Rossini konnte sich tagelang über Stracchino-Käse, Gorgonzola, Trüffeln und den besten Metzger unterhalten. Es gibt Briefe über Briefe, in denen er seine italienischen Freunde um Salami, Cacciatori, Parmesan und Ähnliches bittet. Es gibt quasi Diplome, die er besonders verdienten Bäckern und Metzgern schickte. Und es gibt eine Legion von Anekdoten.

Ein neuer Importeur italienischer Delikatessen macht sich in Paris bekannt. Rossini sucht ihn auf. »Haben Sie Maccaroni aus Napoli?«

»Ma si, signore, ecco, maccaroni napolitani, meravigliosi, senta l'odore, mhmm, c'è il golfo, c'è il vesuvio, c'è tutta Napoli.«

»Von wegen Napoli. Diese Maccaroni sind aus Genua.«

»Napoli!«

»Genua!«, sagt Rossini und geht.

»Wer war dieser Signore?«, fragt der Importeur Herrn Michotte, einen Freund Rossinis.

»Das war der berühmte Komponist Rossini, mein Herr«, entgegnet dieser.

»Kenne ich nicht«, sagt der Importeur, »aber wenn er so viel von Musik versteht wie von Maccaroni, dann muss er ein großer Komponist sein!«

Er war nicht besessen vom Kochen und er war auch nicht ein monothematischer Gourmet, der sich ab vierzig nur noch den zehn Zentimetern Gaumen hingegeben hätte. Er war einer, der zu leben verstand und der deshalb auch neidfrei fördern und helfen konnte. Bellini, Donizetti, Auber und den jungen Verdi – um nur einige zu nennen – förderte er selbstlos, half ihnen mit Geld, Empfehlungsschreiben, Tipps und seinem Namen. Er blieb auf dem Laufenden, würde man sagen, weil ihn brennend interessierte, wo neue Talente waren.

Und dann kam der legendäre März 1860 mit einem »Treffen der Titanen«. Richard Wagner meets Rossini!
Im Vorfeld schon sind beide übereinander hergezogen, dass es nur so krachte. Wagner hatte vernichtende Aufsätze über Rossinis Opern geschrieben, in denen er ihm Publikumsbuhlerei auf Kosten der Kunst vorwarf und Rossinis Hm-Ta-Hm-Ta-Begleitung im Orchester als »monströse Guitarre« bezeichnete.
Und bei der Arbeit am Lohengrin hatten ihn »zu höchster Pein«, wie er schrieb, Rossini'sche Melodien aus dem Wilhelm Tell geplagt, den er zu dirigieren hatte. Wagner fiel nichts mehr ein. Da kam er auf die Idee, Beethovens Neunte vor sich hin zu trällern, und siehe da: Das half.
Andererseits war Rossini auch nicht auf den Mund gefallen. Über den »Tannhäuser« hatte er zu Auber gesagt: »Diese Musik muss man mehrmals hören. – Ich gehe nicht wieder hin!« Und: »Bei Wagner gibt es schöne Momente – aber fürchterliche Viertelstunden.«
Gute Voraussetzungen also für das Treffen der Giganten, das allerdings recht unterschiedliche Voraussetzungen hatte.
Wagner weilte in Paris, um die Tannhäuser-Aufführung vorzubereiten. Er antichambrierte bei allem, was Rang und Namen hatte, weil er sich Entrees verschaffen wollte, so auch bei Rossini.
Rossini hingegen wollte von Wagner nichts, er war lediglich neugierig auf den jungen, umstrittenen Opernerneuerer, den er insgeheim sehr schätzte. (Das Treffen ist wörtlich protokolliert worden von Herrn Michotte, dem damaligen Privatsekretär Rossinis – und nachlesen können Sie es in in der Taschenbuchausgabe von »Bohème suprême«, dem zweiten Opernführer aus meiner Feder.)
So waren die Positionen klar, die Florette ausgetauscht und es entwickelte sich dann ein – übrigens absolut lesenswertes – Gespräch, in dem Wagner sein Konzept der Oper als

Gesamtkunstwerk darlegte, Rossini zunächst skeptisch blieb, dann aber, als Wagner raffiniert Beispiele für seine Thesen aus Rossinis Opern holte, Wagner immer geneigter zuhörte, wurde ihm doch die Rolle eines Wegbereiters zuerkannt. Schließlich beendete Rossini das Gespräch in einer einzigartigen Mischung aus heiterer Altersresignation, Anerkennung des Neuen und gleichzeitiger Skepsis – ich zitiere:
»Mein lieber Herr Wagner, ich kann Ihnen nicht genug danken für Ihren Besuch und besonders für die so klare und interessante Darlegung, die Sie mir von Ihren Ideen gütigst gegeben haben. Ich, der ich nicht mehr ›setze‹ (also: komponiere) und in einem Alter bin, wo man eher sich zersetzt, in Erwartung, dass ich mich noch einmal für alles Gute auseinandersetzen werde – ich bin zu alt, um meine Blicke nach neuen Horizonten zu richten; aber Ihre Gedanken – was auch Ihre Feinde sagen mögen – sind dazu geschaffen, der Jugend zu denken zu geben. Von allen Künsten ist die Musik ihres idealen Wesens wegen am meisten zu Neuerungen bestimmt, und es gibt da keine Grenzen. Nach Mozart – wer hätte Beethoven geahnt! Nach Gluck – wer Weber! UND AUCH NACH DIESEN IST ES GEWISS NICHT ZU ENDE. Jeder sollte versuchen, wenn nicht vorwärtszukommen, so doch wenigstens Neues zu suchen ... Was mich betrifft, ich gehörte meiner Zeit an. Die Aufgabe anderer, besonders eines Mannes wie Sie, ... ist es, Neues zu machen und damit Erfolg zu haben, was ich Ihnen von ganzem Herzen wünsche.«
Was für eine heitere Souveränität.
Wagner war natürlich entsprechend beeindruckt und hat seit diesem Gespräch nie mehr ein böses Wort über Rossini verloren.
Und noch eine kleine Sensation gibt es zu berichten aus dem Leben dieses erfolgreichen heiteren Melancholikers: Er wäre beinahe Sopran geblieben.

Das mag um 1800 nicht ganz verwunderlich sein, denn die Kastraten waren in dieser Zeit noch in guter Erinnerung, ja, es gab sogar noch welche. Georg Christoph Lichtenberg schrieb in seiner »Ausführlichen Erklärung der Hogharti-schen Kupferstiche« über Kastraten: »Man kann sich keine Vorstellung machen von dem Reiz der Stimme und der voll-endeten Virtuosität, die – mangels eines gewissen Etwas und zum wohltätigen Ausgleich – diese braven Leute besaßen. Sie waren auch unvergleichliche Gesangslehrer. Ihnen war allgemein der Gesangsunterricht in den den Kirchen ange-gliederten und auf deren Kosten unterhaltenen Schulen an-vertraut, von denen einige berühmt waren. Die Schüler ström-ten ihnen in Menge zu, und eine Anzahl von ihnen verließ den Singchor, um sich der Theaterlaufbahn zu widmen.«

Begabten Kastraten brachte der Schnitt damals ein Vermö-gen ein. Dies mag auch einen Moment lang die Überlegung in der Familie Rossini gewesen sein. Michotte berichtete von einem Gespräch bei einer der legendären Samstags-Soireen chez Rossini, in dem der Maestro erzählt hatte: »Können Sie sich übrigens denken, dass ich UM EIN HAAR dieser be-rühmten Korporation oder vielmehr Dekorporation ange-hört hätte? Als Kind hatte ich eine sehr hübsche Stimme und meine Eltern ließen mich in Kirchen singen, um ein paar paoli zu verdienen. Ein Onkel von mir, der Bruder meiner Mutter und von Beruf Barbier, hatte meinen Vater von der Möglichkeit überzeugt, zu verhindern, dass der Stimmwech-sel ein Organ zerstörte, das bei unserer Armut und meiner gewissen Veranlagung zur Musik eine sichere zukünftige Einkommensquelle für uns alle werden könnte. Tatsächlich leben die meisten castrati, besonders wenn sie sich einer Karriere im Theater widmen, im Überfluss. Meine tapfere Mutter wollte um keinen Preis ihre Zustimmung geben.«

Einer der Gäste fragte: »Und Sie, Maestro, die Hauptperson?«

»Oh, ich«, antwortete Rossini, »ich kann nur sagen, dass ich sehr stolz auf meine Stimme war. Und was eventuelle Nachkommen anlangt ...«

Jetzt unterbrach Rossinis (zweite) Frau: »Es war dir ziemlich gleichgültig! Jetzt solltest du eine deiner geistreichen Bemerkungen machen.«

»Also«, antwortete Rossini, »dann will ich die Wahrheit sagen. ›Ziemlich‹ ist zu viel gesagt. Es war mir völlig gleichgültig!«

Tragikomisch, dass ausgerechnet das Organ, das ihm erhalten geblieben war, zur Quelle lebenslanger Leiden und zum Grund seiner Melancholie wurde.

Sein Bologneser Leibarzt schickte dem Pariser Arzt 1842 einen Bericht, dem zu entnehmen ist: »Monsieur Rossini, der von Natur aus ein bleiches Aussehen statt eines gesund blühenden hat, huldigte der Göttin Venus seit seiner frühesten Jugend. Daher litt er oft an Gonorrhö, die er fast immer mit adstringierenden und noch mehr mit milden Abführmitteln behandelte. Als er 44 Jahre alt war, hat er seiner Leidenschaft für Frauen Zügel angelegt und den übermäßigen Genuss von Alkohol und von gewürztem Essen eingestellt.«

Was übrigens der Grund für die Eheschließung Rossinis mit Olympe Pelissier war – nachdem seine erste Frau, von der er sich neun Jahre vorher hatte scheiden lassen, gestorben war. Wenn man einigen Biografen glauben darf, war es eine reine Freundschaftsehe: Sie hatte von Männern die Nase voll und war froh, in Rossini einen Mann gefunden zu haben, der das, was sie nicht mehr bieten wollte, nicht mehr verlangen konnte. Dass das auf die Dauer nicht schön ist – klar.

Ich meine: Wenn man ein Leben lang immer wieder damit zu tun hat, dass das Zentrum der Männlichkeit bestimmte Probleme aufweist, und wenn man darüber dann auch noch impotent wird: kann man schon zum Melancholiker werden.

Gestorben ist Rossini schließlich in hohem Alter: am 13. November 1868, mit 76 Jahren, an Mastdarmkrebs.

Erst mal wurde er mit Riesenbohei in Paris beigesetzt. Dann aber erbat und bekam ihn das eben geeinte Italien zurück, und in einem Triumphzug ohnegleichen wurde er am 3. Mai 1887 in Santa Croce in Florenz endgültig beigesetzt.

Giuseppe Verdi, der ihm einiges zu verdanken hatte, schlug 1868 vor, dass die »hervorragendsten Komponisten in Italien … eine Requiem-Messe schreiben, die am Jahrestag seines Todes aufgeführt werden soll«. Das klappte. Im September 1869 waren die Kompositionen zusammen, Verdi selbst zog seine aber zurück und schuf daraus sein Requiem, was eine Aufführung zu Ehren Rossinis verhinderte. Die »Messa per Rossini« ist erst 1988 uraufgeführt worden.

Zu seiner Lebensphilosophie befragt, hatte Rossini einem Freund Folgendes gesagt: »Was mich betrifft, kenne ich keine köstlichere Beschäftigung, als zu essen, versteht sich, zu essen, was man so recht essen nennen kann. Was die Liebe fürs Herz, ist der Appetit für den Magen. Der Magen ist der Kapellmeister, der das große Orchester unserer Leidenschaften regiert und in Tätigkeit setzt. Den leeren Magen versinnbildlicht nur das Fagott oder die Pikkoloflöte, wie er vor Missvergnügen brummt oder vor Verlangen gellt. Der volle Magen ist dagegen der Triangel des Vergnügens oder die Pauke der Freude. Was die Liebe betrifft, so halte ich sie für die Primadonna par excellence, für die Göttin, die dem Gehirn Kavatinen vorsingt, die das Ohr trunken macht und das Herz entzückt. Essen, Liebe, Singen und Verdauen, das sind wahrhaftig die vier Akte der komischen Oper, die das Leben heißt und vergeht wie der Schaum einer Flasche Champagner. Wer sie verrinnen lässt, ohne sie genossen zu haben, ist ein vollendeter Narr.«

L'italiana in Algeri

Melodramma giocoso in due atti

Text: Angelo Anelli

»Ich glaubte, dass die Venezianer mich für verrückt halten würden, nachdem sie meine Oper gehört haben. Nun stellt sich heraus, dass sie noch verrückter sind als ich.«
Rossini, am Tage nach der Premiere der »Italiana in Algeri«

»Ich habe nie zu denen gehört, die schwitzen, wenn sie komponieren.«
Rossini 1838 im Gespräch zu Adolphe Nourrit, dem gefeierten Tenor der Oper in Mailand

Angelo Anelli: geboren am 1. November 1761 in Desenzano del Garda, gestorben am 9. April 1820 in Pavia. Er war Jurist, verband aber die Schriftstellerei genial mit der Juristerei: Er war Dozent für Gerichtsrhetorik in Mailand und nach 1817 Professor für Strafrecht an der Universität Pavia. Er schrieb (meistens für die Scala) über 40 Opernlibretti, einige davon waren in ihrer Zeit weltberühmt. Er schrieb u. a. für Cimarosa, Mayr, Paer, Piccinni und – am erfolgreichsten – für Rossini. Anelli war einer der Ersten, die wahre Geschichten aus dem Leben zum Sujet ihrer Libretti machten: So wurde 1805 die Mailänderin Antonietta Frapollo gekidnappt und an den Hof von Mustapha-Ibn-Ibrahim nach Algier verschleppt.
Für die Linsenzähler erwähne ich, dass er auch unter den Pseudonymen Lauro Fifferi, Marco Landi, Niccolò Liprandi,

Tommaso Menucci di Goro, Giordano Scannamusa, Gasparo Scopabirbe geschrieben hat.

ENTSTEHUNG UND URAUFFÜHRUNG

1813 war Rossini in Venedig. Er startete gerade durch, würde man heute sagen. Daneben zündete er den Gesellschaftsturbo, indem er sich mit den schönsten Frauen umgab. Heute wäre er das Lieblingskind der Medien. Für die Oper San Benedetto in Venedig hatte er den Auftrag für eine Opera buffa bekommen, die Italienerin in Algier. In San Benedetto sang auch Marietta Marcolini, »seine« prima donna an diesem Hause. Stendhal, der erste Rossini-Biograf, schrieb: »Man sagt, dass la M --- eine charmante buffa Sängerin, die damals in der Blüte ihrer Jugend und Begabung stand, Rossini nicht vernachlässigen wollte und daher ihm zuliebe den Prinzen Lucien Bonaparte aufgab.« Sie war ein recht stimmgewaltiger Mezzosopran, der die schwedische Sängerin Ann Hallenberg 2012 ein ganzes Album gewidmet hat: »Arias for Marietta Marcolini«. Rossini hatte es wieder mal eilig und schrieb, nachdem er Mitte April das Libretto erhalten hatte, in wahrscheinlich 19 Tagen die Musik zu diesem Meisterwerk (andere sagen, er hätte 29 Tage gebraucht, er selber sagte dem Korrespondenten der »Allgemeinen Musikalischen Zeitung« in Leipzig, dass er 18 Tage gebraucht habe) und bekam dafür 700 Francs, das wären heute ungefähr 400 Euro. Gut, damals waren die Lebenshaltungskosten wesentlich günstiger! Am 22. Mai 1813, einem Samstag, war die Uraufführung. In den Logen der Adel, im Parkett die einfachen Leute. Die Begeisterung kannte keine Grenzen. Als dann die Marcolini nach der Premiere erkrankte und erst am 29. Mai die zweite Aufführung singen konnte, waren die Venezianer außer sich. Die Oper blieb eigentlich immer auf dem Spielplan der Opernhäuser der Welt und hat seit Lucia Valentini-Terrani bei der neuen Generation sublimster Mezzosoprane ungeheuren Aufschwung erleben können.

PERSONEN

Mustafa Bey von Algier	Bass
Elvira, seine Gattin	Sopran
Zulma, Elviras Lieblingssklavin	Mezzosopran
Haly, Hauptmann der algerischen Korsaren	Bariton
Lindoro, junger Italiener, Mustafas Lieblingssklave	Tenor
Isabella, eine Italienerin	Alt
Taddeo, Isabellas Begleiter	Bass – Buffo
Eunuchen	
Algerische Korsaren	
Italienische und europäische Sklaven	
Pappataci (»Stechmücken«)	
Matrosen	

ORCHESTERBESETZUNG

2 Flöten
2 Piccoloflöten
2 Oboen
2 Klarinetten
Fagott
2 Hörner
2 Trompeten
Schlagzeug
Streicher
Basso continuo

BESONDERHEITEN

Das Libretto war von Luigi Mosca schon vertont und 1808 mit großem Erfolg an der Mailänder Scala aufgeführt worden. Trotzdem hörte man von seiner Oper nach Rossinis Wiedervertonung nix mehr, diese Partie ging eindeutig an Gioachino und die Venezianer!

DAUER

ca. 2 Stunden 15 Minuten

HANDLUNG

Die Handlung spielt in Algier.

ERSTER AKT

Erstes Bild: Kleiner Saal im Palast des Bey

Elvira beklagt sich: Ihr Mann Mustafa liebt sie nicht mehr. Die Eunuchen versuchen sie zu trösten, aber gerade in diesem Punkt ist ihnen der wahre Trost versagt, was für ein Schicksal! Man tröstet also und beklagt, dass dies das Los aller Frauen sei, da kommt Mustafa und scheucht alle auseinander. Ihm gehen die Frauen und der Harem nur noch auf den Zeiger. Er hat einen Plan: Er will der Bitte seines italienischen Sklaven Lindoro nachkommen, der nach Italien zurückkehren will, um zu seiner großen Liebe Isabella zu kommen, wenn er Elvira mitnimmt und sie heiratet. Mustafa selbst hätte gerne eine Italienerin im Bett, bei dem legendären Ruf der Italienerinnen (wohlgemerkt: VOR der Heirat!) wundert uns das nicht! Er befiehlt Haly, dem Chef der algerischen Korsaren, binnen sechs Tagen eine feurige Italienerin herbeizuschaffen.

Zweites Bild: Strand, etwas entfernt das Wrack eines an den Klippen zerschellten Schiffs

Ein Piratenschiff landet und alle spielen »Beute gucken«, auch Haly. Unter den Gefangenen, die vom Schiff kommen, ist auch Isabella, die sich mit italienischem Temperament aufregt: Sie sei unterwegs gewesen, um ihre große Liebe Lindoro zu finden, und dabei von den Sch...Piraten gekidnappt worden. Jetzt sei sie als Geschenk für den Bey vorgesehen. Haly sieht sie, kriegt mit, dass sie Italienerin ist, und sieht in ihr schon die Herrin des Harems.

Drittes Bild: wie erstes Bild

Elvira und Lindoro haben nicht wirklich Lust aneinander, Zulma, die Sklavin, versucht zu vermitteln. Mustafa erneuert sein Versprechen, Lindoro nach Italien ziehen zu lassen, wenn er Elvira mitnimmt. Haly trifft ein und verkündet Mustafa die Ankunft einer rassigen Italienerin. Mustafa ist schon ganz aufgekratzt und schickt Elvira und Lindoro hinaus.

Viertes Bild: Prächtiger Saal, rechts das Sofa des Bey

Die Eunuchen feiern Mustafa als den Beherrscher aller Frauen (na ja, was sollen sie auch sagen), da trifft Isabella ein. Sie erkennt sofort die Lage, nämlich dass der Bey ihr absolut ausgeliefert ist, so sehr hat er sich in sie verknallt. Lindoro und Elvira kommen herein, es wird klar, dass Lindoro und Isabella einander kennen. Die Situation nutzend fordert Isabella, dass der Bey Elvira und Lindoro nicht wegschicken dürfe, andernfalls verliere er ihre Zuneigung.

Das macht alle fassungslos und mündet in einem der schönsten Rossini'schen Finali, das man sich denken kann. Alle Beteiligten können sich nur noch unartikuliert äußern, weil ihr »cervello spalerato«, ihr gespaltenes Hirn, keine Worte mehr findet, und in einmaligem Gespür für das Absurde lässt Rossini sie singen: »Ding, Ding, tak, tak, kra, kra, bum, bum« – wer mag da noch Ernst Negers »Humba Humba Humba Täteräa« als Dummheit belächeln, das ist DADA, so wie Rossini auch!

ZWEITER AKT

Erstes Bild: wie erstes Bild im Ersten Aufzug

Die Eunuchen lachen über Mustafa, der Isabella zu Füßen liegt. Haly und Zulma raten Elvira, die Launen ihres Mannes geduldig abzuwarten. Mustafa kommt und befiehlt, Isabella zu ihm zu bringen, er träfe sich gerne auf einen Kaffee mit ihr. Lindoro und Isabella treffen sich, sie ist sauer auf Elvira, als aber Lindoro ihr ewige Liebe und Treue schwört, besänftigt sich die Italienerin, man beschließt zu fliehen. Mustafa ernennt Taddeo, der mit Isabella vom Schiff gekommen war und sich, um bei ihr bleiben zu können, als ihr Onkel ausgegeben hat, zum Kaimakan, zu seinem Stellvertreter. So will er sich die Zuneigung Isabellas erkaufen.

Zweites Bild: Prächtiges Gemach

Isabella schmückt sich für das Rendezvous. Sie wird zu Mustafa geführt, zeigt sich beeindruckt von der Ehre, die Taddeo zuteilwurde, lädt aber gleich auch Elvira mit zum Kaffee ein. Mustafa tobt und keiner blickt mehr durch.

Drittes Bild: wie erstes Bild im Ersten Aufzug

Taddeo glaubt, dass Isabella ihn liebe, Lindoro lässt ihn in diesem Glauben und täuscht Mustafa vor, dass Isabella allein Mustafa liebe und vorhabe, ihn zum »Papatacci« zu machen, d.h. ihn in diese erlauchte italienische Gesellschaft aufnehmen wolle. Wer dieser Gesellschaft angehöre, dürfe nur noch essen, trinken und schlafen und nichts anderes mehr tun, egal, was um ihn herum geschehe. Mustafa ist begeistert.

Viertes Bild: das prächtige Gemach von vorhin

Mittlerweile sind fast alle vom Fluchtplan von Isabella und Lindoro informiert und unterstützen ihn. Zur Feier der Ernennung Mustafas sollen alle italienischen Sklaven befreit werden. Nun wird Mustafa vorbereitet und schwört, dass er alle Regeln einhalten wolle, nur noch essen, trinken und schlafen, nichts hören, nichts sehen, nichts sagen. Er setzt sich sofort an den Tisch, auf dem reichlich aufgetragen ist, Taddeo, der nix schnallt, leistet ihm Gesellschaft. Da gehen alle auf das Schiff und jetzt ist auch Taddeo mit von der Partie. Mustafa durchschaut jetzt den ganzen Schwindel, den Isabella inszeniert hat, und kehrt reumütig zu seiner Elvira zurück, die als die eigentliche Beherrscherin der Szene auf derselben gefeiert wird.

HITS

Die Ouvertüre! Rossini ist ja der Weltmeister in Ouvertüren! Ein ewiger Hit, immer wieder gerne gespielt, selbst von italienischen Feuerwehrblaskapellen, aber immer isses schön! Damals sind die Leute schon bei der Ouvertüre rasend geworden und ein bisschen kann man es schon verstehen, wenn man sich auf die wundervollen Crescendi einlässt.
»Languir per una bella« – ist das nicht eine wunderbare Waldhorn-Einleitung? Da merkt man, dass Venedig am Fuße der Alpen liegt, die man an klaren Tagen über den Dächern von San Marco sehen kann. Und dennoch ist es nicht älplerisch, sondern von eleganter Finesse, eine wundervolle Arie, für die jeder Tenor Rossini heute noch die Hand küsst!
Und dann kurz darauf wieder mal ein ganz typischer Rossini-Rap: »Se inclinassi a prender moglie«, eines jener Stückchen, bei denen man ein sauberes Mundwerk besitzen muss, sonst haut's einen schon am Beginn aus der Kurve. Lindoro und

Mustafa stehen da in nichts einander nach, köstlich! Wenn es klappt mit der Artikulation, haben wir hier allerdings ein Stück höchster Rossini'scher Vollendung vor uns.
Jetzt kommt Isabella und ihr »Cruda sorte« kann sich sehen lassen – Hit!
Das Duett von Isabella und Taddeo »Ai capricci della sorte« ist wieder einmal jenes Stück Italien auf den Bühnenbrettern, das man nur dann genießen kann, wenn es Interpreten singen, die des Italienischen wirklich mächtig sind (gehen Sie mal in eine Aufführung mit Sängerinnen und Sängern aus Japan, Korea, Russland, dann hören Sie, was ich meine!), aber dieses ist bei Rossini ja eh immer so, viel mehr als bei Verdi oder Puccini, die sich – in der Regel – eines behäbigeren Italienisch bedienen!
Mustafa darf mit »Già d'insolito ardore nel petto« einen ganz kräftigen, männlichen Hit hinlegen, Rossini hat offenbar eh für die tieferen Stimmlagen (Mezzosopran und Bass) große Sympathien gehegt, grazie maestro! Und dennoch hat er ironische Verzierungen hineinkomponiert, die den Mustafa als eitlen, von sich überzogen eingenommenen Charakter entlarven.
Das Finale des ersten Akts ab »Oh! Che muso, che figura!« ist ein zeitloses Meisterwerk Rossinis voller Heiterkeit und voller absurden Humors. Das ist einmalig und – für mich – der größte Hit in dieser Oper.
Dankbar dann und hitverdächtig die Cavatine, die Lindoro zu singen hat: »Oh come il cor di giubilo«. Es hat vielleicht nicht ganz die Belcanto-Qualität eines Bellini, aber Rossini ist da schon nah dran.
»Ho un gran peso sulla testa« singt Taddeo, nachdem er zum Kaimakan ernannt wurde. Das ist geschmeidig, elegant und hat viel Witz, mit dem jeder Regisseur schön spielen kann, es wird – fast – in jedem Fall zur federleichten Musik passen!

Zur Hochform läuft Rossini auf, als er Isabella »Per lui che adoro« singen lässt. Wie ich den damaligen Draufgänger Gioachino einschätze, der ja damals mit der Sängerin der Uraufführung verbandelt war, hat er ihr das in den Mund geschrieben und sie hat ihn gemeint und es für ihn gesungen. Das ist doch schon mal ein ganz besonderer Reiz, den die Venezianer bestimmt zu schätzen wussten, denn sie wussten alle um die Geschichte zwischen dem Komponisten und der Sängerin! Subtil, subtil! Ich kann mir lebhaft vorstellen, wie Rossini am Cembalo saß und in sich hineingrinste, als sein »Liebelein« da oben auf der Bühne zu singen hatte: »Per lui che adoro – für den, den ich anbete«, vielleicht hat er ihr einen Handkuss zugeworfen, ein kleines »Baciolemani«, und sie sang vor Glück noch mal so schön!

FLOPS

Warum, lieber, verehrter, Gioachino Rossini, lässt du diese Oper mit einem Chor beginnen, wo du doch weißt, dass du nicht wirklich der Meister der Chorkomposition bist? Sei's drum, du hattest wenig Zeit zum Komponieren und so ein Chor füllt ja erst mal ganz gut, verziehen!
»Se inclinassi a prender moglie« – lieber Maestro, es ist schon eine gewisse Zumutung an die Muskulatur von Sängern, Texte mit einer derartigen Geschwindigkeit singen zu lassen, wenn da einer Parodontose hat, fliegen dem doch glatt die Zähne aus dem Gesicht, tz tz tz!
Und dann kommt im zweiten Akt noch mal derselbe Flop: Mit Chor geht es los, nachdem wir im Finale des ersten Akts eben noch mit Champagner überschüttet wurden, nee, nee, Gioachino, mit diesen ersten Minuten des zweiten Akts bewegen wir uns auf Singspiel-Niveau, uff! Zum Glück kommt dann das Rezitativ, das du ja meisterhaft beherrschst, und wir sind wieder versöhnt.

Dann allerdings kommt gegen Ende der Oper ein Rezitativ und ein Rondo »Pensa alla patria«, das sehr irritiert: Plötzlich haben wir ernste Töne auf der Bühne, »Denk an die Heimat!«, mahnt Isabella ihre Italiener, grad so, als hätten wir schon den Freiheitskampf gegen die Österreicher auf dem Plan. Mächtig hebt das Rondo an und das ist der Moment, in dem wir spüren: Der Gedanke an eine nationale Einheit Italiens war damals gerade im Entstehen. Rossini – ein politischer Komponist? So wie später Verdi mit »Flieg Gedanke«? Ja, tatsächlich! Für eine Opera buffa sicher ein Flop, aber es ehrt den Maestro sehr, dass er sich diesen Gedanken nicht verschlossen hat, sondern diese damals noch zarte politische Empfindung aufgreift und in Töne fasst. Respekt!
Gut, das Finale des zweiten Akts und damit der gesamten Oper möchte ich fast hierhin ordnen, es ist gegen das Finale des ersten Akts wirklich keine Steigerung. Und der Chor am Ende? Also ich weiß nicht. Eine so flirrende Oper voller Eleganz und Champagner hätte ein perlenderes Ende verdient als das, was wir da hören. Na gut, Anelli, der Librettist, hat das ganze Ding irgendwie zu Ende führen müssen, Elvira ist die Beste und fertig und Isabella ist ja nicht mehr da, die ist schon auf dem Schiff, also bleibt im Grunde nur das zu komponieren, was das Leben von Mustafa und seiner Elvira ab jetzt noch zu bieten hat: Langeweile. Schad!

OBACHT

Immer wieder Passagen, in der sich Italienisch als die leichtzüngigste Sprache der Welt beweist, ungeheuer schwer zu singen, aber kolossal champagnerisierend in der Wirkung! Die Perlage dieser Oper ist optimal – wenn diese Schwierigkeiten bewältigt sind!

DER KLEINE OPERNTÄUSCHER

Diese Oper ist eine gute Gelegenheit, in der Pause ein bisschen über die Usancen des Publikums bei Opernaufführungen in Venedig zu Zeiten Rossinis zu plaudern – Sie werden sich so als absoluter Opernkenner outen können. Das Leben im Rossini-Venedig war schon sehr frivol: Es gab z. B. den »Cisisbeo«, das war der offizielle Liebhaber der Ehefrau, allgemein akzeptiert (solange sie ihn hielt) und ständiger Begleiter. Er trank mit ihr zum Frühstück Schokolade, half ihr beim Make-up, ging mit ihr in die Kirche und flanierte mit ihr auf dem Markusplatz. Und natürlich ging er mit ihr in die Oper. Dort sah es so aus: Die »höhere« Gesellschaft traf sich in den Logen, die »einfachen« Leute im Parkett. Die Bühne war hell und damit man das Treiben in den Logen (Flirts, Verabredungen, Logentausch, der Rest sei Ihrer Fantasie überlassen) nicht sehen konnte, war der Zuschauerraum dunkel gehalten. Man schlürfte Sorbets, allerdings, wie Wilhelm Keitel und Dominik Neuner berichten, nicht, während die erste Dame oder der Erste Sänger sangen, sondern wenn die zweiten oder dritten auftraten. Deshalb nannte man ihre Arien die »arie del sorbetto«. Bis ungefähr 1850 war es so, dass das einfache Volk nur bei der Opera buffa ins Theater durfte, stand eine Opera seria auf dem Spielplan, war nur der Adel zugegen. Erst in der Verdi-Zeit änderte sich das, natürlich auch deshalb, weil jetzt der Gedanke an ein einiges Italien um sich griff und insbesondere in der Oper La Fenice gepflegt und geschürt wurde.

Wäre ja vielleicht mal eine Anregung: aus Rossini-Opern auch ein Gourmet-Ereignis zu machen: Sorbet, Cannelloni (die er erfunden hat) oder ein Salätchen mit Trüffeln (Rossini nannte ihn den Mozart unter den Pilzen), und dazu perlen die feinsten Cavatinen, Koloraturen und Septette über die Rampe. Ich meine: Hätte was! Und es kämen dann vielleicht auch wieder jüngere Leute in die Oper und nicht nur Häuptling Silberlocke.

BEWERTUNGEN

Magie	Je nach Inszenierung ist es schon eine Oper, die uns gefangen nimmt (musikalisch auf jeden Fall), sie lässt uns zwischendurch aber immer wieder an die lange Leine (Chöre!).
Erotik	Das mäandert nicht wie der Tristan durch sämtliche Zeugungsorgane, das zeigt einmal mehr die Macht der italienischen Frau über die Männer und sonst nichts.
Fazzoletto —	Wirklich ans Herz geht es nicht, dazu ist die Ironie allzu präsent, und ironisch weinen geht halt nun mal nicht!
Gewalt —	Mustafa ist nicht einer, vor dem man Angst haben könnte: So ein aufgeblasener Wichtigtuer ist durchschaut, bevor er den Mund aufmacht!
Gähn —	Bei so viel Champagner wollen Sie schlafen? Also bitte!

Moral

Na ja, schon! Es siegt ja nicht nur die Liebe, es siegt ja auch die Italianità und sie kommen auch noch alle frei, ich meine: wesentlich mehr Moral geht ja wohl nicht, oder?

Ewigkeit

Man möchte am liebsten die tollsten Szenen aus Rossini-Opern zusammenheften, irgendeine Handlung würde sich schon finden – dann hätte man eine Oper für die Ewigkeit. So, finde ich, sind drei Heiligenscheine ausreichend: Man wird sie immer mal wieder spielen, diese Oper, und sich an ihr vergnügen, aber das Format eines Don Giovanni oder eines Othello? Nicht direkt, wie der Bayer gerne sagt.

Gourmet

Rossini komponiert wie Carême gekocht hat.

GESAMTWERTUNG

Rossini hat da noch nicht ganz die Meisterschaft wie im Barbiere di Siviglia, diese Oper ist und bleibt aber eine Hommage an die Lebenslust, die Liebe und die Sinne.

Il barbiere di Siviglia

Opera buffa in due atti

Text: Cesare Sterbini

Donizetti auf die Frage, ob Rossini seinen Barbier wirklich in nur 14 Tagen komponiert habe: »Das könnte sein – er war immer ein schrecklicher Faulpelz.«

»Die vorbildliche komische Oper vermag nicht nur dem Publikum und den Musikliebhabern, sondern auch Musikern zu gefallen, und zwar ebenso wie Die Zauberflöte und Die Meistersinger. In dieser Oper lebt ewige Jugend; sie ist ein Strauß von Blumen, die nie verwelken und ihr Parfum immer bewahren; sie ist ein Champagnerrausch ohne ein Morgen, und vor allem ist sie eine wahrhaft komische Oper und wird es auch bleiben, was auch der Geschmack überall sein mag, und immer diese Bezeichnung verdienen.«

Der Dirigent Hans von Bülow, erster Mann von Cosima Liszt, spätere Wagner, über den Barbiere

Cesare Sterbini: geboren 1784 in Rom, gestorben ebenda am 19. Januar 1831. Er muss der typische Römer gewesen sein: über alles ein bisschen wissend, von schneller Auffassung und mit viel Witz und Humor ausgestattet. »He was a librettist by vocation, not profession – er war Librettist aus Berufung, nicht von Beruf«, schreibt über ihn das »New Grove Dictionary of Music and Musicians« und ein Zeitgenosse (Jacopo Ferretti, Profi-Librettist, er schrieb u. a. »La Cenerentola« für Rossini) sagte, Sterbini sei »sehr bewandert in der griechischen Sprache, im Lateinischen, Französischen und Deutschen«. Das half ihm sicher beim Schreiben des Barbiere-Librettos, weil er da auch ins Original von Beaumarchais gucken konnte. Sein Witz und sein Sinn für Ironie gefiel Rossini ganz bestimmt bestens, war er ja so ähnlich strukturiert. Schade, dass man nicht viel mehr über Sterbini weiß!

ENTSTEHUNG UND URAUFFÜHRUNG

Der Barbiere di Siviglia ist eine Turbo-Oper durch und durch. Sterbini hat das Libretto innerhalb von 12 Tagen geschrieben (vom 18. Januar bis zum 29. Januar 1816), und Rossini lieferte den ersten Akt am 6. Februar ab, die letzte Note am 19. Februar 1816. Am 20. Februar war die Uraufführung. Das muss man sich mal vorstellen: in vier Wochen eine ganze Oper – vom ersten Wort bis zum Schlussakkord. Das ist die Zeit, die unsereins brauchen würde, um die Noten abzuschreiben, und selbst das wäre in der kurzen Zeit kaum hinzubekommen. Verdi schrieb an seinen Verleger Ricordi 1879: »Man wird vielleicht sagen, dass Meyerbeer langsam arbeitete, aber ich antworte, dass Bach, Händel, Mozart, Rossini usw. usw. ›Israel in Ägypten‹ in 15 Tagen, ›Don Giovanni‹ in einem Monat, ›Il Barbiere‹ in 17 oder 18 Tagen geschrieben haben! Man muss hinzufügen, dass diese Männer außer ihrer Fantasie kein verbrauchtes Blut, dazu ein ausgeglichenes Wesen, ihren Kopf solide auf den Schultern hatten und wussten, was sie wollten. Sie brauchten keine Einfälle von anderen zu übernehmen oder tun, was moderne Komponisten tun: alla Chopin, alla Mendelssohn, alla Gounod usw. Sie schrieben spontan, wie sie fühlten, und schrieben Meisterwerke, die, es sei zugegeben, ungleich, fehlerhaft, sogar unrichtig waren, was aber zumeist Zeichen eines Genies war … Amen!«

Rossini war seit 1815 Stadtkomponist in Neapel, schrieb aber auch für zwei römische Opernhäuser: das Teatro Valle (»Torvaldo e Dorliska«, Libretto ebenfalls von Sterbini) und das Teatro Argentina (»Il barbiere di Siviglia«). Als die Wahl des Stoffes auf den Barbiere fiel, war Rossini etwas skeptisch, denn: Paisiello – damals der absolute Opernpapst – hatte ebenfalls einen Barbiere komponiert und der wurde mit viel Erfolg aufgeführt. Nun kam der Youngster Rossini und komponierte mehr oder weniger denselben Stoff. Was würde das Publikum, was würde Paisiello dazu sagen? Also fuhr Rossini eine Beschwichtigungstaktik. Er schrieb eine »Mitteilung an das Publikum« ins Libretto, das man an der Theaterkasse kaufen konnte, und zwar:

»Almaviva oder die vergebliche Vorsicht, Komödie von Signor Beaumarchais, neu und vollständig in Verse gesetzt und für die heutigen italienischen Opernhäuser von dem Römer Cesare Sterbini bearbeitet, soll an dem stattlichen Teatro della Torre Argentina während des Karnevals 1816 mit der Musik von Maestro Gioachino Rossini aufgeführt werden.

Die Komödie von Signor Beaumarchais mit dem Titel ›Der Barbier von Sevilla oder die vergebliche Vorsicht‹ wird in Rom in einer Bearbeitung als dramma comico mit dem Titel ›Almaviva oder die vergebliche Vorsicht‹ aufgeführt. Dies geschieht mit der Absicht, das Publikum ganz der Hochachtung und tiefen Verehrung zu versichern, die der Komponist des gegenwärtigen dramma dem hochberühmten Paisiello gegenüber empfindet, der das gleiche Thema mit dem ursprünglichen Titel behandelt hat.

Nachdem der signor maestro Gioachino Rossini dieselbe Aufgabe übernommen hat, hatte er, um nicht der tollkühnen Rivalität mit dem unsterblichen Komponisten, der ihm voranging, bezichtigt zu werden, dringendst ersucht, dass der ›Barbier von Sevilla‹ vollständig neu in Verse gesetzt wird und einige neue dramatische Situationen für musikalische

Nummern hinzugefügt werden, und er bat außerdem, dass diese dem modernen Geschmack im Theater entsprechen, der sich seit der Zeit, als der angesehene Paisiello seine Musik schrieb, so sehr geändert hat.«
Sie sehen: Verbeugungen nach links und nach rechts, Beschwichtigungen ohne Ende. Witzigerweise erging es Rossini kurz vor seinem Tode gleich, als ein junger Komponist ihn anschrieb und ihm mitteilte, er habe den Barbiere neu vertont und ob denn Rossini etwas dagegen habe. Rossini hatte nichts dagegen und wünschte dem jungen Mann viel Glück!
Die Uraufführung am 20. Februar 1816 war ein Flop. Die Oper wurde ausgepfiffen. Zum einen sicher, weil man es als Frechheit ansah, dass einer denselben Stoff wie der große Paisiello auf die Bühne brachte. Zum anderen stand die Aufführung unter keinem sehr guten Stern. Es fing damit an, dass Rossini in braunem Outfit mit Goldknöpfen erschien, was ihm erste Pfiffe einbrachte, der Barbiere stolperte beim ersten Auftritt über eine Falltür, verletzte sich ganz erheblich im Gesicht, Blut strömte, was Rufe wie »Zugabe! Noch mal!« provozierte, er musste ab da die Arien mit Taschentuch im Gesicht singen, auch nicht der Bringer. Eine Katze erschien und strich zwischen den Sängern herum, man jagte sie links raus, sie kam rechts wieder rein, die Sängerinnen wichen der Katze mit artistischen Sprüngen aus, sie wollten nicht zerkratzt werden, und und und. Ein großes Fressen für die ironischen Römer, wie man sich vorstellen kann.
Nun gut, die erste Luft war heraus. Die zweite Aufführung war schon ein Achtungserfolg und ab der fünften oder sechsten Vorstellung war die Oper ein Erfolg. Plötzlich sprach niemand mehr von Paisiello und der Barbiere machte seinen Siegeszug um die Welt. Schon drei Jahre später wurde er in New York aufgeführt und ist bis heute ein Rampenhit allererster Sahne – falls entsprechende Sängerinnen und Sänger zur Verfügung stehen!

PERSONEN

Il Conte d'Almaviva	Tenor
Bartolo, Doktor, Vormund Rosinas	Bass – Buffo
Rosina, sein Mündel	Mezzosopran
Berta, Haushälterin Bartolos	Sopran
Basilio, Rosinas Musiklehrer	Bass
Figaro, Barbier	Bariton
Fiorello, Diener des Grafen	Bass
Ambrogio, Bartolos Diener	Bass
Offizier der Wache	Bariton
Richter	stumme Rolle
Notar	stumme Rolle
Musikanten	
Soldaten	

ORCHESTERBESETZUNG

2 Flöten
2 Piccoloflöten
2 Oboen
2 Klarinetten
2 Fagotte
2 Hörner
2 Trompeten
Pauken
Große Trommel, Becken, Triangel
Streicher
Continuo
Klavier
Gitarre

DAUER

ca. 2 ½ Stunden

HANDLUNG

Sevilla, Mitte des 18. Jahrhunderts

ERSTER AKT

Rosina wird von ihrem Vormund, dem alten Bartolo, eifersüchtig bewacht. Er hat die Absicht, sie zu seiner Frau zu machen. Der Graf Almaviva tritt auf, verkleidet, nennt sich Lindoro (er möchte nicht, dass Rosina ihn nur wegen seines Titels erhört, und er will den alten Bartolo täuschen) und bringt der Schönen schon mal ein Ständchen: »Ecco, ridente in cielo«, der erste einer ganzen Reihe von Hits in dieser Oper. Die Musiker werden nach Hause geschickt, es wird gleich Morgen, Rosina hat sich nicht blicken lassen. Platz für einen Welthit: Figaro kommt und zelebriert sein »Largo al Factotum«. Ab da ist Champagner. Almaviva gesteht seinem Freund Figaro, dass er in Rosina verliebt ist, auch wenn er sie noch nicht kennt, und fragt ihn, wie er es wohl anstellen könne, an sie dranzukommen. Ein reiches Geldgeschenk macht den Barbier kreativ: Er könne sich ja als Soldat verkleiden, den ein Quartierschein berechtigen würde, im Hause vom alten Bartolo zu wohnen, seien ja im Moment ohnehin die Soldaten in der Stadt.
Rosina sitzt in ihrem Zimmerchen, hat gehört, dass ein Student namens Lindoro in sie verliebt sei und sie heiraten wolle. Grund genug, eine der schönsten Arien des Belcanto zu singen: »Una voce poco fa«. Wem da nicht im Kopf die Perlen eines gepflegten Kaltgetränkes aufsteigen, der sollte einfach nach Hause gehen. Rosina schreibt ein Briefchen an Lindoro, das Figaro dem jungen Mann bringen soll. Natür-

lich taucht der alte Bartolo auf, Figaro muss sich verstecken, und Basilio, der Musiklehrer Rosinas, der mit Bartolo gekommen ist, erzählt dem Alten, dass Graf Almaviva in der Stadt eingetroffen sei. Bei Bartolo gehen die Alarmglocken an, er glaubt, dass der Graf in Rosina verliebt sei, und sieht seine Felle schon davonschwimmen. Basilio gibt ihm nun den legendären Rat, den Grafen in der Stadt zu mobben: »La calunnia – die Verleumdung, sie ist ein Lüftchen« singt er und auch das ist ein einsamer Welthit. Dann gehen die beiden Alten. Figaro sagt Rosina, dass Lindoro sie liebe, und sie gibt ihm das schon vorbereitete Briefchen, Bartolo kommt herein, wird misstrauisch, richtet aber nix aus.

Ein besoffener Soldat trampelt ins Haus, bedroht Bartolo und zeigt ihm seinen Quartiersschein. Natürlich gibt er sich Rosina hinter dem Rücken des Alten als Lindoro zu erkennen, der aber eigentlich der Graf Almaviva ist. Da kommt Militärpolizei, vom Lärm im Hause angelockt. Bartolo will, dass sie den Soldaten sofort verhaften, der gibt sich heimlich dem Offizier zu erkennen, Bücklinge, Demut, Entschuldigungsgemurmel.

In diesem ersten Finale purzeln folgende tollen Zeilen in unsere Ohren:

»Ist mir doch, als wär im Kopfe
eine große Feuerschmiede,
und das sausende Geklopfe
tobet immer, wird nicht müde,
tobet immer fort und drauf, ja.
Und das Lärmen kehret wieder,
und es schmettert auf und nieder.
Wie des Himmels Donnertosen,
Hammerwut im Wetterlaufe,
und der Kopf dreht sich im Kreise
in dem schrecklichen Gesäuse,

und das Lärmen brüllt und raset
stets mit neuem Schrecken fort.«
Das hält auch der Vorhang nicht aus und fällt.

ZWEITER AKT

Wieder erscheint der Graf, diesmal als Musikschüler verkleidet. Er gibt vor, für den plötzlich erkrankten Basilio Rosina die Gesangsstunde zu geben. Man übt, natürlich im Duett, und, um die Harmlosigkeit des »Musiklehrers« zu unterstreichen, singt Rosina »ihrem« Bartolo was vor: »Contro un cor che accende amor – gegen ein Herz, das Liebe entzündet« aus der Oper »Die unnütze Vorsicht«. Bartolo schläft immer wieder ein, bekrittelt die Musik, schnallt aber nix.
Figaro kommt, will Bartolo rasieren, weil er am nächsten Tag so viel zu tun habe. Damit der Graf und Rosina in Ruhe besprechen können, wie er sie aus den Fängen des Alten befreien kann, lockt Figaro Bartolo aus dem Zimmer, indem er Geschirr zerdeppert. Bartolo saust aus dem Zimmer, Figaro schnappt sich den Schlüssel zum Balkon Rosinas. Jetzt taucht der »kranke« Basilio auf, alles droht aufzufliegen, der Graf gibt ihm aber Geld, auf dass er verdufte. Jetzt endlich, während er rasiert wird, kapiert Bartolo, dass der Musiklehrer keiner ist, wirft ihn raus und sperrt Rosina in ihr Zimmer. Basilio, der wieder zurückgekommen ist, wird zum Notar geschickt, denn jetzt will Bartolo Nägel mit Köpfen machen, den Ehevertrag aufsetzen und sein Mündel heiraten. Rosina ist auch einverstanden, weil ihr Bartolo erfolgreich einredet, Lindoro liebe sie gar nicht, sondern wolle sie nur zum Grafen ins Bett schleifen.
Figaro und der Graf klettern während eines Gewitters zu Rosina, um sie zu befreien. Sie sperrt sich, aber als sie sieht, wer Lindoro in Wirklichkeit ist, macht sie mit. Sie wollen über die Leiter raus, Bartolo sieht die Leiter und zieht sie weg, dumm gelaufen.

Jetzt läuft's natürlich auf die Lösung zu, und zwar in hohem Tempo: Basilio erscheint mit dem Notar, lässt sich mit einem goldenen Ring (und der Drohung, andernfalls erschossen zu werden) überreden, den Trauzeugen für Rosina und Almaviva zu geben, und Bartolo hat auch nichts mehr dagegen, als er erfährt, dass er Rosina keine Mitgift zahlen muss.
Ob so viel Bestechung, Bedrohung und Dreckschleuderei schämt sich der Vorhang, verliert die Fassung und fällt.

HITS

Die Ouvertüre! Egal aus welcher anderen Oper Rossini sie geklaut hat (er hat sich ja gerne selber beklaut, und zwar heftigst), sie ist und bleibt ein Ereignis und ein Welthit sowieso. Die Oper selbst: ein Ohrwurm nach dem anderen!
Hier ist die Liste der Hits:

Erster Akt

Introduktion (Fiorello, Graf, Chor): »Piano, pianissimo« (Szene 1)
Cavatine (Graf): »Ecco ridente in cielo« (Szene 1)
Cavatine (Figaro): »Largo al factotum« (Szene 2)
Canzone (Graf): »Se il mio nome saper voi bramate« (Szene 4)
Duett (Figaro, Graf): »All'idea di quel metallo« (Szene 4)
Cavatine (Rosina): »Una voce poco fa« (Szene 5)
Arie (Basilio): »La calunnia è un venticello« (Szene 8)
Duett (Rosina, Figaro): »Dunque io son ... tu non m'inganni?« (Szene 9)
Arie (Bartolo): »A un dottor de la mia sorte« (Szene 10)
Finale I: »Ehi di casa ... buona gente« (Szene 13–16)
Stretta des Finale I (Tutti, Offizier, Chor): »Ma signor« / »Zitto tu!« (Szene 16)

Zweiter Akt
Duett (Graf, Bartolo): »Pace e gioia il ciel vi dia« (Szene 2)
Arie (Rosina): »Contro un cor che accende amore« (Szene 3)
Arietta (Bartolo): »Quando mi sei vicina« (Szene 3)
Quintett (Rosina, Graf, Figaro, Bartolo, Basilio): »Don Basilio! ...« / »Cosa veggo!« (Szene 4)
Arie (Berta): »Il vecchiotto cerca moglie« (Szene 6)
Temporale/Gewittermusik (Figaro, Graf): »Al fine eccoci qua« (Szene 9)
Terzett (Rosina, Graf, Figaro): »Ah qual colpo inaspettato!« (Szene 9)
Accompagnato-Rezitativ (Graf, Bartolo): »Il Conte! ... che mai sento!« (Szene 11)
Arie (Graf, Chor): »Cessa di più resistere« – »Ah il più lieto« (Szene 11)
Finaletto II (Tutti und Chor): »Di sì felice innesto« (Szene 11)

Und der Hammer-Hit überhaupt ist das Finale des ersten Akts: Da ist Rossini der Himmel auf den Kopf gefallen und er hat die schönste, raffinierteste, genialste Ensemble-Musik überhaupt komponiert. Das, meine Damen und Herren, ist der Opern-Himmel.

FLOPS

Flops? Tz, tz, tz ...!!!!!!!!!!

DER KLEINE OPERNTÄUSCHER

Rossini selbst erzählt in einem von Edmond Michotte protokollierten Gespräch Folgendes von dem Abend nach der zweiten Aufführung des Barbiere in Rom:
»Man muss aber dazu sagen, Maestro«, sagte Azevedo, »dass

Sie am nächsten Tag triumphal gefeiert wurden, als dieselben Römer von einer zweiten Vorführung kamen und Ihnen in der Menge applaudierten.«

»Hören Sie auf!«, sagte Rossini. »Sie erinnern mich an die furchtbarste Angst, die ich je in meinem Leben verspürt habe ... Ich habe ganz friedlich geschlafen, als ich aufgeweckt wurde von einem ohrenbetäubenden Lärm aus der Straße und Fackelschein, den ich auf das Hotel zukommen sah, als ich aufstand. Ich war noch etwas schlaftrunken und fühlte mich an den vorigen Abend erinnert, sodass ich dachte, die Menge wäre gekommen, um das Hotel anzuzünden, und ich flüchtete mich in einen Stall im Innenhof. Aber nach einigen Momenten hörte ich García, der nach mir rief. Schließlich fand er mich: ›Na los, beweg dich; komm; hör nur die Bravo-bravissimo-Figaro-Rufe. Ein noch nie da gewesener Erfolg. Die Straße ist voller Leute, die dich sehen wollen.‹ Ich antwortete – in Gedanken noch bei meinem ruinierten Jackett: ›Sag ihnen, dass ich auf sie sch...e, auf ihre Bravos auch und auch auf den ganzen Rest. Ich komm hier nicht raus.‹ Ich weiß nicht, wie der arme García meine Weigerung der aufgebrachten Menge beibrachte — aber er wurde von einer Orange getroffen, was sein Auge noch für Tage sichtbar anschwellen ließ. Und der Lärm in der Straße wurde immer lauter ... Da kam der Besitzer des Hotels, atemlos: ›Wenn Sie nicht herauskommen, zünden die mir das Hotel an; jetzt schmeißen sie gerade Fenster ein ...‹ Ich sagte: ›Das ist Ihre Sache. Stellen Sie sich eben nicht ans Fenster ... Ich, ich bleibe hier.‹ Schließlich hörte ich Glas zerbrechen. Dann aber verzog sich die Menge, des Krieges müde geworden. Ich verließ mein Refugium und ging wieder zu Bett. Leider hatten diese Banditen zwei Fenster neben dem Bett zerschlagen. Und es war Januar. Ich würde lügen, würde ich behaupten, die eisige Luft, die in mein Kämmerlein strömte, hätte mir eine angenehme Nacht verschafft!

Am nächsten Morgen kam der Hotelbesitzer zu mir und erklärte, dass der Verlust von 15 zerbrochenen Fensterscheiben alleine auf meine Starrsinnigkeit zurückzuführen sei, und dass er jedes Recht hätte, sie mir auf die Rechnung zu setzen, dass er es aber nicht täte, wenn ich innerhalb von 24 Stunden sein Hotel verließe. Da ich dem Mann bezüglich dieses Vorhabens völlig zustimmte, begann ich fleißig meinen Aufbruch nach Neapel für den nächsten Tag vorzubereiten. Alle Sänger des Barbiere, die von meinem überstürzten Aufbruch gehört hatten, kamen, um sich von mir zu verabschieden. Am meisten gerührt hat mich der Besuch Garcías, mein unvergleichlicher Almaviva, der seine 8-jährige Tochter mitbrachte, die zukünftige Malibran! Als sie mich sah, sprang sie auf mich zu, brach in Tränen aus, klammerte sich an meinen Hals und weinte: ›Ach! Wenn Mama mich gestern nur ins Theater gelassen hätte!‹
›Und was hättest du da gemacht?‹
›Oh, wenn die Ihre schöne Musik ausgepfiffen hätten, hätte ich mit aller Kraft gerufen: Ihr seid alle Schlangen; geht in die Wildnis zurück und versteht erst mal die Musik der Bären, die einzige Art Musik, die ihr verdient!‹
Und sie wäre wirklich in der Lage gewesen, das zu tun, fuhr Rossini fort, denn sie war ein kleiner Dämon. Dann sagte sie zu mir: ›Sei nicht traurig. Pass auf: Wenn ich groß bin, dann singe ich Il Barbiere überall, aber (und sie stampfte mit dem Fuß auf) nicht in Rom, und wenn der Papst selber mich auf beiden Knien anflehen würde.‹
Als der Besuch vorbei war, warf sie mir von der Tür noch eine Menge Küsse mit ihrer kleinen Hand zu, und verließ mich singend ›Una voce poco fa‹.«

BEWERTUNGEN

Magie	Vom ersten Akkord der Ouvertüre zieht uns diese Oper in ihren Bann.
Erotik	Na ja, all'italiana eben: Da geht's nicht direkt um Sex, da geht's eher um die Macht der Frau über die Männer.
Fazzoletto	Für die Lachtränchen, andere gibt es da nicht.
Gewalt —	
Gähn —	Ich bin jetzt noch wach!
Moral	Weil eben doch die Liebe gewinnt, auch wenn der Graf darin viel Geld investiert hat
Ewigkeit	Solange es Menschen gibt, wird diese Oper sie erheitern, weil sie sie an sich selbst erinnert.

GESAMTWERTUNG

Wenn du einem Alien erklären möchtest, was das ist: OPER? Dann greif ihn dir und geh mit ihm in den Barbiere: Er wird Menschen lieben lernen, Frauen lieben und Oper lieben lernen, und das alles mit einem wundervollen Champagner-Hicks auf den Lippen!

Il viaggio a Reims ossia L'albergo del giglio d'oro

Dramma giocoso in un atto composto per l'incoronazione di S.M. Carlo X, Re di Francia

Die Reise nach Reims oder das Hotel zur Goldenen Lilie

Komische Oper in einem Akt komponiert zur Krönung Karls X., König von Frankreich

Text: Luigi Balocchi

Balocchi (auch Balòchi oder Ballòco oder Ballòcco), Giuseppe Luigi. Geboren in Vercelli 1766, gestorben in Paris 1832. Was er komponiert hat, verliert sich im Nebel der Geschichte, wie auch nähere Angaben zu seinem Leben. Wir wissen aber, dass er ab 1802 Bühnendirektor und Hauspoet des Theâtre Italien in Paris war, wohl bis an sein Lebensende. Als solcher hat er für Rossini zwei Libretti geschrieben: »Die Reise nach Reims« und »Die Belagerung von Korinth«. Darüber hinaus schrieb er so das Übliche, was man im Opernbetrieb braucht: Texte für Arien, Übersetzungen von Arien, Duette, Romanzen und Zwischentexte. Es muss ein ganz schönes Leben gewesen sein in der Zeit, als Rossini der Überflieger war. Verheiratet? Kinder? Eigene Werke? Wenn Sie mehr wissen, mailen Sie mir, ich würde mich sehr darüber freuen. Das hier ist jedenfalls alles, was ich herausgefunden habe. Selbst mein Brockhaus von 1833 hat nichts zu bieten!

ENTSTEHUNG UND URAUFFÜHRUNG

Diese Oper ist die Antwort auf die Frage, ob Oper überhaupt aktuell sein kann. Ja, sie kann es, sie konnte es schon vor 200 Jahren! Am 29. Mai 1825 wird König Karl X. in Reims zum König von Frankreich gekrönt und am 19. Juni 1825 steht in Paris im Théâtre Italien bei den Festivitäten um die Krönung herum eine Oper auf dem Spielplan, die am Krönungstag spielt und fingiert, dass eine Gesellschaft beschließt, zur Krönung nach Reims zu fahren, aber keine Pferde bekommt. Sie müssen den Krönungsabend im Hotel feiern und können erst am nächsten Tag weiter, allerdings nach Paris und nicht nach Reims. Aktueller geht's ja wohl nicht mehr.
Ansonsten ist diese Oper, von der man bis in die 1970er-Jahre nur wusste, dass es sie gibt, so ein Fall wie die Entdeckung der Werke von Vivaldi: Dornröschenschlaf bis zum Abwinken, der ein oder andere Experte ahnt, da muss doch was sein, dann gibt es hier und dort einen Zufall und plötzlich halten wir ein wiederentdecktes Meisterwerk in Händen. Beim »Viaggo a Reims« war das der reinste Krimi. Man wusste, dass die Oper zu den Krönungsfeierlichkeiten am 19. Juni 1825 in Paris uraufgeführt wurde, als letzte italienische Oper Rossinis, als er aus Italien endgültig nach Paris umzog. Danach schrieb er nur noch Opern in französischer Sprache.
Denn: Er hatte am 25. November 1824 nach einigem Hin und Her einen Vertrag unterschrieben, der ihn zum Direktor des Théâtre Italien in Paris machte. Weil er Italiener und nicht Franzose war, wurde gegen ihn natürlich intrigiert. Es galt nun, mit seinem ersten Werk die Pariser und vor allen Dingen die Pariser Presse zu überzeugen, denn davon hing seine weitere Existenz in Frankreich ab. Und was war? Es klappte wie am Schnürchen!
Die Zutaten waren aber auch vom Allerfeinsten und raffiniert obendrein. Denn Rossini und Balocchi nahmen für das

Libretto Personen aus einem Roman, den die Pariser seit 1807 liebten: »Corinne ou l'Italie«, einen Bestseller, den eine Autorin geschrieben hat, die den Franzosen nach Napoleon unglaublich ans Herz gewachsen war: Madame de Staël.

Diese war eine Bestsellerautorin mit monarchistischer, d. h. royalistischer Gesinnung. Sie hatte deshalb mit Napoleon eine ganze Menge Rubbeleien, was ihre Popularität weiter nach oben trieb, was 1803 aber auch dazu führte, dass er ihr verbot, in Paris zu leben (so nach dem Motto: Ich schenke Ihnen Europa, aber Paris gehört mir!). Schließlich schrieb sie in einem ihrer berühmten Aphorismen (sinngemäß): Die drei großen Mächte, die gegen Napoleon kämpfen, sind England, Russland und Madame de Staël.

Ein Libretto also, das Bezug auf diese Frau und ihren Roman nahm, stieß auf hohes öffentliches Interesse.

Weitere Zutaten: Die Oper braucht zehn allererste Sängerinnen und Sänger, Primadonnen, Diven. Sie standen in Paris für diese Oper zur Verfügung, zehn Superstars, derer sich der Meister bedienen konnte. Es waren: Giuditta Pasta, bis heute eine der größten Sängerinnen aller Zeiten, Adelaide Schiasetti, Laure Cinti-Damoreau, Ester Mombelli, Domenico Donzelli, Marco Bordogni, Carlo Zucchelli, Felice Pellegrini, Vincenzo Graziani, Nicolas-Prosper Levasseur und Luigi Profeti. Googlen Sie die Namen, Sie werden zu jedem eine Erfolgsstory lesen können! (Von Giuditta Pasta gibt es übrigens noch ein paar ganz frühe Wachswalzen, auf der man ihre – natürlich alte – Stimme hören kann: sensationell. Wenn's schnell gehen soll: auch auf YouTube gibt's von ihr was auf die Ohren!)

Das Orchester, das Rossini zur Verfügung stand, war ebenfalls die Crème de la Crème. Das heißt: Allein diese Versammlung der Superstars versprach ein Ereignis allererster Sahne zu werden und war es auch – Paris war begeistert!

Viermal wurde die Oper aufgeführt: einmal, am 18. Juni, vor

geschlossener Gesellschaft, dem Königshaus. Dann noch zweimal öffentlich und ein drittes Mal zu einer Benefiz-Aufführung für die Opfer eines Großbrandes. Dann zog Rossini die Oper aus dem Rennen, die Handlung war ihm wohl zu sehr auf die Krönung zugeschnitten, er glaubte vermutlich, dass sie sich allein nicht tragen würde, und schlachtete sie – das tat er oft – für andere Werke aus. Teile davon tauchten in der Oper »Le Comte Ory« wieder auf und das ganze Stück geriet in Vergessenheit. Einige Musikarchäologen wussten, dass es sie gegeben haben muss, aber das war's auch schon.
Und plötzlich ging es los: In der zweiten Hälfte des 20. Jahrhunderts tauchten hier und dort Teile auf, die offensichtlich aus dem »Viaggio a Reims« stammten, das rief die Rossini-Detektive auf den Plan, zuallervörderst (um mal ein nettes altes Wörtchen zu verwenden) Janet Johnson und Philip Gossett, die Rossini-Experten überhaupt. Sie wühlten und machten und taten und sehr bald war klar: Hier bahnt sich eine Sensation an. Das Erste, was auftauchte, war das Aufführungsmaterial der Uraufführung, Kopien der Stimmen für Solisten und Instrumente. Das fand man in der Bibliothek des Pariser Konservatoriums, das schon 1879 das Théâtre Italien gekauft hatte. Was man da aber alles mitgekauft hatte, hat man erst in der zweiten Hälfte des letzten Jahrhunderts angeschaut und siehe da: Rossini war dabei! Weitere Teile fand man im Konservatorium in Rom, weil Rossinis Witwe das Autograf seinem Arzt, Dr. Bonato, geschenkt hatte, und ein weiterer Teil tauchte in der Österreichischen Nationalbibliothek in Wien unter dem Namen »Viaggio a Vienna« auf, weil irgendein Schluzi den »Viaggio a Reims« auf die Hochzeit von Kaiser Franz Joseph I. mit seiner Sissy umgemünzt hatte (1854). Wie waren die beiden Lieblingssätze des Kaisers? »Es war sehr schön« und »Es hat mich sehr gefreut«, na ja, das wird er damals wohl auch gesagt haben.
Es fehlen zwar bis heute immer noch einige Teile, aber das

wird schon werden. Und wer die beinahe unaufführbare Oper (wegen des unglaublichen Star-Aufgebotes) in einer atemberaubenden Einspielung hören möchte, sei auf die Deutsche Grammophon verwiesen, bei der Claudio Abbado mit einem Ensemble der Bel-Canto-Diamanten die Oper musiziert.

PERSONEN

Corinna, berühmte römische Improvisationskünstlerin	Sopran
Marchesa Melibea, polnische Edelfrau, Witwe eines italienischen Generals, der am Hochzeitstag bei einem feindlichen Überraschungsangriff starb	Mezzosopran
Contessa di Folleville, junge Witwe, voll Anmut und Temperament, modenärrisch	Sopran
Madama Cortese, geistvolle, liebenswerte Dame aus Tirol, Frau eines französischen reisenden Kaufmanns und Besitzerin des Badehotels	Sopran
Cavalier Belfiore, junger, fröhlicher und eleganter französischer Offizier, der allen Damen, besonders der Gräfin Folleville, den Hof macht und sich als Amateurmaler betätigt	Tenor
Conte di Libenskopf, russischer General von ungestümem Wesen, verliebt in die	

Marquise Melibea und außerordentlich eifersüchtig	Tenor
Lord Sidney, englischer Oberst, heimlich verliebt in Corinna	Bass
Don Profondo, Literat, Freund von Corinna, Mitglied verschiedener Akademien und besessener Sammler von Altertümern	Bass
Barone di Trombonok, deutscher Major, Musikfanatiker	Bass
Don Alvaro, spanischer Grande, Admiral, verliebt in die Marquise Melibea	Bariton
Don Prudenzio, Arzt des Badehotels	Bass
Don Luigino, Vetter der Gräfin von Folleville	Tenor
Maddalena, aus Caux in der Normandie, Hausdame des Badehotels	Mezzosopran
Delia, junge griechische Waise in der Obhut Corinnas, deren Reisebegleiterin	Sopran
Modestina, zerstreutes Mädchen, schüchtern und langsam, Zofe der Gräfin von Folleville	Sopran
Antonio, Hausmeister	Bariton

Zefirino, Bote	Tenor

Gelsomino, Hausdiener
Vier Wanderkünstler
Chor der Bauern und Bäuerinnen
Gärtner und Gärtnerinnen
Hotelpersonal
Tänzer und Tänzerinnen
Diener der Hotelgäste

ORCHESTERBESETZUNG

3 Flöten
2 Oboen
2 Klarinetten
2 Fagotte
4 Hörner
2 Trompeten
3 Posaunen
1 Serpent
Pauken
Große Trommel
Becken
Triangel
Harfe
Streicher
Basso continuo

BESONDERHEITEN

Keine

DAUER

2 1/4 Stunden

HANDLUNG

Der Schauplatz des Geschehens ist das Badehaus »Goldene Lilie« in Plombières.

Die Reisenden, die im Hotel ihre Badekur gemacht haben, wollen abreisen. Das haben Reisende so an sich: Sie kommen, sie gehen. Diese Reisenden sind VIPs aus der großen Welt des Adels. Sie haben spontan beschlossen, nach Reims zur Krönung des Königs zu reisen, quasi als internationale Delegation. Alles ist in Aufruhr. Maddalena scheucht das Personal, Don Prudenzio, hauptberuflicher Kurpfuscher am Ort, beschließt, die Bäder heute geschlossen zu lassen, die Leute denken eh nur ans Abreisen, und kontrolliert, ob das Frühstück auch wirklich seinen medizinischen Anweisungen entspricht, was es natürlich tut, noch hat kein anderer Kurpfuscher das Frühstück neu erfunden.
Die Chefin des Hauses sorgt sich um die PR der »Goldenen Lilie« und schärft dem Personal ein, den Gästen nur schöne, angenehme Dinge zu sagen, dann floriert der gute Ruf des Hauses. Sie selbst bedauert gerade, dass sie nicht mitreisen kann, da taucht die Gräfin von Folleville auf. Die ist ziemlich aufgelöst, weil sie nicht über die Top-Klamotten verfügt, die für so einen Event angesagt sind. Es kommt noch schlimmer: Die Kutsche, die ihr das neueste Outfit bringen soll, ist umgestürzt, Achsenbruch, alle Kästchen, alle Schächtelchen kaputt. Natürlich fällt die Gräfin in Ohnmacht, ach was, sie ist quasi tot. Man bemüht sich um sie, der Kurpfuscher stellt ihren nahenden Tod fest, da kommt die Zofe mit einer Schachtel, in der sich ein modischer Hut befindet. Außer sich vor Glück dankt die Gräfin den Göttern (eine wunderba-

re Parodie auf die ganz großen Operngefühle, bei Rossini langt dazu ein Hütchen!), und alles freut sich über die Maßen.

Baron von Trombonok hat den Auftrag, die Reise zu organisieren und den Kassenwart dafür zu mimen. Man kommt, um die Reisekosten an Trombonok zu entrichten: Don Profondo, Don Alvaro mit der zauberhaften Marquise Melibea, in die er sehr, sehr verliebt ist, und dicht dahinter Graf von Libenskopf, der in russischer Wut den »Rivalen« Don Alvaro zum Duell fordert. Es eskaliert, man befürchtet das Äußerste, da ertönen friedliche Töne, nein, nicht aus der Friedensschalmei, sondern von einer Harfe. Corinna, die berühmte römische Künstlerin und Dichterin, improvisiert eine Ode an den Frieden. Die funktioniert natürlich, alles ist beseelt und verlässt friedlich die Szene.

Madame Cortese, die Hotelchefin, wartet auf die Nachricht, ob es denn mit den Pferden geklappt hat, und macht sich so ihre Gedanken über den schüchternen Lord Sidney, der in Corinna verliebt ist und ihr jeden Tag Rosen vor die Türe legen lässt, dabei aber gar nicht merkt, dass Corinna ihn auch liebt. Das kleidet Madame Cortese in den wahren Satz: »In Liebesdingen sehen wir Frauen einfach klarer, und wir erkennen die Liebe schon im Augenblick ihres Entstehens.« Weil alle darauf warten, ob die Pferde kommen oder nicht, und die Oper ja irgendwie weitergehen muss, will Don Profondo von Lord Sidney Genaueres über englische Antiquitäten wissen und Belfiore macht schon mal – quasi als Fingerübung, er ist hauptberuflicher Frauenheld und damit seinem Ruf was schuldig – Corinna an, holt sich aber eine halbe Eule, ein blaues Auge. Um der Langeweile endlich Herr werden zu können, stellt Don Profondo eine Liste mit den Wertsachen aller Reisenden zusammen, man weiß ja nie. Don Alvaro stellt sachlich fest: »Man spricht vom Reisen und man ist immer noch hier«, und zeichnet damit ein exaktes Bild der

Situation, als Trombonok kommt und mitteilt, dass es in ganz Plombières keine Pferde mehr für die Reise gibt. Bestürzung. Ein Brief kommt. Der Mann von Madame Cortese weilt in Paris und teilt seiner Gattin mit, dass auch dort die Krönung gefeiert wird. Alles freut sich. Und weil Gräfin von Folleville Pariserin ist, lädt sie die ganze Gesellschaft zu sich ein. Na schön, aber wie kommen sie dahin? Mit der Linienkutsche, die täglich einmal nach Paris fährt. Alles Bingo, die Party ist gesichert, und dass am Abend gefeiert wird, ist sowieso klar. Schnell versöhnen sich der Graf von Libenskopf und die Marquise Melibea, er bittet um ihre Hand, sie sagt Ja, jetzt kann erst recht gefeiert werden. Musiker und Tänzer sind engagiert, der Hausmeister Antonio hat alles eingerichtet, man isst und danach soll jeder eine Pièce aus seiner Heimat zum Besten geben, eine wundervolle Köstlichkeit aus der Feder Rossinis. Und zum Schluss greift noch mal Corinna in die Saiten, um eine Hymne auf Frankreich ertönen zu lassen. Nix Weltbewegendes, das Ganze, aber das von einer subtilen Feinschmeckerei, die einem die Ohren auszieht. Viva Rossini: Aus einer so trivialen Geschichte eine so grandiose Oper machen zu können ist ganz ganz großes Kino!

HITS

Ich bin geneigt zu sagen: Hier ist alles Hit. Wenn ich aber an die großen Mozart-Arien, Verdi-Chöre oder Strauss-Hämmer denke, muss ich doch ein bisschen relativieren. Hit ist zunächst mal die ironische Leichtigkeit des ganzen Gebildes. Dass diese auf der Basis wundervoller musikalischer Einfälle tanzt, versteht sich von selbst, sie lebt aber auch vom Augenzwinkern, mit dem der ganze Krönungsschmarrn begleitet wird. Hier sind wir schon an der Schwelle zu einer ganz anderen Zeit: der Zeit, in der man keine Könige mehr braucht, die man feiert, sondern in der man sich selber feiert und die

Könige nur noch ein Festanlass mehr sind. Es könnte auch der Beaujolais primeur sein, der da gefeiert werden soll, das Oktoberfest oder der Karneval. In dieser Oper wird im Grunde die Monarchie zu Grabe getragen; und dass das so elegant und leicht vonstattengeht, ist für mich ein einziger großer Hit.

Dann kommt »Di vaghi raggi adorno«, Madama Cortese beklagt die Abreise der Gäste und die Tatsache, dass sie nicht mitreisen kann. Das aber in einem Gewand, das großes Opernkino ist: eine Arie, die es wert wäre, ganz große Liebesgedanken auszudrücken, stattdessen geht es eigentlich nur um Auschecken und Abreisen, eine hübsche Ironie, oder? Rossini kann es sich eben leisten, mit seinen musikalischen Ideen selbst das Triviale zu schmücken.

Dasselbe gilt für die Arie der Contessa di Folleville »Partir, oh ciel! Desio« und »Che miro! Ah! Qual sorpresa!«. Rossini zieht alle Register der großen Oper, um die Trauer über die verlorenen Klamotten und die Freude über das wieder aufgetauchte Hütchen zu feiern. Gerade so, als ob er damit ausdrücken will, dass die Komponisten jahrzehntelang vor ihren Fürsten und Potentaten einen Bückling nach dem anderen machen mussten, jetzt zeigen wir mal, was für kleine Gefühle unter ihren so großen Gewändern stecken. Und dennoch ist es keine kleinliche Parodie, sondern große Oper für große Stimmen, und damit Oper für feine Ohren und genussbereite Connaisseurs. So als würde ein Sternekoch eine Scheibe Blutwurst auf den Teller tun, diese aber mit Gänsestopfleber, Bas Armagnac und einem kleinen Glas Kracher Edelsüßem servieren, damit auch wirklich ein Drei-Sterne-Kunstwerk unserer Zungen harrt. Wunderbar!

Ein Megahit ist die Arie der Corinna: »Arpa gentil«, eine Arie, bei der ich im Grunde nur darauf warte, bis eine unserer Pop-Sängerinnen sie entdeckt, neu einkleidet und damit Millionen verdient, denn die Melodieführung dieser Arie ist so schlicht, so modern, so zu allen Zeiten ins Herz gehend, dass man sich nur darüber wundern kann, dass das noch keiner gesehen hat. Man muss ja nicht die rossinianischen Koloraturen mit übernehmen. Probieren Sie doch mal, nur das melodische Grundgerüst der Arie zu singen, zur Gitarre vielleicht, Sie werden sehen: Es funktioniert! Uns aber freuen natürlich die Koloraturen, insbesondere wenn sie so zelebriert werden wie von Cecilia Gasdia auf der Abbado-Einspielung dieser Oper! Das Ensemble kommentiert das Ende der Arie mit typischem Crescendo, wie es halt Rossinis Markenzeichen ist. Hübsch, wenn auch nicht in den Wahnsinn treibend wie die Orchester-Crescendi seiner Ouvertüren. Aber fein ist es schon! Karl Böhm hat einmal gesagt: »Es ist unglaublich, wie viel Rossini aus zwei Akkorden machen kann!«, und das stimmt.

Dann wäre da das Flötenkonzert vor Lord Sidneys Arie »Invan strappar dal core«, das Rossini wahrscheinlich nur deshalb geschrieben hat, weil bei der Uraufführung ein erstklassiger Flötist zur Verfügung stand – ein toller Einfall. Da muss der Sänger sich schon anstrengen, um gegen diese Flöte bestehen zu können!

Die Nationalhymne aller Münzensammler: die Arie des Don Profondo, in der er sich über die verschiedenen Nationen hermacht, dass es einen nur so schüttelt. Köstlich, auch wenn es eng am »Barbiere di Siviglia« entlangkomponiert, na ja, eigentlich eine 1:1-Kopie ist. Hübsch ist es trotzdem.

Das »Gran Pezzo Concertato« für alle 14 Solisten ist natürlich ein Hit, wenn auch nicht so sehr musikalisch, sondern eher vom Bild her: Da stehen nun alle Solistinnen und Solisten nebeneinander und müssen sich einem Ensemble fügen, das kann wehtun. Vielleicht sollte man an dieser Stelle die Sängerinnen und die Sänger mal Richtung Kulisse singen lassen, damit wir im Publikum die Messer bewundern können, die sie hinter ihrem Rücken versteckt halten, um sie im

gegebenen Moment der Rivalin ins Kreuz zu schieben. Bah! Was für Fantasien, nein, natürlich geht niemand auf der Bühne freundlicher miteinander um als die Protagonisten, vor allen Dingen dann, wenn sie in all ihrer Virtuosität gefordert sind, und das heißt ja immer auch: Spitzentöne, hohes C, und das mit einem Lächeln in die Arena geschmettert, dass die Kronleuchter gleich reihenweise fallen. Ah, herrlich. Ab hier beginnt eigentlich das Finale, das Gefühl des Aufstiegs in den Opernhimmel.
Das ist der finale Hit: die Riege der Nationen mit ihren Hymnen. Das fängt ja schon mal damit an, dass wir hören können, wie melodisch unsere deutsche Nationalhymne sein könnte, würde man sie italienisch singen! Wunderbar!
Nach den Polen, den Russen, den Spaniern, Engländern und Franzosen kommen dann die Tiroler und Madama Cortese darf sogar jodeln. In einer Oper! Jodeln! Bei Rossini, der nie in Tirol war, noch nicht mal durchgefahren ist! Es muss ihm einen Heidenspaß gemacht haben, nach all den großen Tönen einfach mal die Kuh fliegen zu lassen: Die Tyrolesienne hat zwar mit echtem Tiroler Liedgut nichts zu tun und auch der Jodler ist nicht wirklich einer, aber zu hören, was Rossini daraus gemacht hat, ist schon abartig fein! Na ja, dann kommt der letzte Hit in dieser Wunder-Oper, die Arie der Corinna »All'ombra amena«, da kommt noch mal Belcanto auf, dass man sich mit Q-tips die Ohren trocknen muss, so viel Sahne ist da reingekommen. Aber ist es nicht herrlich, sich am Ende noch mal so richtig zurücklehnen und mit allen Sinnen schwelgen zu können?

FLOPS

gibt es in dieser Oper nicht wirklich. Manchmal ziehen sich die Rezitative ein bisschen, aber das ist auch schon alles. Wer bei dieser Produktion mitmacht, hat sich damit abgefunden, dass er nicht der Solist auf der Bühne ist, nicht die Diva, sondern dass da dreizehn andere Stars neben ihr/ihm auf den Brettern stehen. Und ab da wird das Ganze ein Riesenspaß, wie man auf der bis heute einzigen Aufnahme der Oper unter Claudio Abbado hören kann. Und wir werden uns wohl damit begnügen müssen – und das ist dann schon ein echter Flop –, dass diese Oper nur sehr sehr selten auf die Bühne kommen wird, weil die Produktion zu teuer ist. So viele exzellente Stimmen weist kein Ensemble auf, so viele exzellente Gäste lassen sich kaum bezahlen, und falls doch alles stimmen sollte, wäre noch die Frage zu klären, ob die Flöte im Orchester so virtuos besetzt werden könnte, dass man die Oper aufführen kann!

OBACHT

Na ja, Virtuosität an allen Ecken und in fast allen Positionen. Wie gesagt: Rossini, was hast du uns da angetan, eine Oper, die man fast nur als CD hören kann!

DIVERSES

Wie müssen sich die Sängerinnen und Sänger – ach was, ich zähl sie mal auf: Cecilia Gasdia, Lucia Valentini Terrani, Lella Cuberli, Katia Ricciarelli, Edoardo Gimenez, Francisco Araiza, Samuel Ramey, Ruggero Raimondi, Enzo Dara und Leo Nucci (um nur die Stars zu nennen) – gefühlt haben, als sie mit Claudio Abbado 1984/85 diese wiederentdeckte Oper quasi uraufführen durften! Da muss schon auch Ehrfurcht im Spiel gewesen sein?! Und genau das merkt man dieser fantastischen Produktion auch an.

DER KLEINE OPERNTÄUSCHER

Man sollte Opern wie Wein bewerten können. Gäbe es also den kleinen Johnson für diesen Bereich, würde ich den »Viaggio a Reims« unter die Jahrgangschampagner zählen. Veuve Clicquot? Pffff! Dass ich nicht lache. Das hier ist mindestens Dom Perignon vom Allerbesten, nein, Krug Clos du Mesnil, der beste Jahrgangschampagner der Brüder Rémi und Henri Krug, Nachkommen des legendären Johann-Josef Krug, der dieses Haus 1843 in Reims gegründet hat. Der Clos du Mesnil wird aus Blanc de Blancs Trauben gewonnen, und zwar ausschließlich – so ausschließlich ist auch in dieser Rossini-Oper nur Rossini drin. Der Clos du Mesnil muss lange reifen, üblich sind 12 bis 15 Jahre. Der »Viaggio a Reims« hat gezeigt, dass er offensichtlich erst nach ca. 160 Jahren seine wahre Größe gewinnt. Na bitte!

BEWERTUNGEN

Magie 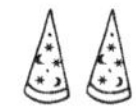

Die Handlung ist höchstens ein Blick vor die Kulissen eines SPA-Hotels in Frankreich, das haut uns nicht aus dem Sessel, wenn auch die Musik wundervoll ist.

Erotik 

Na gut, ein bisschen Liebe gibt's schon, aber prickeln tut es nicht, dazu sind viel zu viele Leute dauernd auf der Bühne.

Fazzoletto 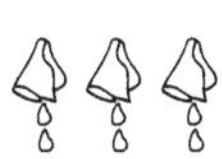

... immer wieder ans Herzen gehende Töne!

Gewalt —	Man geht sehr freundlich miteinander um in so einem Ambiente!
Gähn —	... denn Langeweile kommt an diesem heiteren Abend nicht auf.
Moral	Nichts ist besonders heilig und nichts ist besonders böse: Es ist normales Leben von 1825, so what.
Ewigkeit	... denn nix ist besonders heilig und nix ist besonders böse: es ist normales Leben von 1825, so what.
Gourmet	... siehe Der Kleine Operntäuscher

GESAMTWERTUNG

Il viaggio a Reims ist sicher nicht neben die ewigen großen Opern zu stellen, aber sie ist so augenzwinkernd irdisch, spielt so intelligent und unterhaltsam mit allen Opernschubladen, dass es eine Freude ist, ihr zu lauschen.

Richard Wagner

1813–1883

Jetzt bin ich ein bisschen in Verlegenheit, weil ich ohne Bezug zu »Bohème suprême«, meinem zweiten Opernführer, nicht hinkomme. Dort habe ich nämlich über das Leben Richard Wagners viel geschrieben und möchte das nicht einfach abschreiben. Das Thema »Abschreiben« haben uns einige Politiker ja verleidet und »Selbst-Zitat« oder, nehmen wir lieber ein Fremdwort, »Auto-Plagiat« muss es ja auch nicht wirklich sein. Auch wenn jeder von uns Leute kennt, die offensichtlich nur noch Plagiate ihrer selbst sind, auch das gibt's ja ...

Aber es gibt bei Wagner etwas nachzuholen, und das möchte ich hier tun, und zwar gründlich: Richard und die Frauen oder Womanizer aus Berufung.

Ein großes Thema im Leben dieses kleinen Mannes – aber da ist er nicht der Einzige, ich sage nur: Berlusconi, der ja auch der Musik sehr verbunden ist, hat er doch in jungen Jahren als Schlagersänger auf Kreuzfahrtschiffen gastiert, dabei soll es zu lemmingartigen Sprüngen über die Reling gekommen sein. Aber der Kleine gab nicht auf, weder zu singen noch anzugeben – wobei das mit dem »klein« einfach gelogen ist. Im Pass von Richard Wagner, Ausgabe 1846, steht als Körpergröße: 5 Fuß, 5 ½ Zoll, das sind umgerechnet exakt 1,6633 Meter, und Berlusconi ist mit 1,65 m auch größer als sein Ruf; selbst Napoleon war nicht so klein, wie Alfred Adler, der Psychoanalytiker, ihn gemacht hat, damit er sein Märchen vom Napoleon-Syndrom (Kleine seien besonders ehrgeizig) untermauern konnte, nee, Napoleon war knapp 1,70 m, also bitte.

Wie auch immer: Was hätten wir denn da bei Wagner nun alles bzw. wen? Bitte schön, hier eine Liste, die mit Sicherheit nicht vollständig ist:

Die Jugendliebe Leah David
die Geschwister Pachta in Prag
Minna Planer, seine erste Ehefrau
Therese Ringelmann
Friederike Galvani
Jessie Laussot
Madame Manson
Mathilde Wesendonck, natürlich, die wir in hohen Ehren halten, einerseits des Tristan wegen, andererseits weil sie neben ihrem Mann auf dem Alten Friedhof in Bonn zur letzten Ruhe liegt und ich sie da ab und an besuche
Blandine Ollivier
Seraphine Mauro, »seine liebe Puppe«
Mathilde Maier, die Ai-Liebe
Friederike Mayer, die Ay-Liebe
Marie bzw. Mariechen in Penzing bei Wien
Wilhelmine Schroeder-Devrient
Judith Gautier
und natürlich Cosima.

Wobei wir Ludwig II. nicht vergessen dürfen, der zwar ein Mann war, sich aber, was die Verliebtheit in Richard angeht, gut in die Damenriege einreihen könnte. Richard hat ihm zwar hymnische Briefe geschrieben, aber denen wollen wir heute nicht nachgehen, weil eines immer klar war: Er war nie in den »Kini« verliebt, wohl aber in dessen Gunst und in dessen Geld. Und eines ist ebenfalls klar: Er hat den Kini gemolken wie weiland Lola Montez seinen Papa und war so sicherlich am finanziellen Ruin Ludwigs II. mit schuld. Aber da gehen wir jetzt mal mit dem Schwamm drüber, denn im erotischen Leben unseres Erotomanen Richard Wagner hat Ludwig II. keine, aber auch überhaupt keine Rolle gespielt.

Sie sehen: eine stattliche Liste und immer heftig, immer volle Kanne, nie einfach nur mal was Peripheres, nein. Über all seinen Lieben, Affären, Fisternöllchen könnte stehen, was er Brunhilde in den Mund geschrieben hat.

»Nicht Gut, nicht Gold
noch göttliche Pracht;
nicht Haus, nicht Hof,
noch herrischer Prunk;
nicht trüber Verträge
trügender Bund,
nicht heuchelnder Sitte
hartes Gesetz:
selig in Lust und Leid
lässt – die LIEBE nur sein.«

Um Wagner und seinen hehren Vorstellungen von Liebe, die immer wieder vom allzu Irdischen abgelenkt wurden, gerecht werden zu können, müssen wir also ganz brav den Stapel Frauen in seinem Leben abarbeiten, um vielleicht zur Antwort auf die Frage kommen zu können: Ja, welche hat er denn nun wirklich geliebt, welcher gehörte letztlich sein Herz, welcher gebührt die Ehre, in seinem Innersten den Thron eingenommen zu haben, oder waren dies mehrere oder vielleicht sogar alle?

Ich meine, ein Künstler muss nicht nur EINE Muse haben, wie Oskar Kokoschka, der völlig vernarrt war in Alma Mahler-Werfel, die ihm aber den Ring durch die Nase zog und ihn an ihm herumführte, wobei sie ihm, dem Esel, das Möhrchen vor die Nase hielt, das da hieß: Erst wenn du ein gültiges Kunstwerk geschaffen hast, das ich und die Welt anerkennen, werde ich dir gehören.
Und er hat gemalt, dass die Borsten flogen, und hat sie doch nicht für immer bekommen, weshalb er sich eine Puppe nach ihrem Ebenbild gebastelt hat, damit er sie mindestens virtuell bei sich sitzen hatte. Die Puppe hatte obendrein den Vorteil, dass sie nicht dauernd dazwischensprach. Diese Eigenschaft Almas hat ja schon Gustav Mahler genervt.
Witzig ist, dass den Kunsthistorikern auffiel, dass Kokoschka in der Zeit mit Alma einen immer breiteren Pinselstrich bekam, was Wunder – sie hat ihn ja nicht rangelassen!
Nein, bei Wagner war das anders. Wagner hat sich schon sehr anregen lassen: von vielen Frauen zu vielen Werken und von einigen Frauen zu ganz großen Werken, ich sage nur Mathilde Wesendonck und Tristan & Isolde. Da nach nur einer, allein selig machenden Liebe zu suchen bzw. sie finden zu wollen, würde diesem leichtfüßigen Leipziger Genie nicht wirklich gerecht werden.
Aber fangen wir vorne an: Natürlich hat der kleine Richard seine Mama abgöttisch geliebt. Kein Wunder: Der Papa, der Polizeiamtsactuarius Karl Friedrich Wagner, war 1813 an den Folgen der Verwundetenpflege auf dem Feld der Völkerschlacht bei Leipzig an Flecktyphus gestorben. Und wäre da nicht der Witwentröster Ludwig Geyer gewesen – er heiratete später die Witwe und brachte damit alles in die geregelten Bahnen des Bürgerlichen Gesetzbuches –, hätten der kleine Richard und seine Geschwister als Halbwaisen bei einer alleinerziehenden Mutter aufwachsen müssen, die, gestresst ohne Ende, ihren Kindern niemals die Mutter hätte sein kön-

nen, die sie dank der Eheschließung mit dem Geyer hat werden können. So, nun haben wir dem Ludwig Geyer aber genug der Ehre erwiesen. Danke für den Trost, danke für die finanzielle Unterstützung und danke für das Stiefvaterdasein.

Nur: Lang hat es nicht gehalten, denn er starb schon 1821, da war Richard gerade mal acht Jahre alt und hatte eine heftige Kindheit und Pubertät etc. erst vor sich.

»Richard lässt täglich einen Hosenboden auf dem Zaun hängen«, klagt die Mama. Also war es doch so, dass eine gestresste alleinerziehende Mutter dem Wildfang Richard Paroli bieten und der Bande von sieben Kindern plus Stiefschwester Caecilie Herr bzw. Frau werden musste.

Die älteste Tochter, Rosalie, unterstützte sie zwar dabei, aber leicht wird es nicht gewesen sein, das kann man sich ja lebhaft vorstellen. Zumal Richard schon als Kind einer war, der ohne Punkt und Komma zu salbadern verstand, im Reich der Wörter war er ja noch mehr Weltmeister als im Reich der Noten. Möchten Sie mal ein Beispiel aus frühen Jahren lesen? (An der Art der Monologe hat sich in seinen späteren Jahren nichts geändert, nur die Themen.)

Im Jahre 1835, also mit 22 Jahren, schreibt Richard Wagner an seine Mutter:

> *»Nur an Dich denke ich mit der innigsten Liebe und der tiefsten Rührung zurück; – ich weiß wohl, Geschwister gehen ihren eigenen Weg, jedes hat sich und seine Zukunft, und die Umgebungen, die mit beiden zusammenhängen, im Auge; es ist so und ich fühle das selbst, und es ist eine Zeit, in der sich eine Trennung von selbst findet; – wir gehen dann in unseren gegenseitigen Beziehungen nur noch vom Standpunkte des äußeren Lebens aus; wir werden untereinander befreundete Diplomaten, – wir schweigen da, wo es uns politisch erscheint, – und sprechen da, wo es*

unsere Ansicht von der Sache verlangt, und wenn wir voneinander entfernt sind, sprechen wir am meisten. Ach wie steht doch aber über alledem die Liebe einer Mutter!
Ich gehöre wohl auch zu denen, die nicht immer so sprechen können, wie es ihnen im Augenblick ums Herz ist, – sonst würdest du mich wohl oft von einer viel weicheren Seite kennengelernt haben. Aber die Empfindungen bleiben dieselben – und sieh' Mutter, jetzt – da ich von dir fort bin, überwältigen mich die Gefühle des Dankes für Deine herrliche Liebe zu Deinem Kinde, die Du ihm zuletzt wieder so innig und warm an den Tag legtest, so sehr, dass ich Dir in dem zärtlichsten Tone eines Verliebten gegen seine Geliebte davon schreiben und sagen möchte. Ach, aber weit mehr – ist denn nicht die Liebe einer Mutter weit mehr – weit unbefleckter als jede andere? – Nein, ich will hier nicht philosophieren, – ich will Dir nur danken und wiederum danken – und ich möchte Dir gern all die einzelnen Beweise Deiner Liebe aufzählen, für die ich danke, – wenn es nicht deren zu viel wären. Weiß ich doch, dass gewiss kein Herz so innig teilnahmsvoll, so sorgenvoll mir jetzt nachblickt wie das Deine – ja, dass es vielleicht das einzige ist, das jeden meiner Schritte bewacht – und nicht etwa um kalt über ihn zu kritisieren, – nein, sondern um ihn in Dein Gebet einzuschließen. Warst Du nicht immer die Einzige, die mir unverändert treu blieb, wenn andere, bloß nach den äußeren Ergebnissen aburteilend, sich philosophisch von mir wandten?
Ich wäre ja auch über die Art anmaßend, wollte ich von allen gleiche Liebe verlangen, ich weiß sogar, dass das gar nicht möglich ist, – ich weiß es selbst. Dir dringt alles aus dem Herzen, aus dem lieben, guten Herzen, das Gott mir immer geneigt erhalten möge, – denn ich weiß, wenn mich alles verließe, würde es immer meine letzte, liebste Zuflucht sein. O Mutter, wenn Du zu früh stürbest, eher, als ich Dir

> *vollkommen bewiesen, dass Du einem edlen, grenzenlos dankbaren Menschen so viel Liebe gewährt hast! Nein, das kann nicht sein, Du musst noch viele schöne Früchte genießen! – Ach, wenn ich an die letzten acht Tage Deines Umganges gedenke! Es ist mir ein völliges Labsal, eine Erquickung, mir jeden einzelnen Zug Deiner liebenden Güte vor die Seele zu rufen! Meine liebe, liebe Mutter – welch ein Erbärmlicher wäre ich doch, wenn ich je gegen Dich erkalten könnte!«*

Und – ich schwöre Ihnen – das ist nur ein Auszug! Ich finde, Handy und SMS sind einfach zu spät erfunden worden. Was hätte er geschrieben, wenn er das alles in eine SMS hätte umformen müssen? Wahrscheinlich: »Hi Mami, hdl Richard.« Und fertig.

Ich stelle mir vor, wie die Rosalie zu Mami kommt und sagt: »Mutter, ein Brief vom Richard«, und die Mama kaum hochschaut und antwortet: »Och, leg ihn schon mal auf die Kommode, vor Sonntag werde ich keine Zeit haben, ihn zu lesen!«

Also: Richard wuchs in einem Frauen- bzw. Mädchenhaushalt auf, was ihn offenkundig schon sehr früh erotisierte. Schon das Berühren der Garderobengegenstände der Schwestern, konnte ihn »bis zu bangem heftigen Herzschlag aufregen!«, wie er selber schreibt. Natürlich schmachtet er alles an, was einen Rock trägt, und die prüde Gesellschaft der damaligen Zeit führt bei ihm zu einer leichten Erregbarkeit auf diesem Gebiet, die ihm zeitlebens blieb. Vielleicht daher auch seine Neigung, Damenunterwäsche zu tragen, zumindest ab und zu – ich vermute mal: an hohen Feiertagen! Aber das kennen wir ja: Je mehr die Mädels verdecken, desto mehr scharren die Männer mit den Hufen.

Er schmachtet also, wie wir alle geschmachtet haben, das hat aus uns aber noch keine Komponisten gemacht.

Dann kommt die erste wirkliche Liebesepisode: Mit 22 Jahren lernt er die beiden Freundinnen seiner Schwester Ottilie kennen, als er sie nach Prag begleitet: Jenny und Auguste Pachta. Sie müssen echte Feger gewesen sein, die Richard sehr beeindruckten. Zwei Jahre später wandert er wieder nach Prag, von Hormonen getrieben, holt sich aber auf dem Weg dahin einen Sonnenbrand. Zwei Tage behandelt er ihn mit Petersilienumschlägen, dann erst traut er sich zu den beiden Schwestern und deren Familie, verliebt sich natürlich über alle Ohren, er weiß nur nicht, in welche der beiden, beide sind sie so umwerfend, kurz und gut: er will gar nicht mehr weg, er schreibt: »Als ich bei der Rückreise von einer Anhöhe wieder auf Prag zurückblickte, zerfloss ich in Tränen, warf mich zur Erde und war von meinem staunenden Freunde lange nicht zum Weiterwandern zu bewegen.« Na ja, was man halt so macht, wenn es einen erwischt hat.

Die Geschichte mit den Pachtas hat aber ein furchtbares Ende. Mit 29 fährt er noch mal hin, verliebt sich jetzt in die eine der beiden, Jenny, wird aber arg enttäuscht, denn er gerät in einen Strudel von Verehrern, hauptsächlich Adlige. Die beiden Mädels sind nämlich darauf aus, sich eine solide Zukunft zu angeln bzw. in eine solche hineinzuheiraten, denn sie waren nichteheliche Kinder des Grafen Pachta mit einer Bürgerlichen.

Also blieb den beiden Mädels als Kapital nur ihre Schönheit und die Beziehungen des Herrn Papa. Wagner ist natürlich empört darüber, dass nicht er allein das Objekt ihrer Begierde ist, und als er eines Abends bei den Pachtas auftaucht, aber nicht zu den Mädels vorgelassen wird, weil da ein anderer Bewerber seine Chance sucht, ist es aus. Und als er gar noch erfahren muss, dass er eh keine Chance gehabt hätte, weil die beiden Pachta-Töchter zu dem Zeitpunkt bereits als Mätressen berufstätig sind, die eine beim Grafen Baar und die andere beim Baron Bethmann, ist Prag für ihn gestorben. No, wen wundert's!

So ähnlich ist es ihm schon mal ergangen, ein paar Jahre vorher, als er 22 war und sich in Leah David verliebte, heftig natürlich, wie immer, wenn auch nur bis zu dem Tag, an dem er im Salon der Davids vor Leahs zukünftigem Gemahl stand. Ich vermute mal, dass da allerhöchstens ein gedehntes ›Ähhh‹ aus dem Munde Wagners zu hören war.

Nun taucht unser Richard als werdender Musiker und Komponist in Dresden und Würzburg in die Theaterwelt und damit ein bisschen in die Bohème, und da bleiben weitere Affärchen nicht aus.

Würzburg. Wagner ist Chordirektor und erzählt: »Es war ganz natürlich, dass eine der jungen Choristinnen, welchen ich täglich ihre Stimmen einzustudieren hatte, meine Augen auf sich zu ziehen verstand.« – Das muss man sich mal auf der Zunge zergehen lassen: nicht ER hat seine Augen auf sie geworfen, nein, er ist da völlig unschuldig, natürlich hat SIE seine Augen auf sich zu ziehen verstanden. Das betone ich nur deshalb, weil das einer der herausragenden Züge im Charakter Wagners ist: die Schuld immer bei anderen zu suchen, er ist da relativ frei von jeglicher Art von Selbstkritik und an solchen Stellen merkt man's halt.

Weiter: »Therese Ringelmann, eines Totengräbers Tochter, verführte mich durch ihre schöne Sopranstimme zu der Annahme, sie zur großen Sängerin bilden zu müssen. Seitdem ich ihr hierüber Eröffnungen gemacht, kleidete sie sich in den Chorproben mit besonderer Aufmerksamkeit und verstand es namentlich durch eine weiße Perlenschnur, welche sie sich durch das Haar wand, meine Fantasie in angenehme Aufregung zu versetzen!«

Aha! Die Perlenschnur! Nicht die Stimme oder wie oder was! Dieser scheinheilige Lump! Gefallen hat sie ihm, ins Bett hat er sie bekommen wollen und er hat sie auch hineinbekommen und als die Mama und die Schwester der Perlenschnur-

Sängerin vom Richard wissen wollten, ja was denn jetzt? Hochzeit ja oder nein? Da muss er wohl an Schubert gedacht haben und an die Winterreise, in der es schon im ersten Lied, »Gute Nacht«, heißt:

Fremd bin ich eingezogen,
Fremd zieh' ich wieder aus.
Der Mai war mir gewogen
Mit manchem Blumenstrauß.
Das Mädchen sprach von Liebe,
Die Mutter gar von Eh', –
Nun ist die Welt so trübe,
Der Weg gehüllt in Schnee.

Will dich im Traum nicht stören,
Wär schad' um deine Ruh'.
Sollst meinen Tritt nicht hören –
Sacht, sacht die Türe zu !
Schreib im Vorübergehen
Ans Tor dir: Gute Nacht,
Damit du mögest sehen,
An dich hab' ich gedacht.

Tja, Herrschaften, womit man mal wieder sieht, wie nah am Leben dieser großartige Liederzyklus steht, oder?!
Also: Therese Ringelmann war nix, Totengräber der Vater, Totengräber der Lover, Staub abgeschüttelt und weiter!

Friederike Galvani hieß die Nächste. Papa war Mechaniker und ob die Tochter Froschschenkel hatte, weiß man nicht, bei dem Namen allerdings nähme es einen nicht wunder, oder?! (Luigi Galvani entdeckte durch Experimente mit Froschschenkeln die Kontraktion von Muskeln, wenn diese mit Kupfer und Eisen in Berührung kamen, wobei auch Kup-

fer und Eisen verbunden sein mussten. Er stellte also unwissentlich einen Stromkreis her.)
Gut, ob Papa Galvani mit dem großen Galvani überhaupt verwandt war, ist auch nicht sicher. Wäre es so gewesen, hätte Wagner vielleicht eine elektrische Oper mit zuckenden Froschschenkeln und Tauchbecken geschrieben, in denen ganze Statuen galvanisiert werden, so eine Art Golem-Oper, wäre ja auch was. Verzeihung, mir geht die Fantasie durch.
Das Fröschlein also, Friederike, sang am Theater und war mehr oder weniger mit dem Oboisten aus dem Orchester verlobt. Nun gab es im Herbst eine Hochzeit auf dem Lande bei Würzburg, das ganze Theater fuhr hin.
Ich lass jetzt mal wieder unseren Richard erzählen:
»Dort ging es bäuerisch lustig her: Es wurde getrunken und getanzt, wobei ich selbst versuchte, mich meiner auf der Geige erlangten Fertigkeit zu erinnern, ohne jedoch die zweite Violine auch nur zu einiger Zufriedenheit meiner Mitmusiker zustande zu bringen. Desto größer waren die Erfolge meiner Person bei der guten Friederike, mit welcher ich einige Male toll durch die Reihen der Bauern tanzte, bis die Gelegenheit es fügte, dass die allgemeine Erhitzung alle persönlichen Rücksichten auch für uns löste, und wir, während der offizielle Liebhaber zum Tanz aufspielte, uns unwillkürlich herzten und küssten. Dass der Bräutigam beim Gewahrwerden der zärtlichen Unbefangenheiten, welche Friederike mir zuwendete, sich traurig, aber nicht eigentlich verhindernd in sein Los fügte, erweckte mir zum ersten Male in meinem Leben ein schmeichelhaftes Selbstgefühl!«
Guck mal, der Gauner. So etwas nennt man abstauben, aber auf die ganz, ganz linke Tour. Und der Depp muss dazu auch noch die Oboe blasen, nur der Kleene, der fühlt sich super!
Natürlich entsteht daraus was Längeres, denn der Bräutigam ist zwar Oboist, Wagner aber, der ist Chorleiter! So sind auch seine Erinnerungen durchaus rosig, er beschreibt sogar ge-

nießerisch, dass der Bräutigam, solange er, Richard, da war, in der Familie keine Rolle mehr spielte.
Und nicht ohne hämischen Genuss erzählt er die Pointe, als er anderthalb Jahre später noch mal in Würzburg war: »Ach und ich war auch wieder in Würzburg; – mein Mädchen war während der Zeit einmal niedergekommen, ein Bauern-Lümmel war mein glücklicher Nebenbuhler.«
Na denn, dann is ja alles in Butter. Und Wagner zieht weiter …

Jetzt ist's an der Zeit, über Minna zu reden, Wagners erste Ehefrau. Erstens ist sie zeitlich dran, zweitens muss er ja mal aus den Pubertätspickeln heraus. Obwohl: Ob er da jemals wirklich herausgekommen ist, möchte ich bezweifeln. Minna, geb. Planer, ist für die Biografen das, was man im Schachspiel das Damenopfer nennt: Man opfert sie um des Sieges willen. Um der Größe des kleinen Richard willen haben die Biografen die Minna so was von fertiggemacht, so, als sei sie schuld an allen Desastern, die Wagners Leben begleitet haben, so, als sei es angesichts einer solchen bourgeoisen biederen Nulpe mehr als verständlich, wenn er sein Herz immer wieder in andere Hände legte. Und das nur, um diesem Erotomanen Wagner eine blütensaubere Weste auch in diesem Bereich zu verpassen, als ob auch nur eine Note im Ring oder im Tristan an Wert verlöre, wenn die Welt wüsste, was für ein eitler Fremdgänger er war.
Wagner hat Minna Planer mit 21 Jahren kennengelernt, als er Musikdirektor in Lauchstädt wurde. Mitten in dem Wirbel halbseidener Schauspielerinnen im Schmierentheater von Herrn Bethmann, dessen Laden ständig und chronisch vor der Pleite stand und alle mit allen Waffen ums Überleben kämpfen mussten, stand eine Schauspielerin, Minna Planer, die es unserem Richard angetan hat. Sie glänzte durch seriöses Auftreten und dezente Kleidung, wie er selber schreibt,

und beeindruckte ihn dadurch, dass sie ihn nicht ohne Weiteres ranließ.

Er stürzt sich in das Bohème-Leben, fängt wieder an zu spielen und schreibt: »Mein Humor ist dahin, und meine Seele schwelgt in Leerheit und Albernheit – dazu kommt, dass ich alle meine Liebschaften habe erkalten lassen«, das bedeutet, dass Minnas Konzept, ihn ganz allein für sich haben zu wollen, ohne Rivalinnen, aufzugehen scheint. Am Silvesterabend 1834 lädt Wagner auf seine Bude zu Austern und Punsch ein (eine gewagte Mischung, allein: es kommt auf den Punsch an!), und da passierte es: Minna zeigt allen ausgelassenen Kolleginnen, dass Richard ab jetzt der ihre ist.

Man trifft sich zuerst mit Anstandswauwau, dann aber kommt der entscheidende Abend: Wagner trinkt sich bei einer Karten-Partie Mut an, kommt sternhagelvoll zu Minna, ärgert sich grün und gelb, dass der Anstandswauwau auch da ist, und beschimpft diesen in seinem besoffenen Kopp so unflätigst, dass der beleidigt die Wohnung verlässt.

Nun darf ich ihn selbst zitieren: »Mein Zustand ... war so bedenklich, ... dass an mein Fortgehen oder Nachhauseschaffen nicht zu denken war. Ihr Bedauern mit mir kam dazu. Sie verschaffte mir die nötigen Erleichterungen und da ich bald in tiefen Schlaf verfiel, räumte sie mir ohne Zagen ihr Bett ein.« Nach einem Morgenspaziergang »trennten wir uns, um fortan als offenes Liebespaar frei und ohne Scheu unseren zärtlichen Interessen nachzugehen«.

Was für eine Beschreibung: Die erste Nacht mit dem Satz »Sie verschaffte mir die nötigen Erleichterungen« zu beschreiben! Und dann, wie ein Bänker der übelsten Sorte, die Liebe als »zärtlichen Interessen nachzugehen« zu beschreiben, also ich glaub's ja wohl nicht!

Zwei Jahre später heiraten die beiden, alles ist rosa, voller Liebe und wunderbar. Es bleibt zunächst auch alles im siebten Himmel, obwohl Richard erfährt, dass es da eine dunkle

Stelle in der Vergangenheit seiner Minna gibt: Als sie 17 war, gab es da einen Schnösel, der die hübsche Minna verführte und sich dann aus dem Staube machte. Dumm gelaufen. Sie brachte ein Töchterchen zur Welt, Natalie, dem sie nie erzählte, dass sie ihre Mutter war, sondern immer nur, dass sie ihre Schwester sei. Das gab natürlich immer wieder Turbulenzen zwischen den beiden, weil sich Natalie von der vermeintlichen älteren Schwester auch nicht immer alles sagen lassen wollte, kurz: Die Beziehung der beiden war so aufgeladen, dass Wagner, als er mit Minna 1859 nach Paris fuhr, darauf bestand, die aufmüpfige Natalie in Deutschland zu lassen.

Die Ehe ging natürlich erst mal nach ganz oben, große Liebe, alles wunderbar. Und Minna ist das Urbild der Senta im Holländer. Senta sollte ursprünglich sogar Minna heißen!

Dann, peu à peu, driftete die Ehe auseinander. Als er Kapellmeister in Dresden war, fand sie, jetzt hammers scheene, so solls bleim. Doch Richard wollte zu neuen Ufern, was sie überhaupt nicht nachvollziehen konnte. Er wird zum Revolutionär, sie sieht darin nur eine Gefährdung ihrer materiellen Sicherheit. »Sie werden wissen«, schrieb sie einer Freundin, »was Wagner war, als ich ihn heiratete, ein verlassener, armer, unbekannter, unangestellter Musikdirektor« etc. etc.

Und er: »Wenn ich von einem neuen Ärger, von einem neuen Misslingen ... tief verstimmt und erregt nach Hause kam, was spendete mir da dieses mein Weib anstatt des Trostes und erhebender Teilnahme? Vorwürfe, neue Vorwürfe, nichts als Vorwürfe!«

Also man sieht: Hätten sich die beiden getraut, einander die Wahrheit zu sagen, hätte er nicht fremdzugehen brauchen, sie hätte die Briefe an Mathilde Wesendonck nicht zu entdecken brauchen, die er vielleicht geheiratet hätte, um nicht nur Tristan 1, sondern auch Tristan 2 und den Herrn der

Ringe zu schreiben, wer weiß, und Wagner wäre neben seiner Mathilde in Bonn beerdigt, was für Bonn ja auch sehr schön wär, nicht wahr.

So aber zog es sich hin, bis die Ehe ganz auseinander war, und wir haben das Vergnügen, Richard bei der seit Bestehen der Menschheit angesagten Sportdisziplin des Seitenspringens beobachten zu können.

Wir merken aber an, dass sie immer wieder auch in schlechten Zeiten – ich sage nur: der Hungeraufenthalt in Paris – zu ihm gehalten hat, also ehren wir in dieser Frau eine treue, brave Ehefrau, die ihrem Richard zur Seite stehen wollte. Aber wo soll die Seite sein, wenn der dauernd zur Seite springt? Hoffnungslos, aber spannend.

Jessie Laussot war eine davon, also eine der Seitenbesprungenen. Frau Ritter, Mutter eines mit Richard befreundeten Musikers, hatte die Idee, dem jungen hoffnungsvollen Komponisten unter die Arme greifen zu wollen, mit Geld natürlich, ihr schwebte eine jährliche Rente vor, damit er arbeiten kann. Sie war befreundet mit Jessie Taylor, einer schwerreichen, relativ jungen Engländerin, die einen Monsieur Laussot geheiratet hatte und in Bordeaux lebte, und wollte mit ihr zusammen dieses Unternehmen starten. Frau Ritter hatte leider nicht mit Richards Ansprechbarkeit, was Damenkleidung angeht, gerechnet, insbesondere, wenn sie mit Geld gepaart ist, da kam ja doppelte Erotik auf! Wie's der Zufall will, ist Monsieur Laussot ein Wagner-Fan und lädt den Richard nach Bordeaux ein. Wir ahnen's schon: Jessie war süße 22 Jahre alt, litt ein bisschen unter der Ehe mit ihrem Mann, ganz so wie Richard unter der seinen. Man kam einander näher und schon war es passiert!

Wagner natürlich wieder mal selig. »Hätten Sie diesem Jubel der Liebe zusehen können«, schreibt er an Frau Ritter, »der aus allen Nerven dieses reichen, seligen Weibes hervorbrach, als sie mir ... kundtat, dass sie mein sei!« (Nu, das wird ja ein erhebendes Gefühl gewesen sein, die Betten waren aufgeschüttelt, seidene Laken und ab geht die Post!) »Sie war ganz nur Liebe! Dem Gotte der Liebe weihten wir uns!«, schreibt er mit immer noch heißer Feder und hat sogar die Idee, mit Jessie nach Griechenland und in den Orient zu fliehen und »mit allem und jedem hinter sich zu brechen«.

Zum Glück kam's nicht dazu, wir hätten sonst von Richard Wagner wahrscheinlich nur noch Sirtaki zu hören bekommen.

Er fährt nach Paris zurück, weil der Ehemann von Jessie gemerkt hat, dass das Bettlaken auf beiden Seiten warm ist, dann ist man duellbereit, Wagner fährt noch mal nach Bordeaux, aber da ist die Familie schon aufs Land gezogen. Man enthält Jessie seine Briefe vor – in seinen Augen natürlich das größte Verbrechen der Welt – und intrigiert gegen ihn, was das Zeug hält. Minna wird angeschrieben (er hatte angeblich behauptet, dass die Ehe mit ihr gar nicht rechtmäßig sei) und diese erzählt recht freigiebig aus ihrem Kummerkasten, kurz und gut: Strich drunter oder Schwamm drüber. Noch ein paar Turbulenzen, dann war der Fisch gegessen.

»Ich weine mir manchmal fast meine Augen wund und bin wirklich ganz abgefallen vor Kummer, den mir dieser Mann verursacht«, schreibt Minna, bleibt aber trotzdem bei ihrem Richard.

Der ist mitten im Schaffensprozess, da kommt die Einladung der Wesendoncks, er solle zu ihnen nach Zürich kommen und da im Gartenhaus wohnen. Otto Wesendonck: schwerreicher Kaufmann aus Wuppertal, der als Partner einer amerikanischen Firma ins Importgeschäft für Seide eingestiegen war. Mit Riesenerfolg. Seine Frau Mathilde schenkte ihm fünf Kinder, sie hatten eine Luxusvilla in Zürich und dummerweise beide ein großes Herz für Musik, und da ausgerechnet nicht zuletzt für Richard Wagner. Mein Gott, Otto, möchte man ihm zurufen: Wärst du doch in Wuppertal geblieben, dein Leben wäre etwas ruhiger verlaufen. Also: Wagner kam, fühlte sich von Mathilde verstanden und vom Geld Ottos angezogen und wohnte mit seiner Minna im Garten. Zunächst ist alles wunderbar: Mathilde ist eine ausgesprochen talentierte Dichterin, wir wissen: die Wesendonck-Lieder, beide Seelen erhitzen sich am »Tristan« und erheben sich in die höchsten Höhen. Weil Richard aber zu den Männern gehört, die gerne die Ebenen verwechseln, hält er die Bewunderung seines Werks für die Bewunderung seiner selbst, gibt mit Briefen und Schwärmereien Vollgas und erreicht sein Ziel.

Also: Mathilde Wesendonck. Es entwickelt sich, wie wir alle wissen, eine sehr große Liebe – vielleicht für Wagner wirklich DIE große Liebe, Cosima hin, Cosima her, er hat es jedenfalls einige Male in seinem Leben betont, dass da mehr war als Verliebtheit oder Schwärmerei, wer weiß und wer mag richten. Jeden Nachmittag ist nun unser kleiner Leipziger Casanova rüber zu Mathilde, um ihr Tristan vorzulesen und mit ihr Calderon de la Barca zu lesen, was zeigt, dass man eine Zeit lang ganz gut durchkommt, wenn man eine kulturell hochstehende Ausrede gefunden hat, ich meine: wer käme schon auf Calderon, wenn es nicht wirklich stimmte, oder?

Minna verfolgt das alles mit eifersüchtigen Augen, kommt aber auf Mathilde erst später. Zuerst glaubt sie in Johanna Spyri, Frau des Redakteurs der »Eidgenössischen« Zeitung, eine potenzielle Rivalin zu haben, weil Wagner ihr schöne Augen macht – der Weg zum Mann geht eben oft über das Herz seiner Frau. Und sie argwöhnt, dass ihr Richard mit einer Nachbarin, Frau Heim, nicht nur in Musik schwelgen würde, kurz: auf Mathilde kommt sie erst, als ganz Zürich sich schon den Mund in Fransen gesabbelt hat über die unsittlichen Dinge, die im Hause des Wuppertaler Importeurs vonstattengingen.

Am 7. April 1858 aber schlägt das Schicksal zu: Minna Wagner, Ehefrau, findet einen Brief an Mathilde Wesendonck, »Mäzenin«, und macht ihn auf. Er ist in die Bleistift-Skizze des »Tristan«-Vorspiels (wegen der hocherotischen Wirkung des Akkords?) eingewickelt und endet mit den Worten: »Nimm meine ganze Seele zum Morgengruße«. Wagner hat sich gerne auch privat so ausgedrückt wie seine Personen auf der Bühne!

Minna selbst erzählt es so: »Madame W. besuchte meinen Mann heimlich und umgekehrt, verbot meinem Knechte, als er ihr die Tür aufmachte, dass er mir nicht sagen sollte, dass sie oben sei [Minna wohnte Parterre, Richard auf der Beletage]; ich habe das alles ruhig geschehen lassen. Es ist ja so häufig der Fall, dass Männer ein Verhältnis haben, warum sollte ich es nicht auch von dem meinigen dulden? Eifersucht kannte ich ja nicht. Nur die Gemeinheiten, diese Kränkungen, hätten mir erspart werden sollen, und mir es mein lächerlich eitler Mann verbergen müssen.«

Gut, wir wissen Bescheid.

Eine grandiose Kuriosität aber gibt es aus dieser Zeit: Kurz vor dem Ende der Affäre mit Mathilde Wesendonck kommt Hans von Bülow zu Besuch, der Dirigent. Seine Frau Cosima von Bülow, geborene Liszt, begleitet ihn. Beim, sagen wir mal, Nachmittagstee treffen sich die drei Frauen, die dem Leben Richard Wagners entscheidende Impulse geben konnten: Minna, Mathilde und Cosima, spätere Wagner, quasi eine Jalta-Konferenz, bevor es losging. Ich hätte da gerne ein Tässchen mitgetrunken, um zu sehen, ob und welche Spannungen es gegeben hat, von denen die Akteure nichts wissen konnten, die aber zweifellos da gewesen sein müssen.

Die Affäre mit Madame Wesendonck geht also zu Ende, die Wagners reisen ab, die Ehe mit Minna steht wieder einmal vor dem Aus. »Sie ist und bleibt meine erste und einzige Liebe! Es war der Höhepunkt meines Lebens«, schreibt Wag-

ner später über Mathilde. Na, wenn das die Cosima gelesen hätte, sie hätte ihren Richard quer durch Bayreuth gehetzt und wieder zurück, dessen bin ich mir ganz sicher!
Wir Musikliebhaber aber freuen uns natürlich darüber, dass diese, sagen wir mal, Affäre einen riesigen künstlerischen Effekt hatte: »Tristan und Isolde«, die Wesendonck-Lieder und insgesamt den Durchbruch Wagners in Sachen große Opern. Ohne Mathilde wäre der vielleicht nicht so schnell und heftig gekommen, ich bring ihr ein Blümchen vorbei, sie liegt ja in Bonn auf dem Alten Friedhof!
Und weiter geht es im heiteren Wagner'schen Liebesreigen. 1859/60 ist er in Paris und ganz Paris zerreißt sich den Mund darüber, dass er was mit Blandine Ollivier, geb. Liszt, haben soll. Die Fürstin Wittgenstein, von deren Protektion sich der Meister viel versprach, bricht daraufhin den Kontakt mit ihm ab, und Wagner beklagt sich ausgerechnet in einem Brief an Hans von Bülow, dem Gatten von Cosima, darüber, dass er Blandine, die älteste Schwester Cosimas, kaum mehr zu Gesicht bekommt. »Ihr Mann ist immer krank und meiner Frau ist sie grundverdächtig!«
Was für Kapriolen das Leben manchmal schlägt! Blandine starb später kurz nach der Geburt eines Kindes. Das war aber nicht von Wagner!
Jetzt steht Seraphine Mauro auf der Liste. Da war Wagner in Wien, für alles Neue offen, also auch für Mädels. Er nannte sie »meine liebe Puppe«, und weil Frauenausspannen eine seiner Lieblingssportarten war, spannte er dieses hübsche Wesen seinem Freund und Komponisten Peter Cornelius aus. Dem schrieb er auch noch später, als er davon träumte, mit ihm zusammen eine Junggesellen-WG am Rhein aufzumachen: »Gott wie gern hätte ich die arme Puppe (Seraphine) mit dabei! Ich bin in so was von einer unvertilgbaren naiven Moralität. Ich fänd so ganz und gar nichts darin, wenn das Mädchen mit zu mir käm und mir wär, was sie gerade

ihrer kleinen und netten Natur nach mir sein kann! Wie nun aber dafür den terminus socialis finden?«
Dann kam Mathilde Maier, Maier mit ai, das »Urbild« für das Evchen in den Meistersingern. Er lernt sie auf einer Gesellschaft kennen und ist, no was, hingerissen. Sie lebt mit Mama, zwei Tanten und einer Schwester in einer Mainzer Wohnung. Es geht wie immer: Man trifft sich, man trifft sich häufiger, und schon keimt in Richard der Wunsch, sie zu heiraten, was voraussetzt, sich scheiden zu lassen. Da kommt ihm aber Mathilde selbst zuvor: Ein ererbtes Gehörleiden führt zum Entschluss, ihren Richard freizugeben, so könne sie nicht an der Seite eines großen Genies leben. Sie bleibt ihm aber lebenslang in Freundschaft verbunden.
Richard Wagner wäre nicht Richard Wagner, wenn er nach so einer Enttäuschung nicht Trost gefunden hätte, er blieb sogar dem Namen treu: Jetzt zwar mit ey, aber das hörte man ja beim Sprechen nicht ...
Friederike Meyer ist Schauspielerin in Frankfurt, wird ihm vorgestellt, und er lädt sie ein nach Biebrich am Rhein, wo er damals seine Bleibe hatte. Sie kommt, wird aber – was für ein Zufall – von heftigem Unwohlsein befallen, dergestalt, dass sie bei ihm übernachten muss. Am nächsten Tag kommt der Direktor des Frankfurter Theaters, an dem Friederike Meyer zum Ensemble gehört, und ist so besorgt um die Dame, dass Wagner klar wird, dass sie die Geliebte ihres Chefs sein muss. Was ihn aber nicht nur nicht abkühlt, sondern nur noch mehr entflammt.
Er lädt sie nach ihrer Genesung erneut zu sich ein und lässt es sich mit seinem neuen Liebelein gut gehen. Die Umgebung ist empört, das juckt unseren Hallodri aber nicht. Er wird nach Wien eingeladen, wo endlich der »Tristan« aufgeführt werden soll, und nimmt seine Friederike mit. Die Schwester Friederikes soll die Isolde singen, findet aber, dass ihre Schwester als Geliebte von Wagner ihrem Ruf schadet,

und überwirft sich mit dem Komponisten, was, zusammen mit anderen Kleinigkeiten, dazu führt, dass der »Tristan« in Wien doch nicht aufgeführt wird.
Wagner hat nun keine Einnahmen in Wien, gibt aber Konzerte, die Geld bringen, und kann dadurch in Penzing bei Wien eine Wohnung beziehen, die er sich à la Wagner einrichtet: üppig, mit Pomp und Personal. Zwei Tapezierer arbeiten unermüdlich an der Innenausstattung, die Wagner bis ins kleinste Detail vorschreibt. Für diesen Deko-Wahn ist Wagner berühmt, hier ein kleines Beispiel.
Herrn Schweikhart, dem Innendekorateur, schreibt er:

»Ich erwarte nun von Ihnen noch folgende Arbeiten:
1. die zwei braunen Lehnstühle für das Musikzimmer,
2. die Ecke hinter das Kanapee,
3. die neu zu überziehenden zwei Lehnstühle für das grüne Eckzimmer (violette Seide),
4. den violett sammeten hohen Lehnstuhl,
5. den rotsammeten großen Polstersessel für die Schlafstube,
6. den großen Spiegel,
7. die violetten Samt-Teppiche und die Mahagoni-Kommode und den Pfeilerschrank,
8. die sämtlichen Gardinen für das grüne Zimmer, nebst Aufmachen der vorhandenen weißen Gardinen daselbst,
9. die blauen wollenen Fensterrouleaux für das Schreibzimmer,
10. die lilas ditto für das grüne Zimmer,
11. das blauseidene Rouleau für das Schlafzimmer,
12. die weiß gesteppte Decke hinter das Bett, sowie die noch fehlende violette Posamentierarbeit zum Bett.
Außerdem hätten Sie mir im Speisezimmer Gardinen aufzumachen, ebenso kleine, weiße Fenstergardinen …
Da ich aber endlich ganz fertig werden muss, so hoffe ich,

Sie werden es billig finden, dass ich die Arbeiten im roten Kabinett sowie im Fremdenzimmer jemand anderem übergebe, der gleichzeitig arbeiten kann ...«

Erstaunlich, mit welcher Detailbesessenheit Wagner seine Wohnung dekorierte, nein, inszenierte. Wie eine Opernkulisse, oder?!
Als alles eingerichtet ist, vermisst er nur noch eines: eine Frau, die über dieses Reich herrschen sollte. Da gab es zwar noch seine Ehefrau Minna, die in Dresden lebte, aber da waren die Dinge längst geklärt, sie kam nicht mehr infrage. Er entblödet sich nicht, Mathilde Maier in Mainz anzuschreiben – also die, die wegen des angeborenen Ohrenleidens auf ein Leben mit ihm verzichtet hat –, weil er »einer gewissen weiblichen Pflege und Führung des Hausstandes bedürftig ist«, wie er schreibt, bekommt aber eine Abfuhr. Friederike Meyer kommt auch nicht mehr infrage, in den Augen Wagners hat sie ihn die Wiener Uraufführung des »Tristan« gekostet. Er sucht weiter nach einer Frau, die ihm den Haushalt führt und ihm abends »eine gewisse weibliche Pflege« zukommen lassen soll, und – natürlich – er wird fündig!
Bei Mariechen, der Tochter eines Selchermeisters aus der Josefstadt. Zuerst versucht es Wagner mit ihrer 17 Jahre alten jüngeren Schwester, merkt aber bald, dass diese zu jung ist und die speziellere »weibliche Pflege« wohl nicht leisten kann. Deren ältere Schwester aber zeigt sich all diesen Aufgaben gegenüber aufgeschlossen. Wie innig das Verhältnis Wagners zu seiner Marie wurde, zeigt ein Brief, der uns auch den ganz privaten Richard Wagner, und das, was ihn so alles umtrieb, zeigt:

»Liebes Mariechen!
Nächsten Mittwoch komme ich nun wieder nach Hause. Abends halb 8 Uhr treffe ich in Wien auf dem Nordbahn-

hof ein. Franz soll mit dem Wagen pünktlich dort sein; für den Koffer soll er auch das Nötige bereithalten. Nun, bester Schatz, richtet mir zu Haus alles recht schön ein, dass ich mich recht behaglich ausruhen kann, wonach ich sehr verlange. Alles muss recht sauber sein und gut – gewärmt. Sorge mir ja für das schöne Kabinett, dass es darin recht angenehm ist: wenn geheizt ist, hübsch öffnen, dass das Kabinett eine warme Temperatur bekommt. Auch schön parfümieren: kauf die besten Flacons, um es recht wohlduftend zu machen. Ach Gott! Was freue ich mich darauf, endlich einmal wieder mit dir dort mich auszuruhen. Die Rosa-Höschen sind doch hoffentlich auch fertig??? Ja, ja! Sei nur recht schön und lieblich, ich verdiene es schon, dass ich's einmal wieder recht gut habe. Zu Weihnachten stecke ich dann den Christbaum an: Da bekommt alles Geschenke, auch du, mein Schatz! […] Viele Küsse meinem Schatz! Auf Wiedersehen. R. Wagner«

Auch bizarr. Zuerst erotische Anweisungen, Küsse und alles, und dann ganz formal: R. Wagner.

Als er 51 ist, tritt endlich Cosima in sein Leben. Sie wissen schon: Liszt war ihr Papa und seine Geliebte Marie d'Agoult, die wegen des Pianisten und Komponisten ihren Mann verlassen und mit ihm quer durch Europa gereist war, war die Mama. Diese heiratete den Dirigenten Hans von Bülow, das heißt, eigentlich war es umgekehrt: Der heiratete Liszts nichteheliche Tochter, hatte aber kein Glück, die Ehe ging schnell auseinander. Als Cosima 1864, nachdem sie Wagner schon vorher kennengelernt hatte und von ihm fasziniert war, mit ihren Kindern Wagner in Starnberg besuchte, war es endgültig aus und vorbei mit Hans von Bülow. Cosima war, das wusste sie in diesem Moment, vom Schicksal bestimmt, Wagner das ersehnte Glück zu bringen.

Wie umfassend sie das getan hat, weiß alle Welt, da gibt es

ganze Bibliotheken, die Berufene und Nichtberufene mit Büchern gefüllt haben. Sie selbst trug das Ihrige dazu bei, ihren Richard auf den Altar zu heben, gnadenlos fuhrwerkte sie in seinem Leben herum, vernichtete Briefe, machte Zeugen mundtot – und das alles für die höhere Ehre ihres Gottes Richard Wagner.

Und Richard? Richard hat wieder einmal einem Nebenbuhler seine Frau ausspannen können, was ihn umso stolzer machte, als er vom Musiker Hans von Bülow ausgesprochen viel hielt.

Über den »Drachen« Cosima ist wie gesagt viel geschrieben worden, deshalb möchte ich auf etwas hinweisen, was eben auch stimmt: Sie war den gemeinsamen Kindern eine hervorragende Mutter, hat mit ihnen gespielt, hat ihnen die Welt gezeigt und hat sie bestimmt auch sehr geliebt. Sie war für ihre Zeit eine unkonventionelle Mutter, hat die Arbeit nicht irgendwelchen Gouvernanten überlassen, sondern sie hat selbst auf der Wiese mit ihnen herumgetollt, kurz: Sie war vorbildlich in Erziehungsfragen und Wagner hat es ihr auch gedankt. Sie hat darüber hinaus Wagner den Rücken frei gehalten, sie hat seine Affären ausgehalten, sie hat sein Erbe eisern gepflegt. Wie eisern sie das tat, zeigt eine kleine Episode aus Bayreuth.

Wir schreiben 1886. Wagner ist seit drei Jahren tot, die Bayreuther Festspiele kränkeln. Cosima bittet ihren Vater, durch seine Anwesenheit auf dem Hügel für PR zu sorgen, Liszt fährt also hin. Er tut ihr jeden Gefallen: Er klatscht aus der Loge als Erster nach jedem Akt und hört als Letzter auf, am 23. Juli beim »Parsifal«, am 25. Juli beim »Tristan« (und das zieht sich ja alles ziemlich …), er erscheint abends im Hause Wahnfried und schüttet Unmengen von Champagner in sich hinein, so auch nach dem »Tristan«. Dann legt er sich hin und stirbt in aller Stille am 31. Juli 1886. Sein Timing war schwierig, denn am 1. August kam der deutsche Kronprinz, der spätere Kaiser Friedrich III., nach Bayreuth, das Volk war auf Fête aus, also konnte man da nicht mit der Nachricht vom Tode Liszts hineinplatzen. Auch die folgenden Tage nicht. Am 11. August feierte Cosima noch in der Kneipe »Zum Frohsinn« den Abschluss des Hügel-Spektakels, dann war Schluss mit dem Hügel, und Liszt wurde »in aller Stille« verscharrt.

Nichts Besonderes für Bayreuth, nur den Liszt-Freunden tat das damals schon weh, dass ausgerechnet er, der Wagner so gefördert hatte, in den toten Winkel gedrängt wurde. Sei's drum: Den Tristan-Akkord hat nicht Richard Wagner erfunden, den hat Franz Liszt erfunden, und zwar schon 1845 im Lied »Ich möchte hingehen«. Sie sehen also, wie eisern Cosima sich darum bemühte, Bayreuth zum ewigen Erfolg zu bringen, da musste selbst das Väterchen sich in die Ecke stellen, um zu sterben, da gab es nichts.

Dennoch: ein Hoch auf Cosima, sie hat sich um Wagner und Bayreuth verdient gemacht. Nur eines dürfen Sie nicht: ihren Tagebüchern glauben. Alles sehr lesenswert, alles spannend, nur wie gesagt: Glauben darf man nix.

Wie bei vielen Größen der abendländischen Kultur gab es auch bei Wagner den sogenannten Johannistrieb. Wir wissen: Goethe, Heine, ach, da könnten wir Dutzende von Namen nennen, sie alle erlagen einer großen Altersliebe, vielleicht, weil Kreative eher als andere an die ewige Jugend glauben, wer weiß. Natürlich erwischte es auch Richard Wagner.

1876 – Wagner ist da 63 Jahre alt – kommt eine gewisse Judith Gautier nach Bayreuth, dreißig Jahre alt und mit einer derart überwältigenden erotischen Ausstrahlung, dass sie den Beinamen »Der Orkan« trug. Obendrein die Tochter des Dichters Theophile Gautier, also eine »very important person«. Wagner sieht sie und ist hin und weg. Leidenschaftlichste Briefe schickt er ihr, einige sind erhalten, Cosima hat sie nicht alle ergattern und ins Feuer werfen können, Briefe, die zeigen, wie sehr es ihn beutelt. Gleichzeitig schreibt er am »Parsifal«, also der Oper, die wie keine andere den Verzicht zum Thema hat, den Verzicht auf Körperlichkeit, auf Sinnlichkeit, auf Leben.

Einige Autoren sehen in Judith Gautier »das« Vorbild für die verführerische Kundry, das Prinzip der Erotik und Sinnlichkeit im zweiten Akt im Parsifal. Dann aber, knapp anderthalb Jahre, nachdem er sie kennengelernt hatte, ist es vorbei. Es scheint so zu sein, dass Cosima hinter die Affäre und die Briefe kam, wie auch immer: Am 10. Februar 1878 schreibt er der Schönen nach Paris, dass er vorhabe, den Briefwechsel mit ihr weiterzuführen, aber – über seine Frau Cosima! Na, da ist in Paris sicherlich Freude aufgekommen!

Das war auch die letzte Affäre Richard Wagners. Bleibt die Frage: Welche der Damen hat das Rennen um das Herz des Meisters gemacht? Eines ist klar: Aus den vielen schälen sich drei heraus, die wichtig genug für ihn waren: zum einen die, die er geheiratet hat, dann die, die seine unsterbliche Geliebte war, und schließlich die, die ihn geheiratet hat: also Minna, Mathilde Wesendonck und Cosima.

Wie auch immer die Wahrheit – falls es da eine gibt – aussehen mag: Geben wir uns zufrieden damit, dass alle drei am Werk eines der größten Opernkomponisten aller Zeiten wesentlichen Anteil hatten.

Und an diesem Werk erfreuen wir uns immer wieder, ob in Bayreuth, in der Bonner Oper oder auf dem Smartphone, ein Werk, das lange vor der Erfindung des Kinos ganz großes Kino war, ein Werk, das zeitlos bleiben wird, egal, wo man die Götterdämmerung auch ansiedelt. Und wenn es im Fantasialand wäre: Es bleibt ganz große Kunst und das ist toll. Da ist es dann wirklich belanglos, wie oft, wo und mit wem Richard fremdgegangen ist!

Tannhäuser und der Sängerkrieg auf Wartburg

Große romantische Oper in drei Akten

Text: Richard Wagner

»Ich schicke Ihnen hier meinen Tannhäuser, wie er leibt und lebt, ein Deutscher vom Kopf bis zur Zehe ... Möge er imstande sein, mir die Herzen meiner deutschen Landsleute in größerer Ausbreitung zu gewinnen, als dies bis jetzt meine früheren Arbeiten vermochten! Diese Arbeit muss gut sein oder ich kann nie etwas Gutes leisten.«

Richard Wagner am 5. Juli 1845 an Karl Gaillard

ENTSTEHUNG UND URAUFFÜHRUNG

Nach den Spaziergängen in den zeitgenössischen Neuentdeckungen spätmittelalterlicher Literatur (Wagner wühlte sich da regelrecht hinein, las Ludwig Tiecks »Der getreue Eckart und der Tannhäuser«, Achim von Arnims »Des Knaben Wunderhorn«, in dem das Tannhäuserlied enthalten ist, E.T.A. Hoffmanns »Serapionsbrüder«, Ludwig Bechsteins »Die Sagen von Eisenach und der Wartburg«, »Über den Krieg von Wartburg« von C.T.L. Lucas, in dem behauptet wird, Tannhäuser sei identisch mit Heinrich von Ofterdingen), nach all diesen Lektüren also machte sich Wagner an das Libretto für eine Oper mit dem Titel »Der Venusberg«. Das Textbuch dazu entstand 1842/43. 1844 begann er zu komponieren, am 13. April 1845 war das Werk fertig, jetzt

unter dem Titel »Tannhäuser und der Sängerkrieg auf Wartburg«.
Die Uraufführung in Dresden am 19. Oktober 1845 war ein recht gemischter Erfolg. Vielleicht lag es daran, dass die Kulissen noch nicht ganz fertig waren (die Sängerhalle im Zweiten Akt zum Beispiel), vielleicht war der »Tannhäuser« aber auch einfach noch zu neu, zu modern. Das konservative Publikum (gewöhnt an den Wechsel von Arie – Rezitativ – Arie und so weiter, höchstens mal ein Chor dazwischen) lehnte diese »Zukunftsmusik« ab.
Wagner bastelte weiter herum und 1847 änderte er den Schluss: Elisabeth bekam einen Trauerzug (bei der ersten Fassung war es nur ein Totenglöcklein) und einen Auftritt mit Bahre. Venus taucht auf und Tannhäuser bricht an der Bahre Elisabeths zusammen. Diese »Dresdner Fassung« wird heute noch gerne gespielt. Am 16. Februar 1849 dirigierte Franz Liszt diese Fassung in Weimar und siehe da: ein Durchbruch! Zwar musste Wagner aus politischen Gründen fliehen, sein »Tannhäuser« aber bahnte sich nach dem Triumph in Weimar eine Gasse durch die Opernhäuser: Kassel, Hannover, München waren die Stationen. In Wien reichte es zwar nur in die Vorstadt Neulerchenfeld (Qualtinger-Fans bestens bekannt, denn im »G'schupften Ferdl« heißt es: »Denn beim Dumser draus, in Neulerchenfeld, is Perfektion!«), aber das reichte, um Johann Nestroy zu seiner köstlichen Parodie »Tannhäuser und die Keilerei auf der Wartburg – Zukunftsposse mit vergangener Musik und gegenwärtigen Gruppierungen« anzuregen.
Dann aber, 1861, kam die skandalträchtige Aufführung des »Tannhäuser« in Paris. 1859 war Wagner – nach zehn Jahren Herumtreibens in Europa, er war ja steckbrieflich gesuchter Revolutionär, und nach dem Aufflammen der großen Liebe zu Mathilde Wesendonck in Zürich und dem ihr zu verdankenden Tristan und nach dem Scheitern dieser Liebe – nach

Paris gezogen, seine Frau Minna kam nach. Er hoffte, durch die Aufführung des »Tannhäuser« in Paris den großen Durchbruch zu erreichen. Dazu musste die Oper freilich ins Französische übersetzt werden, worüber er sich bei Rossini schwerstens beklagte. Nicht genug damit: Es musste auch ein Ballett in die Oper hineingezaubert werden, denn die Pariser, insbesondere die feine Gesellschaft vom Jockey-Club, war das so gewohnt. Wagner schrieb an Mathilde Wesendonck: »Aber ein Ballett sollte gebieterisch drin sein, weil die Abonnés der Oper immer erst etwas später vom starken Diner in's Theater kämen, nie zu Anfang. Nun, da erklärte ich denn, dass ich vom Jockeyclub keine Gesetze annehmen könnt und mein Werk zurückziehen würde.« Aber: Er schreibt ein Ballett. Es geht ihm zunächst nicht flüssig von der Hand, aber die Arbeit an »Tristan« beflügelt ihn. Und so schreibt er an Mathilde Wesendonck: »Jetzt, wo ich Isoldes letzte Verklärung geschrieben, konnte ich sowohl erst den rechten Schluss zur Fliegenden-Holländer-Ouvertüre als auch das Grauen dieses Venusberges finden. Man wird eben allmächtig, wenn man mit der Welt nur noch spielt.«

164 Proben! Und am 13. März 1861, einem Mittwoch, fand die Pariser Erstaufführung statt und wurde zum erwarteten Skandal. Pierre Louis Philippe Dietsch dirigierte, ein eingefleischter Wagner-Feind, der mit allem, was ihm zur Macht stand, gegen unsern Richard intrigierte. Hans von Bülow nannte ihn »eines der schäbigsten Rindviehe« und scheint wohl recht gehabt zu haben damit, denn Verdi, der ein Menschenfreund war, erreichte, dass Dietsch in hohem Bogen aus der Oper rausgeschmissen wurde. Sei's drum. Das Publikum tobte: die eine (kleinere) Hälfte vor Begeisterung (dazu gehörte Charles Baudelaire), die andere vor Wut. Dreimal wurde der »Tannhäuser« in Paris aufgeführt, dann zog Wagner die Genehmigung zur Aufführung zurück, obwohl eine Reihe weiterer Vorstellungen ausverkauft waren. Klar: Was

als Skandal anfängt (und Paris liebte und liebt so etwas ohne Ende), wird im Laufe der Zeit oft zum Erfolg. Wagner scheint aber sehr schnell die Chance dieses »Scheiterns« begriffen zu haben, er schrieb nämlich an den Dirigenten Hans von Bülow im April 1861: »Durch die Wut der Jockeys hat diese so verhinderte Aufführung einen völligen Heiligenschein bekommen. Schon bilden sich Sekten, die mich geradewegs verehren; und das bis ins Volk hinein.«

Tja, und heute kann man sich ein Opernrepertoire ohne »Tannhäuser« nicht wirklich vorstellen.

PERSONEN

Hermann, Landgraf von Thüringen	Bass
Tannhäuser	Tenor
Wolfram von Eschenbach	Bariton
Walther von der Vogelweide	Tenor
Biterolf	Bass
Heinrich der Schreiber	Tenor
Reinmar von Zweter	Bass
Elisabeth, Nichte des Landgrafen	Sopran
Venus	Sopran oder Mezzo
Ein junger Hirt	Sopran
Vier Edelknaben	Sopran und Alt
Thüringische Ritter, Grafen und Edelleute	
Edelfrauen	
Ältere und jüngere Pilger	
Sirenen	
Najaden	
Nymphen	
Bacchantinnen	

ORCHESTERBESETZUNG

Wiener Fassung 1875
1 kleine Flöte
2 große Flöten
2 Oboen
2 Klarinetten
1 Bassklarinette
2 Fagotte
2 Ventil-Hörner
2 Waldhörner
3 Ventil-Trompeten
3 Posaunen
1 Basstuba
3 Pauken
Triangel, Becken, Tamburin
Große Trommel
Kastagnetten
1 Harfe
Streichorchester

BESONDERHEITEN

Bühnenmusik:
2 kleine Flöten
2 Flöten
2 Oboen
Englischhorn
3 Klarinetten
4 Hörner
12 Waldhörner
12 Trompeten
Becken, Triangel, Tamburin
1 Harfe

DAUER

ca. 3 ½ Stunden

HANDLUNG

Die Handlung spielt in der und um die Wartburg in Thüringen, zu Beginn des 13. Jahrhunderts.

ERSTER AKT

Erstes Bild

Als Beispiel für Wagners ungeheure Detail-Verliebtheit (und für seine, Verzeihung liebe Wagnerianer, Salbaderei) hier die wörtliche Wiedergabe der Schilderung der ersten Szene. Die Zeit, dies zu lesen, ist wahrscheinlich exakt die Zeit der Ouvertüre ... Also:
»Im Inneren des Venusberges (Hörselberges bei Eisenach). Weite Grotte, welche sich im Hintergrunde durch eine Biegung nach rechts wie unabsehbar dahinzieht. Aus einer zerklüfteten Öffnung, durch welche mattes Tageslicht hereinscheint, stürzt sich die ganze Höhe der Grotte entlang ein grünlicher Wasserfall herab, wild über Gestein schäumend; aus dem Becken, welches das Wasser auffängt, fließt nach dem ferneren Hintergrunde der Bach hin, welcher dort sich zu einem See sammelt, in welchem man die Gestalten badender Najaden und an dessen Ufern gelagerte Sirenen gewahrt. Zu beiden Seiten der Grotte Felsenvorsprünge von unregelmäßiger Form, mit wunderbaren, korallenartigen, tropischen Gewächsen bewachsen. Von einer nach links aufwärts sich dehnenden Grottenöffnung, aus welcher ein zarter rosiger Dämmer herausscheint, liegt im Vordergrunde Venus auf einem reichen Lager, vor ihr, das Haupt in ihrem Schoße, die Harfe zur Seite, Tannhäuser, halb kniend. Das

Lager umgeben, in reizender Verschlingung gelagert, die drei Grazien. Zur Seite und hinter dem Lager zahlreiche schlafende Amoretten, wild über- und nebeneinander gelagert, einen verworrenen Knäuel bildend, wie Kinder, die, von einer Balgerei ermattet, eingeschlafen sind. Der ganze Vordergrund ist von einem zauberhaften, von unten her durchscheinenden, rötlichen Lichte beleuchtet, durch welche das Smaragdgrün des Wasserfalles, mit dem Weiß seiner schäumenden Wellen, stark durchbricht. Der ferne Hintergrund mit den Seeufern ist von einem verklärt blauen Dufte mondscheinartig erhellt.

Auf den erhöhten Vorsprüngen sind bei Bechern die Jünglinge gelagert, welche jetzt sofort den verlockenden Winken der Nymphen folgen und zu diesen hinabeilen; die Nymphen hatten um das schäumende Becken des Wasserfalles den auffordernden Reigen begonnen, welcher die Jünglinge zu ihnen führen sollte: Die Paare finden und mischen sich; Suchen, Fliehen und reizendes Necken beleben den Tanz.

Aus dem fernen Hintergrunde naht ein Zug von Bacchantinnen, welcher durch die Reihen der liebenden Paare, zu wilder Lust auffordernd, daherbraust. Durch Gebärden begeisterter Trunkenheit reizen die Bacchantinnen die Liebenden zu wachsender Ausgelassenheit auf.

Die Berauschten stürzen sich in brünstige Liebesumarmungen.

Satyre und Faune sind aus den Klüften erschienen und drängen sich jetzt mit ihrem Tanze zwischen die Bacchanten und liebenden Paare. Sie vermehren durch ihre Jagd auf die Nymphen die Verwirrung; der allgemeine Taumel steigert sich zur höchsten Wut.

Beim Ausbruch der höchsten Raserei erheben sich entsetzt die drei Grazien. Sie suchen den Wütenden Einhalt zu tun und sie zu entfernen. Machtlos fürchten sie selbst, mit fortgerissen zu werden: Sie wenden sich zu den schlafenden Amo-

retten, rütteln sie auf und jagen sie in die Höhe. Diese flattern wie eine Schar Vögel aufwärts auseinander, nehmen in der Höhe, wie in Schlachtordnung, den ganzen Raum der Höhle ein und schießen von da herab einen unaufhörlichen Hagel von Pfeilen auf das Getümmel in der Tiefe. Die Verwundeten lassen, von mächtigem Liebessehnen ergriffen, vom rasenden Tanze ab und sinken in Ermattung. Die Grazien bemächtigen sich der Verwundeten und suchen, indem sie die Trunkenen zu Paaren fügen, sie mit sanfter Gewalt nach dem Hintergrunde zu zerstreuen. Dort nach den verschiedensten Richtungen hin entfernen sich, teils auch von der Höhe herab durch die Amoretten verfolgt, die Bacchanten, Faunen, Satyrn, Nymphen und Jünglinge. Ein immer dichterer rosiger Duft senkt sich herab: In ihm verschwinden zuerst die Amoretten, dann bedeckt er den ganzen Hintergrund, sodass endlich, außer Venus und Tannhäuser, nur noch die drei Grazien sichtbar zurückbleiben. Diese wenden sich jetzt nach dem Vordergrunde zurück; in anmutigen Verschlingungen nahen sie sich Venus, ihr gleichsam von dem Siege berichtend, den sie über die wilden Leidenschaften der Untertanen ihres Reiches gewannen. Venus blickt dankend zu ihnen.
Der dichte Duft im Hintergrunde zerteilt sich: Ein Nebelbild zeigt die Entführung der Europa, welche auf dem Rücken des mit Blumen geschmückten Stieres, von Tritonen und Nereiden geleitet, durch das blaue Meer dahinfährt.«

So, Ende der Durchsage, und jetzt: ACTION!!

Tannhäuser, der seit einem Jahr in diesem unerträglichen Duft-Puff bei Venus lebt, meckert herum: »Nicht Lust allein liegt mir am Herzen, aus Freuden sehn ich mich nach Schmerzen. Aus Deinem Reiche muss ich fliehn – o Königin, Göttin, lass mich ziehn!«
Das ist natürlich nicht das, was Venus hören will, sie ver-

sucht ihn zu betören, zu bezirzen, zu umgarnen, dann wird sie sauer. Na bitte, soll er doch gehen, er wird erfahren: Den Aufenthalt im Venusberg werden ihm die Menschen niemals verzeihen. Sie sagt sogar das, was eine Frau niemals sagen sollte, wenn der Mann sie verlässt: Du kannst jederzeit zu mir zurückkommen ...! Tannhäuser hört nicht drauf, ruft den Namen Marias, der Muttergottes, aus (»Mein Heil liegt in Maria!« – »Maria aus Bahia« wäre die Ergänzung, auf die ich an dieser Stelle immer warte, Verzeihung!) und PÄNG! Der Puff verschwindet – Verwandlung.

Zweites Bild: Ein grünes Tal

Der obligatorische Hirtenknabe bläst auf seiner obligatorischen Schalmei, der Chor der älteren Pilger zieht daher, in der Ferne sieht man die Wartburg. Das geht Tannhäuser ziemlich nahe, er spürt die Schwere seiner Schuld. Der Landgraf und seine Entourage sind auf der Jagd und sehen Tannhäuser. Man stutzt, staunt, kommt er als Freund oder Feind? Da setzt sich Wolfram von Eschenbach für den Sünder ein. Tannhäuser will zwar weiterziehen, man lässt ihn aber nicht, und als der Name Elisabeth fällt, ist klar: Er bleibt. Zudem soll er am nächsten Tag am Sängerfest teilnehmen. In der allgemeinen Freude über das bevorstehende Festival fällt der Vorhang, er probt schon mal für morgen!

ZWEITER AKT

Sängerhalle auf der Wartburg

Elisabeth tritt auf, und wenn sie schon mal auf der Bühne ist, soll sie auch was singen. Sie begrüßt die Halle mit dem mittlerweile sprichwörtlichen Satz »Dich, teure Halle, grüß ich wieder«, weil sie ja, seit Tannhäuser weg war, nicht mehr in der Sängerhalle war. Wolfram bringt Tannhäuser zu Elisabeth (»Dort ist sie, nahe dich ihr ungestört!«). Große Erre-

gung, aber ihrer Frage, wo er denn gewesen sei, weicht er aus. Klar, er kann ja nicht wirklich beichten, wo er war, das verzeiht keine Frau. Der Landgraf kommt und es ist klar, dass Elisabeth ihren Tannhäuser immer noch liebt.
Volk strömt in die Halle, jetzt geht der Sängerkrieg los. Der Landgraf hält eine ergreifende Eröffnungsrede (»Gar viel und schön ward hier in dieser Halle von euch, ihr lieben Sänger, schon gesungen«) und das Event kann losgehen. Erster Preis: Elisabeth! Der Sieger darf sie heiraten. Wolfram von Eschenbach ist der erste Sänger, er singt das Hohe Lied auf die reine Liebe, die irgendwie geistig in höchsten Sphären schwebt, kurz: Er besingt das Idealbild. Tannhäuser hält es da mehr mit dem Körper und singt das Hohe Lied der sinnlichen Liebe. Das weckt Widerspruch, man zückt die Schwerter, schon stürzen sich die Ritter auf den Agent provocateur, Wolfram versucht zu vermitteln, der Widerstand reizt aber Tannhäuser und er bekennt, im Venusberg gewesen zu sein. Jetzt ist natürlich der Teufel los, alles stürzt sich auf ihn und die Oper wäre zu Ende, würfe sich nicht Elisabeth zwischen die Ritter und Tannhäuser: »Haltet ein!« Gleich darauf hält sie ihre Gardinenpredigt: »Zurück von ihm! Nicht ihr seid seine Richter!« Tannhäuser soll – und nach einigem Zögern sind auch alle einverstanden, auch der Landgraf – nach Rom pilgern, dort beim Papst beichten und um Vergebung bitten. Weil es beim Weg über die Alpen kalt werden kann, fällt schon mal der Vorhang, damit Tannhäuser auf diesem langen Weg einen Mantel hat.

DRITTER AKT

Das Tal der Wartburg wie im Ersten Akt

Elisabeth betet vor dem Marienbild, sie wartet auf Tannhäusers Rückkehr aus Rom. Tatsächlich kommen die Pilger, nur Tannhäuser ist nicht bei ihnen. Elisabeth ist verzweifelt und

will sich zurückziehen. Wolfram will sie trösten, sie lehnt das aber ab. Daraufhin singt Wolfram eine der schönsten Arien, die Wagner je geschrieben hat: »O du mein holder Abendstern«. Bevor es uns aber zu wohl wird, kreuzt Tannhäuser auf. Er sieht Wolfram und quatscht ein bisschen mit ihm, nein, er wolle nicht zurück, er suche den Weg in den Venusberg. Wolfram ist entsetzt, fragt aber trotzdem, ob er denn in Rom gewesen sei. Das ist der Moment, wo Wagner die Oper neu erfindet: Die »Rom-Erzählung« Tannhäusers gilt als die Geburtsstunde des Musikdramas, vorbei die Zeit der Arien vorne an der Bühnenrampe, willkommen in der Zeit, in der Musik, Text und Handlung zu einer Einheit verschmelzen, in der das eine das andere stützt, trägt und vorantreibt. Tannhäuser erzählt, dass er beim Papst war, dass der ihn aber mit dem Satz »Wie dieser Stab in meiner Hand nie mehr sich schmückt mit frischem Grün, kann aus der Hölle heißem Brand Erlösung nimmer dir erblühn!« entlassen habe und er deshalb nicht mehr auf Vergebung hoffen könne. Also wolle er zurück zu Venus. Wolfram redet ihm ins Gewissen, Venus erscheint und will Tannhäuser zu sich holen, Wolfram ruft den Namen Elisabeths aus, Tannhäuser steht wie gebannt, Venus gibt auf und Elisabeths Leiche wird auf die Bühne getragen, sie hat sich für Tannhäuser geopfert. Tannhäuser stirbt und die Pilger bringen den ergrünten Stab des Papstes mit. Tannhäuser ist erlöst.
Jetzt fällt der Vorhang – aber so was von endgültig!

HITS

Die Ouvertüre. Ein feines Stück Musik, das ja gerne zu feierlichen Anlässen konzertant gegeben wird. Sie hat aber auch eine Steigerung, die ihresgleichen sucht. Da zeigt sich halt der große Meister in Dramaturgie, Wagner hatte es im kleinen Finger, Menschen an die Hand zu nehmen und sie nicht mehr loszulassen. Meine Lieblingsstelle als Kind war relativ am Anfang der Ouvertüre, nachdem so zauberhaft die Celli eingestiegen waren, die Stelle, an der die Geigen rhythmisch werden, und natürlich dann das Forte, das die Geigen mit ihren Achtel-Figuren umspielen, da blieb mir immer die Luft weg. Es hagelt in dieser Ouvertüre aber auch von musikalisch originellen Einfällen, das ist immer wieder faszinierend. Es ist eine der ganz großen romantischen Ouvertüren, den großen Franzosen wie dem Berliner Meyerbeer in nichts nachstehend. Die Franzosen hätten hingerissen sein müssen von diesen ersten zwanzig Minuten, sie hätten den Rest einfach durchwinken können. Mindestens 18 Gault-Millau-Punkte, oder?!

Ein Hit ist auch der Übergang vom Heldischen der Ouvertüre zur Erotik der ersten Szene, die immer wieder vom kleinen Erschrecken der Streicher unterbrochen wird, die kommentieren, wie dünn das Selbstbewusstsein der Venus ist und wie hoch ihre Angst, Tannhäuser zu verlieren.

Tja, dann kommt »Dir töne Lob!«, da verlangt Wagner »seinem« Tenor einiges ab (ohne gute Zwerchfelltechnik ist der Aufstieg der Melodie schon zu Beginn dieser Arie nicht wirklich zu bewältigen). Und nach dem Flop »Geliebter, komm! Sieh dort die Grotte!« (siehe »Flops«) und Tannhäusers Antwort darf Venus endlich auch ihrer Seele Flügel verleihen: »Zieh hin, Wahnbetörter!« – das ist wunderbar, explosiv und damit ungeheuer erotisch. Das bleibt auch so im Höhenflug bis zum letzten Ton der ersten Szene.

Natürlich ist der in der zweiten Szene des ersten Aktes auftauchende Pilgerchor ein Hit, das konnte Wagner, Männerchöre auf die Bühne bringen, toll!

Auch der zweite Akt geht gleich mit einem Riesenhit los: »Dich, teure Halle, grüß ich wieder«, Elisabeth in der Sängerhalle. Kein Opernwunschkonzert von einigem Anspruch, in dem diese Arie nicht vorkäme, gleich hinter »Flieg Gedanke«, der ewigen Verdi-Chor-Granate, und das vollkommen zu Recht. Es ist einfach meisterhafte Musik und jeder Sopran, der sie bewältigt, dankt Wagner für diese Arie. Schön. Was hätten wir sonst noch in diesem zweiten Akt? Natürlich: das Treffen von Elisabeth und Tannhäuser, das Aufflammen der alten Liebe. Hier noch nicht so unendlich raffiniert wie im »Tristan«, aber schon auch zum Genießen. Wollte man die Liebesszenen der beiden Opern miteinander vergleichen, so müsste man anerkennen, dass Wagner den Ton der agierenden Personen im »Tannhäuser« fast besser getroffen hat als im »Tristan«, denn: Im Tristan ist es die Wucht der Urkraft Liebe (obendrein noch durch den Liebestrank, also einer psychedelischen Droge, gepuscht), die in Worten und Musik durchbricht, im »Tannhäuser« aber treffen die unschuldige, naive Jungfrau, die die Reinheit der Liebe verkörpert, und der abgefeimte Tannhäuser, der Sex, Drugs und Rock 'n' Roll bis zum Überdruss ausgekostet hat, der also das Gegenteil von unschuldig ist, aufeinander und Wagner schafft es, den Zuhörer diese Unterschiede spüren zu lassen. Ich finde, diese Szene ist ganz hohe Kunst des Schauspiels und der dramatischen Musik. Respekt!

»Blick ich umher in diesem edlen Kreise« – man merkt an jeder Zeile, jedem Ton, was für ein Fan von Wolfram von Eschenbach Wagner gewesen sein muss. Er behandelt ihn mit so viel Liebe und Gefühl, dass es eine Freude ist. Diese Arie ist so – jetzt schreib ich mal ein Wort, das in unserer Zeit extrem verpönt ist, gleichwohl ist es schön – innig, dass ich gleich ganz bei mir bin. Selbst Sänger mit beschleunigtem Timbre (ich will jetzt keine Namen nennen) kriegen den Zauber dieser Arie nicht weggezittert, so fein hat sie Wagner komponiert!

Hit ist natürlich auch Tannhäusers »O Wolfram, der du also sangest«. Nicht nur wegen der Musik, sondern weil Tannhäuser natürlich völlig recht hat: Vom Hohen Lied der Liebe sind noch keine Kinder auf die Welt gekommen. Tannhäuser rückt also die Dinge zurecht und Wagner zeigt, wo er eigentlich steht: im Diesseits und im Leben – auch wenn ihm für das Jenseits dieses Lebens wundervolle Musik eingefallen ist! Natürlich ist das anschließende »Outing« Tannhäusers, in dem er zum Einzug in den Berg der Venus aufruft, ein Hit. Klar. Es ist aber auch ein Flop – s. dort.

Der Rest der Szene ist bewährter Wagner: Er ist der Meister des aggressiven Tohuwabohus und alle, die auf der Bühne stehen, dürfen in gewählten Noten ihrer Entrüstung Ausdruck verleihen. Ja, das kann er gut, der Richard! Supi!

Und weil Wagner sein Leben lang ein ganz ganz großes Herz für Frauen hatte und schon auch ein Frauenversteher war, findet er für die große Arie der Elisabeth »Zurück von ihm« auch die richtigen Töne: ein Hit par excellence!

Einen Eins-a-Hit finde ich auch eine Zeile, die Tannhäuser zu singen hat: Nachdem also klar ist, dass er nicht erschlagen wird, sondern auf Fürbitte seiner Elisabeth als Büßer nach Rom pilgern soll, um beim Papst Vergebung zu finden, darf er singen: »Doch will ich büßend wallen, zerschlagen meine Brust, im Staube niederfallen – Zerknirschung sei mir Lust!« Ich meine: Geht's noch? Tannhäuser, der im Venusberg der Lust verfallen war, zieht auch aus dem Bußgang noch Lust? Das ist der Hammer! Haben denn Elisabeth, der Landgraf und die ganzen Fürstlichkeiten nicht gemerkt, was für eine Lust sie dem bösen Tannhäuser mit dieser Strafe auferlegen? Ich behaupte ja seit Jahrzehnten: Zur Lust gehört Schmerz, wer den aber liebt, den darf man nicht bestrafen, es würde ihm nur neue Lust bescheren!

Im dritten Akt geht es mir so: Es ist mir egal, was vorher kommt und was danach, es gibt ein ganz großes Highlight und das ist »O du mein holder Abendstern«. Das ist einer der schönsten musikalischen Einfälle, die Wagner jemals hatte, dreieinhalb Minuten entrückter Musik, die nicht von dieser

Welt ist. Bariton und Celli – eine Mischung, die sowieso unschlagbar ist, und in seiner Kürze von einer solch geballten Emotionalität, dass es einem ganz anders wird. Danke, Wagner, es gibt Komponisten, die mit einem einzigen solchen Einfall ein ganzes Leben finanzieren konnten, Du hast es eben mal so hingestreut und es ist ein ewiges Geschenk.
Ja gut, die Rom-Erzählung, natürlich ein Hit. Aber mehr, wie ich finde, aus musikhistorischen Gründen, denn hier ist die Geburtsstunde des Musikdramas, also der Musik, die die Einheit mit dem Wort erreicht und eben nicht nur »Nummernmusik« ist. Sei's drum: vielleicht bin ich zu einfach gestrickt, um hier in alle Winkel folgen zu können: Der Abendstern zieht mir die Schuhe aus, die Rom-Erzählung noch nicht mal die Socken.

FLOPS

Es guckt in der Ouvertüre einfach zu oft Carl Maria von Weber über die Schulter, da hat Wagner gar nicht zimperlich der »Aufforderung zum Tanz«, dem »Oberon« und dem »Freischütz« nachgehorcht. Eine Art Flop ist natürlich auch, dass Wagner schon in der Ouvertüre exorbitant viel vom Orchester verlangt. Wenn die Musiker sie gut hingehauen haben, sind die doch erst mal fertig mit der Welt, da geht die Oper aber erst richtig los! Ich möchte nicht wissen, wie sie damals im 19. Jahrhundert geklungen hat und wie die Musiker überhaupt weiterspielen konnten. Wäre hübsch, das hören zu können!
Für mich ist ein kleiner Flop »Geliebter, komm! Sieh dort die Grotte«, die Töne, mit denen Venus ihren Tannhäuser zurückzuholen versucht. Ich glaube, wenn sie mir so gekommen wäre, mit dem Flötenjesäusels und dem allem, ich wäre erst recht laufen gegangen. Das ist mir wirklich – auch für die damalige Zeit – zu süßlich. Auch wenn es schön ist, ist es

mehr die Schönheit der Gartenlaube. Wagner hat für die Kraft der Verführung ganz andere Töne gefunden, er ist vielleicht der größte Meister der Verführungsmusik überhaupt, aber diese Passage hat höchstens den Rang einer Fingerübung. Sorry Wagnerianer, auch wenn es eine dankbare Partie für einen Mezzo ist, diese Passage lässt zu wünschen übrig. Dagegen wirkt Tannhäusers »Stets soll nur dir, nur dir mein Lied ertönen« ja geradezu wie die Antwort eines Heavymetallers, ehrlich!

Ein Flop ist auch der Hirtenknabe, also das, was er zu singen hat. Mein lieber Herr Wagner, den Hirtenknaben müssen Sie mir erst mal zeigen, der eine so komplizierte Melodie mit derartigen harmonischen Abgründen hinkriegen würde. Selbst ein Wiener Sängerknabe hat da alle seine Fähigkeiten zusammenzukratzen, also das nenne ich eine Überforderung des Kindes und eine Überforderung der Glaubwürdigkeit, denn es soll ja realistisch sein, gell, Herr Wagner, zumindest haben Sie das ja immer wieder betont, dass Sie die Wirklichkeit der alten Zeit uns Deutschen nahebringen wollen ...

Na ja, und das Ende des ersten Akts zieht sich ein bisschen. Ich spüre den Drang zum Großen in der Szene, in der Musik, in den edlen Rittern, aber er bleibt kurz vor dem Zielband in der Luft hängen. Gut, man könnte es auch positiv ausdrücken: Genau in diesem Schluss des ersten Akts zeigt sich, dass aus Wagner noch mal was werden wird!

Ich finde ja auch die Einleitung des Sängerkriegs eher einen Flop als einen Hit, weil: »Schon nahen sich die Edlen meiner Lande« kommt mir ein bisschen zu naiv daher und das instrumentale Vorspiel vor dem »Freudig begrüßen wir die edle Halle« ist eine – wie ich finde – unglaubliche Melange aus Bellini, Rossini (dem Wagner ja immer wieder ganz verfallen war, wie er selber bekannte) und Weber, auf die man getrost verzichten könnte. Außerdem: Alle warten auf den Sängerkrieg, wozu sie also mit einem derartig sich hinziehenden Intro langweilen. Sei's drum, die Hits kommen ja.

Es gibt ja einige große Stellen in der Opernliteratur, die gleichzeitig Flops sind. »O namenlose Freude« im »Fidelio« ist so ein Fall: Musikalisch wunderbar, aber wenn man das singen muss, verknoten sich die Stimmbänder mit dem Zäpfchen und die Sänger stolpern über das eigene Gebinde. Beethoven hat einfach keine Rücksicht darauf genommen, dass Menschen seine Musik singen müssen, es war ihm egal. Wer lässt denn sonst wie in der Neunten Sinfonie Choristinnen eine Stunde herumstehen, ohne dass sie sich einsingen dürfen, und dann müssen sie mit dem hohen a brillieren – das ist nackter Sadismus. Ähnlich Wagner im Sängerkrieg: Voller Emphase muss Tannhäuser sein Bekenntnis zu Venus singen: »Dir, Göttin der Liebe, soll mein Lied ertönen«, und muss das mit Stimmbandbrechern tun, die sich gewaschen haben. »Dir, Gö – höt – tin der LIIIlebe«, das ist ohne Zwerchfellbruch und Luftröhrenperforation kaum zu machen. Singt man es korrekt, kann es nicht so klingen, dass es glaubwürdig ist, also muss man es schleifen – dann ist es aber nicht mehr notengetreu. Es ist ein bisschen wie bei Gretchens Gebet im »Faust«: »Ach neige, du schmerzensreiche …« – das reimt sich nicht, sollte es aber. Also wie retten sich die Diven des großen Schauspiels? Sie schmieren mit Geschwindigkeit drüber hinweg: »Ach Nei…e du schmerzensrei..e« – und schon ist der Fisch gegessen. (Man müsste es so sprechen, wie Goethe gesprochen hat, dann stimmt es alles wieder: »Ach na-ische du schmezzensraische«.) Also, lieber Richard Wagner, da ist der Instrumental-Gaul mit Ihnen durchgegangen, und das ist schade, denn diese Arie ist so etwas wie der zentrale Moment in dieser Oper.

Nach »O du mein holder Abendstern« kribbelt es mir immer in den Füßen: Ich habe Hunger, die Oper zieht sich jetzt, bis der Vorhang fällt, und wenn ich einen Platz im Restaurant gegenüber der Oper bekommen möchte, müsste ich jetzt gehen und täte es auch am liebsten, auch wenn am Ende noch mal das Motiv des Pilgerchors und die achtelnden Geigen kommen, mich drängt es mehr zum Achtele.

OBACHT

Wir bewegen uns im »Tannhäuser« auf hohem musikalisch-technischem, gesangstechnischem und darstellerischem Niveau. Man braucht Sängerinnen und Sänger, die über satte Technik verfügen, insbesondere der Tannhäuser-Darsteller, aber auch die anderen Ritter auf der Bühne dürfen keine Asterix-, noch überhaupt Comic-Assoziationen auslösen, wenn sie mit ihren Schwertern durch die Gegend hauen, das Orchester hat wirklich alle Hände voll zu tun, diese Oper niveauvoll zu musizieren, es ist schon Kunst auf höchster technischer Ebene (fragen Sie mal die zweiten Geigen, die werden Ihnen sagen: Schlimmer als Rossini!), kurz: Diese große romantische Oper von Wagner effizient auf die Bühne zu stellen erfordert ausgebuffte Profis vom Allerfeinsten. Von den Chören ganz zu schweigen: Wenn man den Pilgerchor, wie es in Bayreuth war, von hinten auftreten lässt, dann kann es sein, dass die den Einsatz nicht richtig mitkriegen und dass sie dann einen ganzen Takt zum Orchester verschoben sind, wenn sie endlich auf der Bühne stehen. Das war ein tolles Erlebnis – Wagner asynchron, super!

DER KLEINE OPERNTÄUSCHER

Warum nicht gleich das Original? Ich meine: Wir (ich bin Jahrgang 1945) haben längere Gedichte auswendig lernen müssen. Wenn Sie sich aber dieses Teil ins Hirn schieben und in der Pause einfach mal zehn oder zwanzig Zeilen daraus zitieren: Sie werden die Heldin/der Held des Abends sein!

Achim von Arnim
Des Knaben Wunderhorn
Erster Band

DER TANNHÄUSER

Nun will ich aber heben an,
Vom Tannhäuser wollen wir singen,
Und was er wunders hat gethan,
Mit Frau Venussinnen.
Der Tannhäuser war ein Ritter gut,
Er wollt groß Wunder schauen,
Da zog er in Frau Venus Berg,
Zu andern schönen Frauen.
»Herr Tannhäuser, Ihr seyd mir lieb,
Daran sollt Ihr gedenken,
Ihr habt mir einen Eid geschworen,
Ihr wollt nicht von mir wanken.«
»Frau Venus, ich hab' es nicht gethan,
Ich will dem widersprechen,
Denn niemand spricht das mehr, als Ihr,
Gott helf mir zu den Rechten.«
»Herr Tannhäuser, wie saget Ihr mir!
Ihr sollet bey uns bleiben,
Ich geb Euch meiner Gespielen ein,
Zu einem eh'lichen Weibe.«
»Nehme ich dann ein ander Weib,
Als ich hab in meinem Sinne,
So muss ich in der Höllen-Gluth,
Da ewiglich verbrennen.«
»Du sagst mir viel von der Höllengluth,
Du hast es doch nicht befunden,

Gedenk an meinen rothen Mund,
Der lacht zu allen Stunden.«
»Was hilft mich Euer rother Mund,
Er ist mir gar unmehre,
Nun gib mir Urlaub Frau Venus zart,
Durch aller Frauen Ehre.«
»Herr Tannhäuser, wollt Ihr Urlaub han,
Ich will Euch keinen geben,
Nun bleibet edler Tannhäuser zart,
Und frischet Euer Leben.«
»Mein Leben ist schon worden krank,
Ich kann nicht länger bleiben,
Gebt mir Urlaub Fraue zart,
Von Eurem stolzen Leibe.«
»Herr Tannhäuser nicht sprecht also,
Ihr seyd nicht wohl bey Sinnen,
Nun lasst uns in die Kammer gehn,
Und spielen der heimlichen Minnen.«
»Eure Minne ist mir worden leid,
Ich hab in meinem Sinne,
O Venus, edle Jungfrau zart,
Ihr seyd ein Teufelinne.«
»Tannhäuser ach, wie sprecht Ihr so,
Bestehet Ihr mich zu schelten?
Sollt Ihr noch länger bei uns seyn,
Des Worts müsst Ihr entgelten.
Tannhäuser wollt Ihr Urlaub han,
Nehmt Urlaub von den Greisen,
Und wo Ihr in dem Land umbfahrt,
Mein Lob das sollt Ihr preisen.«
Der Tannhäuser zog wieder aus dem Berg,
In Jammer und in Reuen:
»Ich will gen Rom in die fromme Stadt,
All auf den Pabst vertrauen.

Nun fahr ich fröhlich auf die Bahn,
Gott muss es immer walten,
Zu einem Pabst, der heißt Urban,
Ob er mich wolle behalten.
Herr Pabst Ihr geistlicher Vater mein,
Ich klag Euch meine Sünde,
Die ich mein Tag begangen hab,
Als ich Euch will verkünden.
Ich bin gewesen ein ganzes Jahr,
Bey Venus einer Frauen,
Nun will ich Beicht und Buß empfahn,
Ob ich möcht Gott anschauen.«
Der Pabst hat einen Stecken weiß,
Der war vom dürren Zweige:
»Wann dieser Stecken Blätter trägt,
Sind dir deine Sünden verziehen.«
»Sollt ich leben nicht mehr denn ein Jahr,
Ein Jahr auf dieser Erden,
So wollt ich Reu und Buß empfahn,
Und Gottes Gnad erwerben.«
Da zog er wieder aus der Stadt,
In Jammer und in Leiden:
»Maria Mutter, reine Magd,
Muss ich mich von dir scheiden,
So zieh ich wieder in den Berg,
Ewiglich und ohn Ende,
Zu Venus meiner Frauen zart,
Wohin mich Gott will senden.«
»Seyd willkommen Tannhäuser gut,
Ich hab Euch lang entbehret,
Willkommen seyd mein liebster Herr,
Du Held, mir treu bekehret.«
Darnach wohl auf den dritten Tag,
Der Stecken hub an zu grünen,

Da sandt man Boten in alle Land,
Wohin der Tannhäuser kommen.
Da war er wieder in den Berg,
Darinnen sollt er nun bleiben,
So lang bis an den Jüngsten Tag,
Wo ihn Gott will hinweisen.
Das soll nimmer kein Priester thun,
Dem Menschen Mistrost geben,
Will er denn Buß und Reu empfahn,
Die Sünde sey ihm vergeben.

DIVERSES

Hab ich jetzt nicht direkt zu berichten, ich meine: Es ist alles gesagt!

BEWERTUNGEN

Magie	So wirklich in ihren Bann zieht uns die Handlung nicht, sie ist zu durchsichtig.
Erotik	Wenn nicht diese Oper, welche dann?
Fazzoletto	»O du mein holder Abendstern«, mehr haben wir nicht zum Weinen.
Gewalt	Da wird zwar mit Schwertern gefuchtelt, aber es ist wie im Spruch: »Früher, als alles noch aus Holz war!«

Gähn	Zwischendurch zieht es sich!
Moral	Weil das Gute halt siegt, obwohl das andere schöner wäre
Ewigkeit	Es gibt ewigere Opern, kein Zweifel.
Gourmet	Gute Qualität, aber »Luft nach oben«

GESAMTWERTUNG

Für mehr ist sie zu deutsch, für weniger zu gut.

Lohengrin

Romantische Oper in drei Akten

Text: Richard Wagner

»Kaum war ich um die Mittagszeit in mein Bad gestiegen [!!], als ich von solcher Sehnsucht, den ›Lohengrin‹ aufzuschreiben, ergriffen ward, dass ich, unfähig, die für das Bad nötige Stunde abzuwarten, nach wenigen Minuten bereits ungeduldig heraussprang, kaum die Zeit zum ordentlichen Wiederankleiden mir gönnte und wie ein Rasender in meine Wohnung lief, um das mich Bedrängende zu Papier zu bringen. Dies wiederholte sich mehrere Tage, bis der ausführliche szenische Plan des ›Lohengrin‹ ebenfalls niedergeschrieben war.«

Wagner in »Mein Leben«

ENTSTEHUNGSGESCHICHTE UND URAUFFÜHRUNG

Aus dem ganzen Gewusel der mittelalterlichen Stoffe, mit denen sich Wagner seit Ende der 1830er-Jahre beschäftigte, trifft die Lohengrin-Sage sein innerstes Interesse. »Lohengrin, ein altdeutsches Gedicht, nach der Abschrift des Vaticanischen Manuskriptes von Ferdinand Gloeckle«, herausgegeben von Joseph von Görres, Heidelberg 1813, war der Leitfaden, der ihn durch das kleine Labyrinth des Lohengrin-Stoffes führte. In Marienbad, wo er zur Kur weilte, schrieb er innerhalb weniger Tage die Urfassung des Textes nieder, ich darf auch da aus »Mein Leben« zitieren:
»Wieder war ich auf dem vulkanischen Boden dieses merkwürdigen und für mich immer anregenden Böhmen; ein wundervoller, fast nur zu heißer Sommer diente zur Nah-

rung meiner inneren Heiterkeit. Ich hatte mir vorgenommen, mich der gemächlichsten Lebensweise, wie sie andrerseits für die sehr aufregende Kur unerlässlich ist, hinzugeben. Sorgsam hatte ich mir die Lektüre hierzu mitgenommen: die Gedichte Wolfram von Eschenbachs in der Bearbeitung von Simrock und San Marte, damit im Zusammenhang das anonyme Epos vom Lohengrin mit der großen Einleitung von Görres. Mit dem Buche unter dem Arm vergrub ich mich in die nahen Waldungen, um am Bache gelagert mit Titurel und Parzival in dem fremdartigen und doch so innig traulichen Gedichte Wolframs mich zu unterhalten. Bald regte aber die Sehnsucht nach eigener Gestaltung des von mir Erschauten sich so stark, dass ich, vor jeder aufregenden Arbeit während des Genusses des Marienbader Brunnens gewarnt, Mühe hatte, meinen Drang zu bekämpfen. Hieraus erwuchs mir eine bald beängstigend sich steigernde Aufregung: Der Lohengrin, dessen allererste Konzeption schon in meine letzte Pariser Zeit fällt, stand plötzlich vollkommen gerüstet mit größter Ausführlichkeit der dramatischen Gestaltung des ganzen Stoffes vor mir.«

Am 3. August 1845 stand dann der Text, im November kamen ein paar kleine Änderungen dazu, die Komposition zog sich ein bisschen: Sie war »erst« Ende April 1848 vor dem Schlussakkord.

Die Uraufführung sollte in Dresden sein, das aber war aussichtslos: Wagner hatte sich 1848 auf die Barrikaden gewagt und war ab da steckbrieflich gesuchter Terrorist. Er floh, wie viele nach ihm auch, in die Schweiz. Dort stand er am 28. August 1850 zeitgleich zur trotz allem stattfindenden Uraufführung in Weimar unter Franz Liszt auf der Terrasse des Hotels »Zum Schwan« in Luzern, hielt eine Uhr in der Hand und verfolgte quasi virtuell mit seiner Gattin Minna die Aufführung. Blöd nur: Er war früher am Ende als Liszt, weil Liszt langsamere Tempi als abgesprochen ge-

wählt hatte. Hat aber keiner gemerkt, Skype gab es ja noch nicht.
Beim Premierenpublikum hat die Uraufführung keinen besonderen Eindruck hinterlassen: Sie war kein Flop, sie war kein Erfolg, die Oper – um mit einem Bonmot von Camille Saint-Saens zu sprechen – dauerte einfach nur. Erst als Jahre später Ludwig II. die Oper hörte und von ihr hingerissen war, setzte sich «Lohengrin« durch – gerne in opulenten Deko-Inszenierungen à la Neuschwanstein.

PERSONEN

Heinrich der Vogler, deutscher König	Bass
Lohengrin	Tenor
Elsa von Brabant	Sopran
Herzog Gottfried, ihr unmündiger Bruder	stumme Rolle
Friedrich von Telramund, brabantischer Graf	Bariton
Ortrud, seine Gemahlin	Mezzosopran
Der Heerrufer des Königs	Bariton
Vier brabantische Edle	2 Tenöre
	2 Bässe
Vier Edelknaben	2 Soprane
	2 Alte

Sächsische und thüringische Grafen und Edle
Brabantische Grafen und Edle
Edelfrauen
Edelknaben
Mannen
Frauen
Knechte

ORCHESTERBESETZUNG

3 Flöten
3 Oboen, davon ein Englischhorn
3 Klarinetten, davon eine Bassklarinette
3 Fagotte
4 Hörner
3 Trompeten
3 Posaunen
Basstuba
Pauken
Becken
Triangel
Tamburin
Harfe
Streicher

BESONDERHEITEN

Bühnenmusiken:
4 Trompeten (1. Akt)
3 Flöten
3 Oboen
3 Klarinetten
2 Fagotte
3 Hörner
3 Trompeten
3 Posaunen
Pauken
Becken
(alle 2. Akt, 1. Szene)
4 Trompeten (2. Akt, 3. und 4. Szene)

10 Trompeten
Orgel
(2. Akt, 5. Szene)
3 Flöten
2 Oboen
2 Klarinetten
3 Fagotte
4 Hörner
2 Trompeten
Triangel
Harfe
(3. Akt, 1. Szene)
4 Trompeten
4 Posaunen
(3. Akt, 2. Szene)
12 Trompeten
Rührtrommel
(3. Akt, 3. Szene)

DAUER

ca. 3 ½ Stunden

HANDLUNG

Antwerpen, erste Hälfte des 10. Jahrhunderts

ERSTER AKT

Eine Aue am Ufer der Schelde bei Antwerpen. Der deutsche König (»in echt« Heinrich I., 876–937) sitzt unter der Gerichtseiche, von sächsischen Edlen umgeben. Gegenüber hat sich der brabantische Hof versammelt, an seiner Spitze Graf Friedrich von Telramund und dessen Frau, Ortrud.

Der König malt das übliche Untergangsszenario an die Wand, wie es alle Mächtigen tun, wenn es ihnen an den Kragen geht. Die Ungarn seien es, die das Land bedrohen, und schon darf er die erste Arie singen mit einem Text, der seit Jahrtausenden immer derselbe ist:
»Nun ist es Zeit, des Reiches Ehr zu wahren;
ob Ost, ob West, das gelte allen gleich.
Was deutsches Land heißt, stelle Kampfesscharen,
dann schmäht wohl niemand mehr das Deutsche Reich!«
Zum Glück – bevor es ganz in die AfD abdriftet – fährt Telramund privates Geschütz auf: Der Herzog von Brabant, sein Vorgänger, habe ihm seine beiden Kinder, Gottfried und Elsa, anvertraut. Elsa aber habe ihren Bruder Gottfried umgebracht, um mit ihrem Lover die Macht an sich zu reißen. Der König, der – wie übrigens alle auf der Bühne – nicht so recht weiß, wohin mit seinem Schild, hängt diesen an einen Baum und ruft Elsa, die Brudermörderin, vor Gericht. Auf die Frage, ob sie denn verstehe, wessen sie angeklagt sei, antwortet sie nur: »Mein armer Bruder«, was ja nicht wirklich eine gelungene Verteidigung ist. Alles wundert sich, was man daran sieht, dass die Sänger vom Chor heftigst die Köpfe schütteln. König Heinrich gibt keine Ruhe: »Sag', Elsa! Was hast du mir zu vertraun?«
Sie faselt aber nur völlig verpeilt von einem Traum, in dem ihr ein Ritter erschienen sei, der sie getröstet habe. Von ihm wolle sie verteidigt werden.
Na super. Alles will jetzt das Gottesgericht. Als der König es schließlich ausruft: »Gott allein soll jetzt in dieser Sache noch entscheiden!«, herrscht allgemeiner Jubel.
Telramund steigt als Kläger in den Ring. Jetzt ist aber die Frage: Wer soll für Elsa kämpfen? Sie faselt wieder etwas vom Ritter, der aus den Lüften komme, was wirklich ein bisschen vage ist.
Der erste Ruf des Herolds: »Wer hier im Gotteskampf zu

streiten kam für Elsa von Brabant, der trete vor«, verhallt, aber keiner tritt vor.

Elsa bittet um einen nochmaligen Trompetenstoß, der erfolgt, bleibt aber zunächst ebenfalls ohne Erfolg. Um die Zeit ein bisschen zu strecken, kniet sich Elsa hin und betet. Die Frauen des Chors beten ebenfalls für sie und je nach Durchschnittsalter der Chordamen knien sie sich ebenfalls hin: »Herr! Sende Hilfe ihr!« Was sollen sie sonst auch sagen, bis endlich – die Kenner wissen es bereits – Bewegung ins Volk kommt: Der Schwan taucht auf und zieht das Bötchen, in dem Lohengrin steht. Auf diesen Moment freut sich natürlich der Theaterfreak: Wie sieht der Schwan aus? Sieht er wirklich aus wie ein Schwan? Ist er nur eine Lichtprojektion? Oder ist er ein Panzerspähwagen? Fragen über Fragen und eine große Herausforderung an das Regietheater, denn wie auch immer der Schwan aussieht: Er muss ja glaubhaft die Verwandlung in Gottfried darstellen können.

Wie auch immer: Jetzt kommt noch nicht das »Nie sollst du mich befragen«, jetzt kommt der fremde Ritter erst mal an und schmettert »Nun sei bedankt, mein lieber Schwan« – ein seeeeeehr dankbarer Auftritt für einen Wagner-Tenor! Und gleich geht es in die Vollen: ob Elsa ihn, wenn er denn für sie kämpft und gewinnt, heiraten wird?

Sie: »Wie ich zu deinen Füßen liege, geb' ich Dir Leib und Seele frei« – na, wenn das nicht artgerechte Haltung ist, oder?!

Er aber kommt nun mit der größten Forderung – und auf diese Stelle warten alle Hit-Fans:

»Elsa, soll ich dein Gatte heißen,
soll Land und Leut' ich schirmen dir,
soll nichts mich wieder von dir reißen,
musst eines du geloben mir:
NIE SOLLST DU MICH BEFRAGEN,
noch Wissens Sorge tragen,

woher ich kam der Fahrt,
noch wie mein Nam' und Art.«
Ein bisschen blauäugig schien mir diese Forderung immer schon, aber gut, nun ist sie gestellt und das Schicksal nimmt seinen Lauf. Natürlich schwört Elsa alle Eide, dass sie niemals die Frage nach seiner Herkunft stellen würde.
Also schreitet man zum Gottesgericht. Die Brabanter versuchen zwar, ihren Telramund vom Kampf abzuhalten, weil er gegen einen offensichtlich von Gott Gesandten eh nichts ausrichten könne, aber Telramund ist kein Weichei: lieber sterben als für feige gehalten werden. Na denn.
Alle beten für den Sieg der Gerechtigkeit, und wir freuen uns darauf, zu sehen, ob die beiden Opernsänger da oben auch ein bisschen Fechtunterricht genommen haben, was meistens nicht der Fall ist. Sollte es aber gut anzuschauen sein: Bitte spenden Sie Szenenapplaus, das freut die beiden ganz bestimmt!
Es geht natürlich aus, wie es ausgehen muss. Lohengrin haut den Telramund weg, verschont aber sein Leben:
»Durch Gottes Sieg ist jetzt dein Leben mein.
Ich schenk' es dir! Mögst du der Reu' es weih'n!«
Jubel allenthalben, selbst der Vorhang verliert die Fassung und fällt.

ZWEITER AKT

In der Burg von Antwerpen

(In der Mitte hinten der Palas – die Ritterwohnung; links im Vordergrund die Kemenate – die Frauenwohnung; auf der anderen Seite die Pforte des Münsters, dahinter das Turmtor).

Die dunkle Seite der Macht steht auf der Bühne rum und giftet sich an: Ortrud und Telramund. Drinnen läuft die Siegesfeier, Telramund ist depri:

»Erhebe dich, Genossin meiner Schmach!
Der junge Tag darf hier uns nicht mehr sehn!«
Er hat verloren, er fühlt sich geächtet und muss Antwerpen verlassen.
Ortrud aber ist ganz anders drauf: Sie will kämpfen und weiß auch schon wie. Aber erst muss sie sich Vorwürfe ihres Mannes anhören, sie sei es, die ihn ins Unglück schickt, denn sie habe ihn zur Anzeige gegen Elsa angestiftet, weil sie angeblich den Brudermord beobachtet hätte. Deshalb habe Gott ihn verlieren lassen.
Ortrud kontert sofort: „Ha, nennst du deine Feigheit Gott?«, und eröffnet ihm ihren Plan. Man müsse Elsa dazu bringen, ihm die verbotene Frage zu stellen, dann sei die Kraft des geheimnisvollen Ritters dahin. Und sollte das nicht klappen, hat sie noch einen Plan B: die schwarze Magie. Eine kleine Wunde, dem Ritter heimlich zugefügt, könne ebenfalls den Zauber um den Ritter brechen. Telramund ist begeistert und beide schwören Rache.
Elsa erscheint auf dem Balkon. Sie bedankt sich bei den Lüften, die ihr den Ritter gebracht haben. Ortrud schickt Telramund weg, Elsa ist ihre Sache, er kann sich ja dann um ihren Ritter kümmern.
Ortrud ruft Elsa, heuchelt ihr Reue und Buße vor und tut das so geschickt, dass Elsa sie in ihre Wohnung bittet, sie will Ortrud helfen. Wie verpeilt kann man denn sein? Kein Wunder, dass diese Geschichte schlecht ausgehen muss! Bevor Elsa eintritt, darf Ortrud jedenfalls noch ihre Rachehymne singen: »Entweihte Götter! Helft jetzt meiner Rache!«
Elsa kommt, Ortrud kniet vor ihr und Elsa beschließt, Lohengrin um Gnade für Telramund zu bitten. Das ist der Moment, in dem Ortrud den giftigen Samen streut: Sie solle ihrem Glück nicht blind vertrauen. Wer durch Zauber komme, könne auch durch Zauber wieder gehen. Elsa hält ihr erst mal

das Hohe Lied der Treue und der Liebe, die keine Zweifel kennt, entgegen, wir wissen aber: Aha, es wirkt!

Der Tag bricht an, es soll ein besonderer werden: Heute heiratet der fremde Ritter, morgen wird er gegen die Feinde aus dem Osten in den Krieg ziehen. Vier Gefolgsleute von Telramund hören das nicht gerne und fragen sich, wer denn wohl die Macht dieses Ritters kontrollieren wird. Da kommt Telramund und meint zuversichtlich: »Ich!« Das wird aber im Moment nicht weiter verfolgt, denn jetzt kommt der Zug der Frauen, die Elsa in die Kirche bringen wollen.

»Gesegnet soll sie schreiten,
die lang in Demut litt!
Gott möge sie geleiten,
Gott führe ihren Schritt!«

So singt die begeisterte Bevölkerung, und wir freuen uns mit, weil die Musik an dieser Stelle sehr, sehr schön ist.

Da kommt Ortrud und legt los:

»Wenn falsch Gericht mir den Gemahl verbannte,
war doch sein Nam' im Lande hochgeehrt;
als aller Tugend Preis man ihn nur nannte,
gekannt, gefürchtet war sein tapfer Schwert.
Der deinem, sag', wer sollte hier ihn kennen,
vermagst du selbst den Namen nicht zu nennen!«

Und weiter tropft sie Zweifel in die angeschlagene Elsa:

»Kannst du ihn nennen? Kannst du uns es sagen,
ob sein Geschlecht, sein Adel wohl bewährt?
Woher die Fluten ihn zu dir getragen,
wann und wohin er wieder von dir fährt?
Ha, nein! Wohl brächte ihm es schlimme Not –
Der kluge Held die Frage drum verbot!«

Natürlich wehrt sich Elsa, dann kommt der König und der Zickenkrieg bricht ab.

Lohengrin und der König wollen Ortrud wegschicken, da

taucht Telramund auf, man solle ihn anhören. Alles ist entrüstet, was man daran sieht, dass die Männer mit den Schwertern auf ihre Schilde klopfen. Telramund läuft nun zu großer Form auf und klagt Lohengrin an:
»Den dort im Glanz ich vor mir sehe,
den klage ich des Zaubers an!« Er fragt ihn nach seinem Namen, seiner Herkunft und allem. Lohengrin weigert sich natürlich, darauf zu antworten (»Ja, selbst dem König darf ich wehren«), es gibt nur eine, der er antworten muss: Elsa von Brabant.
Während das Volk verwirrt ist und Zweifel hochkommen, geht Telramund noch weiter: Er bittet Elsa, und da wird's ein bisschen lächerlich:
»Lass mich das kleinste Glied ihm nur entreißen,
des Fingers Spitze ...«
Ortrud will ja damit Lohengrin entzaubern, sie soll es nachts tun, er sei in der Nähe, sie brauche ihn nur zu rufen und ihm die Fingerspitze zu geben. Fingerspitze! Also lieber Richard Wagner, das ist einfach too much, oder?! Fingerspitze? Eine so große Oper soll sich um eine Fingerspitze drehen? 3 ½ Stunden und das alles sollte dann mit einer Fingerspitze gelöst werden? Da spielt der Meister ein bisschen mit unserer Leichtgläubigkeit, oder?
Während der Zug zur Hochzeit in die Kirche schreitet, rafft auch der Vorhang das mit der Fingerspitze und fällt empört zu Boden.

DRITTER AKT

Das Brautgemach

Jetzt kommt endlich einer der ganz großen Wagner-Chöre, immer wieder gerne gesungen:
»Treulich geführt ziehet dahin,
wo euch der Segen der Liebe bewahr'!«

Zugegeben, ein etwas verquastes Deutsch, aber die Musik ist wunderschön.

Man geht und endlich ist das Brautpaar allein. Leider ist das nicht wirklich die ganz große Liebesszene, kein musikalischer Rausch der Hormone, wie es Wagner im »Tristan« so einmalig gelungen ist. Aber das geht auch nicht, weil Wagner weiß, dass wir unten im Parkett wissen, dass das Gift, das Ortrud der Verpeilten eingeträufelt hat, langsam zu wirken beginnt, also: Die ganz reine Liebe isses nicht. Und tatsächlich:

Lohengrin: »Elsa!«

Elsa: »Wie süß mein Name deinem Mund entgleitet!
Gönnst du des deinen holden Klang mir nicht?«

Und:

»Einsam, wenn niemand wacht
nie sei der Welt er zu Gehör gebracht!«

Er überhört im Liebestaumel die Frage, sie bohrt weiter:

»O mach mich stolz durch dein Vertrauen,
dass ich in Unwert nicht vergeh'.
Lass dein Geheimnis mich erschauen,
dass, wer du bist, ich offen seh'!«

Er wehrt ab, enthüllt aber immerhin so viel:

»Nicht komm ich aus Nacht und Leiden –
aus Glanz und Wonne komm ich her!«

Jetzt ist Elsa natürlich am Ende. Wenn er aus Glanz und Wonne kommt, wie kann sie ihn halten, wenn er wieder dahin zurückwill. Die Liebe hielte ihn, beteuert er, solange sie die Frage nicht stelle. Jetzt hält sie aber nichts mehr, der Satz mit »Glanz und Wonne« treibt sie in den Orkan ihrer Ängste:

»Ach, dich an mich zu binden,
wie sollt' ich mächtig sein?«

Und:

»Nichts kann mir Ruhe geben,

dem Wahn mich nichts entreißt,
als – gelt es auch mein Leben –
zu wissen, wer du seist!«

Lohengrin fällt nichts Besseres ein, als: »Weh uns, was tatest du!«

Da geht es auch schon los. Telramund stürmt mit den vier Edlen das Brautgemach, Elsa wirft ihrem Ritter das Schwert zu und der streckt mit einem Streich Telramund zu Boden (»Tragt den Erschlagenen vor des Königs Gericht«) und kündigt an, dass er dort seine Identität enthüllen werde.

Wir sind wieder auf der Aue am Ufer der Schelde, es wird Tag und alles schreitet auf die Bühne. Jetzt kommt großes Kino: Lohengrin erscheint. Er teilt den Damen und Herren mit, dass Elsa den Eid, ihn nie zu befragen, gebrochen habe: »Nun muss ich künden, wie mein Nam' und Art.«

Und dann kommt die große Erzählung seiner Herkunft (»In fernem Land, unnahbar euren Schritten«). Er erzählt von der Burg Montsalvat, wo ein Haufen edelster Ritter den Heiligen Gral hüten. Mit göttlicher Kraft ausgerüstet kümmern sie sich von dort aus um das Gute in der Welt.

»Vom Gral ward ich zu euch daher gesandt;
mein Vater Parzival trägt seine Krone,
sein Ritter ich – bin Lohengrin genannt.«

So, jetzt wissen es alle. Er sagt, dass er nun gehen muss, sie will ihn nicht gehen lassen, alle anderen natürlich auch nicht.

»O bleib und zieh' uns nicht von dannen!
Des Führers harren deine Mannen!«

Aber, was willste machen, es gibt keinen Kompromiss. Schon naht der Schwan und Lohengrin darf noch mal den großen Otto machen und die weltberühmte Arie singen:

»Mein lieber Schwan!
Ach, diese letzte, traurige Fahrt,
wie gern hätt' ich sie dir erspart!«

Es kommt aber noch dicker: Sie hätte, sagt Lohengrin zu Elsa, ihren Bruder lebendig wieder zurückbekommen, wenn sie beide ein Jahr lang miteinander gelebt hätten. Dann gibt er ihr sein Schwert, sein Horn und seinen Ring: Sie soll sie ihrem Bruder Gottfried geben, falls der auftauchen sollte. Ein Kuss noch, dann geht er ans Ufer, der Schwan verschwindet, eine Taube kommt und zieht den Nachen und in diesem Moment verwandelt sich der Schwan in Gottfried, den Bruder Elsas. Der kommt zu Elsa, alles kniet vor ihm, Elsa aber schaut Lohengrin nach (»Mein Gatte! Mein Gatte!«) und sinkt ihrem Bruder leblos in die Arme. Der Vorhang auch.

HITS

Ein Hit gleich vorneweg: Wagner hat seine Figuren so durchkomponiert, dass sie bestimmten Tonarten zugeordnet sind. Lohengrin und Elsa strahlen in A-Dur, Lohengrin obendrein durch die geteilten Geigenstimmen (im Jargon nennt man das »Divisi«) sehr ätherisch, himmlisch quasi, ein neckischer, ich möchte fast sagen, Kino-Effekt. Ortrud und Telramund bekommen das eher nebulöse, dunkle Fis-Moll zugeteilt, die Streicher und die Holzbläser sorgen für schwere Farben, und der König hat das Blech auf seiner Seite und das auch noch in C-Dur, also kein Kreuz, kein B, alles einfach, Blechmusik halt, damit kann da schon mal nicht viel passieren. Tatsächlich ist der König von seinem Charakter her auch eine eher neutrale Figur ohne große Risse, Kanten und Ecken. Die Zuteilung von A-Dur und Fis-Moll (was ja die Paralleltonart zu A-Dur ist) ermöglicht Wagner, die beiden Tonarten immer wieder zu durchmischen, was seiner Leidenschaft (und seinem Können!) entgegenkommt, das Innere der Figuren in Musik auszudrücken und so die Musik zur Handlung beitragen zu lassen. Und er spielt sehr virtuos damit!

Ein Hit ist auch, dass Wagner im »Lohengrin« seinem Ideal noch näher rückt: von der klassischen Nummernoper (auf die Inszenierung warte ich noch, in der vor jeder Arie ein sexy Nummerngirl über die Bühne trippelt mit der Zahl des jeweiligen Stückes, wär doch mal eine ganz neue Zauberflöte, oder?!) zum Text-Musik-Kontinuum, das ab da die Oper beherrschen wird.
Vorspiel: natürlich ein Hit. Jeder kennt es, wird oft gespielt, wunschkonzertkompatibel ohne Ende, und bei YouTube zigfach vertreten. Wenn Sie ein paar der Aufnahmen des Vorspiels anklicken, können Sie hören, wie hoch die technischen Anforderungen sind, die Wagner an die Musiker stellt: sehr hoch, sehr leise, da muss ein Geiger schon sehr intonationssicher sein, um nicht zu zittern und dadurch das ätherische Federkleid des Schwans zu zausen. Wenn es aber einwandfrei gespielt wird, ist es zweifellos ein Hit.
Ganz besonders gefällt mir der kleine Chor-Einschub »Ha, schwerer Schuld zeiht Telramund! Mit Graun werd' ich der Klage kund!«, nachdem Telramund mit seiner Beschuldigung, Elsa habe ihren Bruder gemeuchelt, aufgewartet hat. Was für ein schöner Augenblick. Überhaupt lohnt es sich, und auch das ist hitverdächtig, bei dieser Oper auf die kleinen Choreinwürfe zu hören, da sind wundervolle Juwelen dabei. Das ist schon sehr weit weg vom bis dahin eher üblichen Chorkommentar: »Er liebt sie« oder »Sie ist im Wahn, schaut hin« oder so. Und musikalisch sowieso.
Dann kommt Elsas großer Auftritt »Einsam in trüben Tagen« und wer gute Ohren hat, erkennt, dass da das Lohengrin-Motiv auftaucht, aha, denkt man sich, da hat Wagner ganze Arbeit geleistet.
Der große Teppich, den Wagner für die Ankunft Lohengrins entrollt, ist auch nicht von schlechten Eltern. (Übrigens: Dass »mein lieber Schwan!« zur Redensart geworden ist, ist natürlich auch ein Hit.)

Ziemlich raffiniert von Wagner ist, dass der Auftritt Lohengrins kein pompöser ist, sondern ein leiser: Er verabschiedet sich vom Schwan geradezu innig, das erhöht die Spannung. Dann natürlich:

»Nie sollst du mich befragen,
noch Wissens Sorge tragen,
woher ich kam der Fahrt,
noch wie mein Nam' und Art!«

Die Musik ist dabei wesentlich schlichter als das Deutsch, das Wagner Lohengrin in den Mund legt. Aber in verquastem Deutsch (auch für damalige Verhältnisse war es nicht gerade schlicht) war Wagner schließlich immer schon Weltmeister.

Und endlich ein grandioser Kontrast: die Einleitung zum zweiten Akt. Jetzt kommen endlich die dunklen Töne ins Ohr, die Musik, die das Drama ankündigt, wunderbar!

Überhaupt ist die erste Szene im zweiten Akt ein Hit: Düstere Spannung macht sich breit, die Celli und die Fagotte verbrüdern sich zu einem wundervollen Klangteppich mit dem Frage-Motiv inklusive. Großes Kino für die Augen und für die Ohren, dank des abgrundtief bösen Charakters der wundervollen Ortrud. Telramund ist gegen sie ein durch den Wald tappender Pfadfinder ohne jeden Durchblick! Wie man ja überhaupt mal anmerken kann: Auf der Suche nach fiesen Frauencharakteren? Immer mal bei Wagner nachschauen, es lohnt sich: Ortrud oder Kundry oder Venus oder oder oder.

Licht und Dunkel treffen sich im zweiten Akt, Elsa und Ortrud, Wagner läuft zu großer Form auf. Und mittendrin singt Ortrud: »Entweihte Götter! Helft jetzt meiner Rache«, das hat höchstes Bösewicht-Niveau. Großartig!

Großes Kino ist Wagner auch mit dem Vorspiel zum dritten Akt gelungen, es ist auch wirklich der Hammer. Dieses Vorspiel dürfen Sie auf keinen Fall versäumen, mag in der Pause gewesen sein, was wolle. Und es geht Schlag auf Schlag, wie überhaupt der dritte Akt ein einziger Hit ist: »Treulich geführt«, na, wenn das kein Hit ist! Und direkt danach der Kontrast: Elsa und Lohengrin, endlich allein. Auch da fällt Wagner Großes ein, sodass er sein Anliegen, kein »Nummernkino« mehr zu schreiben, beinahe vergisst, denn »Atmest du nicht mit mir die süßen Düfte« und »Ach! Könnt ich deiner wert erscheinen« sind – beinahe – klassische Arien, auf jeden Fall Musik vom Erlesensten.

Aber dann kommt der Trampel mit der Frage aller Fragen, ich sage ja: Blondine! Und last but not least, der definitive Hit: die Gralserzählung, »In fernem Land, unnahbar euren Schritten«. Alles, was Tenor ist und gerne Wagner singt, freut sich den ganzen Abend schon darauf, und unsere Ohren auch. Also in diesem dritten Akt zeigt Wagner in allen Facetten, was für ein Genius er ist, und nimmt uns damit gefangen. Es ist großartig!

FLOPS

Als leicht Hörgeschädigter darf ich zunächst eine Rüge erteilen: Das Vorspiel ist nicht wirklich hörgerätkompatibel. Wer auf so ein Gerät angewiesen ist, entferne es vorsichtig aus dem Ohr und greife lieber zum Beethoven'schen Hörrohr, da kriegt er mindestens den natürlichen Frequenzumfang ins Ohr gekippt und nicht verzerrende und viel zu betonte hohe Töne – ein Hörgerät, wie ich es habe (ich werde den Teufel tun, Ihnen das Fabrikat zu nennen, ich sage nur: teuer ohne Ende!), lässt das Vorspiel zu einer Handkreissäge werden, so überbetont es die ohnehin schon hohen Töne der Geigen.

Und: Es zieht sich schon ein bisschen, wenn man jemanden dabeihat, der zum ersten Mal Wagner hört und zum Fan werden soll.

Und noch einmal zieht es sich, bis der Titelheld endlich auftaucht: Es sind fast vierzig Minuten. Die Spannungssteigerung hätte man auch ein bisschen kürzer fassen können, lieber Herr Wagner!
Ach so, ich vergaß: Sie lebten ja in der guten alten Zeit, von der ich gerne sage: Ja früher, als alles noch aus Holz war! Na gut, dann sei es Ihnen verziehen. Heute müssten Sie jedenfalls in maximal drei Minuten zur Sache kommen, sonst schmeißt Sie irgendein Juror aus dem Rennen, das sage ich Ihnen.
Eine kleine Flop-Anmerkung möchte ich zu Elsa machen: Wagner zeichnet sie so licht, hell, blond und ehrlich, dass man – angesichts dessen, was sie da so alles bringt in dieser Oper, bis hin zur Frage der Fragen – fast versucht ist, sie für das Vorbild aller Blondinen-Witze zu halten!
Der Auftritt Lohengrins ist natürlich ein Megaflop! Wenn so eine Gestalt auftritt, müsste das großes Kino sein. Den kann man doch nicht kommen lassen, indem er quasi in die Kulisse hineinsingt und seinen Schwan verabschiedet, das muss doch so ein Auftritt wie das »Esultate!« im Othello von Verdi sein, aber mindestens.
Ein Flop ist die Musik, mit der Wagner den Zweikampf von Lohengrin und Telramund begleitet, das ist Kasperle-Theater, aber nicht große Oper.
Nur: Alles andere, insbesondere aber der dritte Akt, ist großes Wagner-Kino. Kein Flop in Sicht.

OBACHT

Man kann »Lohengrin« sentimental geben, man kann ihn als Abklatsch des »Herrn der Ringe« geben, man kann ihn heldisch bis zum Abwinken geben, irgendwie funktioniert es immer, weil es bestens gebautes Musiktheater ist. Dass der Lohengrin dennoch öfter mal flopt, liegt weder an den Stimmen noch an der Musik, es liegt an der unausgewogenen Interpretation. Man kann ihn schlecht ins Jahrtausend von »Star Trek« beamen, weil dann nix mehr zusammengeht, man kann ihn aber auch nicht so inszenieren, als sei es eine Tatsachen-Erzählung, dazu ist ja viel zu vieles nicht wirklich logisch oder glaubhaft. So gesehen ist es eine teuflisch schwer zu inszenierende Oper (und ich werde hier keine Tipps geben, könnte ich auch nicht).

DER KLEINE OPERNTÄUSCHER

Sehr gut kommt im Pausengespräch, wenn Sie darauf hinweisen, dass der eigentliche Bösewicht in dieser Oper nicht Ortrud, sondern Lohengrin selbst ist, denn so wie der Elsa auflaufen lässt und dann einfach davonwieselt, das hat schon höchste Dunkle-Seite-der-Macht-Qualität, oder?

BEWERTUNGEN

Magie	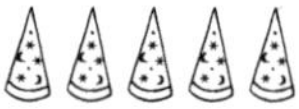	Das alles zu glauben, ist höchste Magie!
Erotik		Elsas Erotik ist eine Nullnummer, Ortrud aber hat 5, und da ist noch Luft nach oben. Und die Beziehung von Lohengrin zum Schwan entbehrt auch nicht sublimer Erotik, oder?
Fazzoletto	—	Elsa ist zwar eine Heulsuse, aber zum Weinen hat sie mich noch nie gebracht.

Gewalt

Erstens: die Schwerter
Zweitens: das Gottesgericht
Drittens: Wie die alle mit Elsa umgehen, hat schon fast IS-Qualität.
Viertens: Hier droht doch jeder jedem mit – fast – allem.

Gähn

Es dauert und dauert und dauert.

Moral —

Selbst Lohengrin, die Lichtgestalt, verhält sich Elsa gegenüber wie die letzte Sau, aber mal ehrlich!

Ewigkeit

Die Musik wird bleiben, zumindest streckenweise, die Geschichte nicht wirklich, weil zu jeck.

Gourmet

Der Hochzeitschor und das, was Ortrud singen darf – das hat hohen Feinschmecker-Faktor, aber mehr auch nicht.

GESAMTWERTUNG

Die Logik der Handlung ist in der Oper Fußnote, was Wagner aber hier gedichtet und komponiert hat, ist allererste Sahne. Sagen wir mal so: Hier sind Sie im Paradies, ohne die Hölle jemals verlassen zu haben. Diese Oper wird bleiben.

Johann Strauß

1825–1899

Johann Strauß: An dieser Stelle passe ich, denn in meinem Konzertführer »Scherzo furioso« habe ich sein Leben ab S. 76 schon en detail erzählt. Schauen Sie dort nach oder mailen Sie mich an: k.beikircher@netcologne.de, dann schicke ich Ihnen die Seiten gerne zu!

Die Fledermaus

Komische Operette in drei Akten
Nach der Komödie »Le Réveillon« von
Henri Meilhac und Ludovic Halévy

Text: Carl Haffner und Richard Genée

»Er ist der musikalischste Schädel,
der mir je untergekommen ist.«
Richard Wagner über Johann Strauß

Carl Haffner: geb. am 8. November 1804 in Königsberg, gest. am 29. Februar (!) 1876 in Wien. Nach dem Besuch der Schule in Königsberg ging er mit 16 Jahren auf Tournee mit einer Komödiantentruppe. Mit 26 landete er im ungarischen Pest am Theater und schrieb Trauerspiele, darunter ein erfolgreiches: »Batorys Tod«. Der Leiter des Theaters an der Wien erkannte sein komisches Talent und holte ihn für neun Jahre nach Wien. Elf Stücke pro Jahr sollte er schreiben und tat es auch. Danach ging er in derselben Funktion ans Theater in der Josefstadt. Haffner war also ein Profischreiber, neben Theaterstücken und Libretti schrieb er 30 Romane etc. etc. Er erkrankte und starb verarmt ausgerechnet am 29. Februar. Na, die vier Jahre bis zum nächsten 29.2. hätte er schon noch warten können, nicht wahr?

Richard Genée: am 7. Februar 1823 in Danzig geboren, starb er am 15. Juni 1895 in Baden bei Wien. Komponist, Librettist und Musiker. In Berlin besuchte er das Gymnasium zum

Grauen Kloster, studierte Medizin und Komposition und machte erst mal eine Theaterkarriere als Kapellmeister und Musikdirektor. Er kam viel herum, bis nach Amsterdam hat es ihn verschlagen, und er war zehn Jahre lang Kapellmeister am renommierten Theater an der Wien. Genée schrieb viele Libretti für Strauß, Millöcker, Ziehrer, Suppé. Unter anderem schrieb er »Der Bettelstudent«, »Gasparone«, »Eine Nacht in Venedig«, »Gräfin Dubarry« und und und.

ENTSTEHUNG UND URAUFFÜHRUNG

Ludwig Katzameier, Kabarettist und vor allen Dingen veritabler Opernsänger, hat in Bonn 2005 bei der »Fledermaus« den Frosch gegeben. Dieser kommt als Maître de Plaisir auf die Bühne, um uns die Handlung zu erklären, und das tut er so:

»Sehr verehrte Damen, sehr verehrte Herren, meine Damen und meine Herren!
Grüß Euch die Madeln, servus die Buben.
(Mit dieser Begrüßung hat Heinz Conrads jahrzehntelang die österreichischen Fernsehzuschauer ins Koma moderiert.)
Willkommen im Karussell der Verwirrungen. Kennen Sie sich aus bei der G'schicht?
Ich erklär's Ihnen amol: Wenn Einer mit Einem zu Einem geht, wo Eine ist und Andere auch noch sind, aber die Eine ist nicht alleine, sondern ist mit Einer, für die sie Einer hält, und ein Anderer, der dabei ist, ist wieder ganz ein Einer, der jetzt aber ein Anderer ist, so sind dann Einige mit Anderen, wobei die Anderen denken, dass die Einigen die Anderen san. Was sie aber gar nie waren!
Verstehen Sie mich net falsch: Aber im Grunde genommen ist das ja eh ganz wurscht!
Das ist alles eh nur a Vorwand zum Sauf'n, Fress'n, Hur'n,

Musizier'n, Tanzen, Singen. Und musiziert und g'sungen muss werden! Denn so wie eine wienerische Weisheit sagt: Beim Singen und Spüln kann an der Tod nicht holen, und so singt und spült man immer um sein Leben. Es ist immer ein Tanz auf dem Vulkan.«

Sie sehen, bei dieser Opernoperette muss man frisch und munter bleiben, wenn man allem folgen möchte!
Operette also – eine, die viele, ich auch, für eine Oper halten. Warum ich sie für eine Oper halte? Zwei Gründe: unüberschaubare Handlung, wenn auch nicht so krass wie im Troubadour, wundervolle Musik – was denn sonst soll Oper sein? Wie sie entstanden ist? Dazu muss ich erst mal mit ein bisschen Wirtschaft kommen:
1873. Wien. Weltausstellung. Der Hammer. Nicht zuletzt für die Gastronomen, die glatt die Hälfte mehr verlangen, ein kleiner Schwarzer kostet zwei Kreuzer mehr. Was passiert? Die Wiener streiken, und zwar so: Sie setzen sich als Streikkomitee in ihr Stammcafé, trinken aber keinen Kaffee. So lang, bis die Preise wieder sinken. Gut – ewig hat die Weltausstellung eh nicht gedauert, und dann waren die Preise eh wieder normal.
Dann aber kam es knüppeldick: nämlich zum größten Börsenkrach seiner Zeit, fast wäre das Finanzsystem der K. u. k.-Monarchie zusammengebrochen. Ich zitiere aus dem Wiener Extrablatt:
»Seit Beginn des Jahres 1874 blieben nicht weniger als 40 Banken ganz ohne Kursnotierung; sie repräsentierten Anfang April 1873 noch einen Marktwert von etwa 106.000.000 fl. (Kronen), heute sind sie unanbringlich oder Makulatur gleichzuhalten. Es befinden sich in diesem Augenblick 16 Gesellschaften in Konkurs, 44 Banken in Liquidation, 1 Versicherungsgesellschaft in Konkurs, 1 dito in Liquidation, 1 Transportgesellschaft in Liquidation, 18 Baugesellschaften

in Liquidation, 36 Industrie-Unternehmungen in Liquidation.«

Genau in dieser Situation kam der Theateragent und Verleger Gustav Lewy auf die Idee, das Stück »Le Réveillon« (was so viel wie »das Mitternachts-Dinner« bedeutet) der beiden Offenbach-Librettisten Meilhac und Halévy (die ihrerseits die Idee aus dem Stück »Das Gefängnis« von Roderich Benedix geklaut haben, und wenn man weiter wühlen würde, fände man sicherlich bei Plautus oder Menander auch schon einen ähnlichen Plot) – Lewy kam also auf die Idee, dieses Stück zu einem Libretto umzuarbeiten und es Johann Strauß zu geben. Mit der Arbeit des Librettierens wurde Franz Friedrich Richard Genée betraut, ein weltläufiger Mann mit guten Ideen. So stammt zum Beispiel das Melodram im dritten Akt, dieses wundervolle Stück Musik vor Froschs Auftritt, aus seiner Feder, wie man heute weiß. Er hat überhaupt viel mit und für Johann Strauß gearbeitet, selbstverständlich ohne Namensnennung, im Hintergrund, aber hoffentlich als stiller Teilhaber, Strauß soll ja nicht gerade spendabel gewesen sein. Jedenfalls: Das Libretto stand und inmitten der schrecklichen Wirtschaftskrise komponierte Strauß in nur 42 Nächten in seinem Häuschen gegenüber dem Schloß Schönbrunn seine »Fledermaus«. Es war, wie immer in Wien um die Jahreswende, das übliche grau-feuchte Wetter, eher Regen als Schnee. Strauß selbst nannte dieses Wetter sein Lieblingswetter und schrieb einmal: »Es schreibt sich gar so leicht bei Regenwetter für mich. Die Melodien fließen heraus wie leeres Wasser.«
Gut: Das ein oder andere war schon fertig, er hat es nur geschickt eingebaut.
Am 25. Oktober spielte das Weltausstellungsorchester im Wiener Musikverein bei einem Benefizkonzert den Csárdás, der im zweiten Akt erklingt. Und Marie Geistinger sang im

selben Konzert die »Klänge der Heimat«, für mich eine der schönsten Arien, die Strauß jemals geschrieben hat.
Marie Geistinger übrigens war die erste große Operettendiva der Welt. Von 1854 bis 1863 war sie als Sängerin in Hamburg, Berlin und Riga tätig. Dann kam 1865 ihr Durchbruch mit der Hauptrolle in Offenbachs »Schöner Helena« in Wien. Offenbach überhäufte sie mit Komplimenten, er hielt sie, wie er sagte, für die beste Sängerin dieser Partie und für eine der größten Operettensängerinnen überhaupt. Wien lag ihr zu Füßen. Und als sie mit Max Steiner 1869 auch noch die Leitung des Theaters an der Wien übernahm, war's um die Wiener endgültig geschehen. Ihre glanzvollen Inszenierungen und Premieren sind heute noch Legende. Sie sang die Rosalinde bei der Uraufführung der »Fledermaus« und brillierte in anderen Strauß-Operetten und in denen von Millöcker und Genée etc. Dann, auf dem Höhepunkt ihrer sängerischen Laufbahn, fing sie an, als Schauspielerin zu arbeiten: zuerst in Stücken von Raimund und Nestroy, dann aber auch in großen tragischen Rollen. Hamburg, Berlin, Dresden und München huldigten ihr als großer Tragödin, 1880 ging sie auf eine dreieinhalbjährige Amerika-Tournee, die ein Triumph ohne Ende wurde. Sie trat dort als ernste Schauspielerin und als Operettensängerin auf, es muss wirklich sagenhaft gewesen sein. Zurück in Europa widmete sie sich wieder der Operette und als sie 1900 als »Königin der Wiener Operette« von der Bühne Abschied nahm, starb mit ihr eine ganze Epoche: die goldene Zeit der Wiener Operette.
Aber zurück zur »Fledermaus«: Am 4. April 1874 darf eine kleine, handverlesene Schar von geladenen Gästen der Generalprobe lauschen. Wien war voller Erwartung, was ihr Walzer-Genie da wohl geschrieben hatte.
Die »Konstitutionelle Vorstadt Zeitung« schreibt am 5. April 1874: »Gestern Abend fand im Theater an der Wien die Generalprobe von Johann Strauß' neuer Operette ›Die Fleder-

maus‹, welche heute zum Besten des Kleingewerbefonds zur ersten Aufführung kommt, statt. Da dieselbe nur vor geladenen Personen stattfand, so entzieht sie sich selbstverständlich der Besprechung … Nach der Probe zu urteilen, wird die Operette Furore machen.«
Kurz: Die Medien haben den Korb ziemlich hoch gehangen. Dennoch war die Uraufführung kein Flop, wie so oft behauptet wird. Das Premierenpublikum feierte euphorisch, verstand sehr wohl die vielen Anspielungen auf die aktuelle wirtschaftliche Lage (zum Beispiel die, dass »glücklich ist, wer vergisst, was doch nicht zu ändern ist«) und war dankbar, in dieser so verheerenden Zeit drei Stunden lang die Welt vergessen zu können. Entspricht »Die Fledermaus« doch 100 Prozent dem Lebensmotto: Die Lage ist hoffnungslos, aber natürlich nicht ernst.
Die »Konstitutionelle Vorstadt Zeitung« schreibt dann über die Uraufführung am 5. April 1874: »Theater an der Wien. Die neueste Operette des rüstig schaffenden Johann Strauß, ›Die Fledermaus‹, welche lange genug nicht flügge werden wollte, flatterte am Abend des ersten Ostertages im Theater an der Wien glücklich in die Welt. Das vollbesetzte Haus, welches auch nicht ein unbesetztes Winkelchen gewahren ließ, zeigte vorweg, dass einem glücklichen Schooßkind des Publikums neue Triumphe bereitet werden sollten … Der rauschenden Beifallsouvertüre, mit welcher Strauß empfangen wurde [er selbst dirigierte die Uraufführung], entsprach sodann der ganze weitere Verlauf des Abends. Fast jede Nummer setzte die Hände des Auditoriums in Bewegung, und nach den Aktschlüssen konnte der schweißgebadete Strauß nicht rasch genug sein Dirigentenpult verlassen, um der freundlichen Zuhörerschaft von der Bühne aus für ihr Wohlwollen zu danken. An Wiederholungen einzelner Stücke gab es bei solcher Stimmung natürlich keinen Mangel. Und als um zehn Uhr der Vorhang zum letzten Mal sank,

war trotz der überlangen Dauer der Vorstellung und trotz des Unbehagens, welches die glühende Atmosphäre des Hauses verbreitete, alles voll Lobes über das Gehörte und Gesehene und einig in dem ehrenden Urteil, dass Strauß einen bedeutenden Fortschritt getan habe und dass sein Beruf für die Operette nunmehr außer Zweifel steht.«

Sie sehen: Wer behauptet, die »Fledermaus« in Wien sei ein Flop gewesen, und erst nach dem Erfolg in Berlin sei sie auch in Wien bejubelt worden, liegt falsch.

Dass die »Fledermaus« dann einen einzigartigen Siegeszug um die Welt antrat, und bis heute fester Bestandteil des Repertoires an Opernhäusern weltweit ist, freut unseren Johann Strauß sicher noch im Himmel – auch wenn er dummerweise nicht im normalen Himmel ist, sondern bei den Protestanten.

Übrigens gibt es eine hinreißende kleine Geschichte, die zeigt, wo im K. u. k.-Himmel die Geigen wirklich hingen:

Als der Oberstkämmerer seiner kaiserlichen Hoheit, Fürst Trauttmannsdorf – wegen seines Überschusses an Würde auch gerne Don Magnifico genannt und von Roda Roda und Karl Kraus als Inbegriff vertrottelten Adels karikiert –, hörte, dass Strauß das große Verdienstkreuz bekommen sollte, sagte er: »Genie hin, Genie her, aber einem Mann, der beim Dommayer auf der Pawlatschen [der Vorstadtbühne] mit der Geige in der Hand aufgespielt hat, kann man das Bildnis des Kaisers nicht um den Hals hängen.« Ein Satz, der in seiner ganzen Tiefe nur von Österreichern gewürdigt werden kann.

Zurück zur Fledermaus: Haben die einen auf dem hanebüchenen Libretto herumgehackt, dem jeglicher Zusammenhalt fehle und das nur durch die Musik geadelt werde, so fanden andere gerade darin die hohe Qualität. Die Musik könne erst dann wirken, wenn das Libretto schlecht sei, oder wie es Vincenzo Bellini ausdrückte: »Ein gutes Libretto ist eines, das keinen Sinn hat!« Sie behaupten, die Fledermaus sei gerade wegen der Ungereimtheiten so ein großer Erfolg geworden. Andere meinen, die Fledermaus sei ein Abbild der österreichischen Seele in Reinkultur. Dagegen muss ich allerdings einwenden, dass mir dafür die dunkle Seite zu sehr fehlt: zum Beispiel der »Herr Karl« von Qualtinger oder, um mal musikalisch zu bleiben, »La Valse« von Maurice Ravel, der einzige Walzer, der die Verzweiflung, die Todessehnsucht und die Katastrophe, also den Vulkan beschreibt, auf dem der Wiener Walzer tanzt.

Wie auch immer: Dass die »Champagneroper Fledermaus« auf die Bretter der Hohen Häuser kam, hat sie auch ein bisschen Gustav Mahler zu verdanken. Er war ein Bewunderer von Johann Strauß und verkündete dies auch überall. 1885 wurde sie zum ersten Mal mit Sängerinnen und Sängern der Hofoper aufgeführt, zwar noch im Theater an der Wien, aber immerhin. Dann in den 1890er-Jahren ging es dann tatsächlich auf die großen Bretter. 1894 durfte Johann Strauß anlässlich seines 50. Bühnenjubiläums die Fledermaus an der Hofoper dirigieren, mit Alexander Girardi als Frosch. Girardi war derjenige, der die Froschtradition begründete. Alexander Girardi, Jahrgang 1850, gelernter Schlosser, trat mit 19 Jahren das erste Mal in einer Nestroy-Posse auf, natürlich nicht in Wien, sondern in der Provinz: in Rohitsch-Sauerbrunn. Er robbte sich langsam nach Wien vor, wo er mit 21 das erste Mal spielen durfte. Seine Stimme fiel auf und schon mit 24 Jahren kam er als Tenor ans Theater an der Wien. Von da an war sein Erfolg nicht mehr aufzuhalten. Kaum eine Operettenuraufführung ohne ihn, er war der populärste Star Wiens jener Zeit, er verkörperte wie kein anderer das, was man damals als Wiener Gemüt verstand. Meine Mama hat ihn noch als Kind in Bozen gesehen und schwärmte ihr Leben lang von ihm, er war ein Popstar avant la lettre.

1878 trat er also am Theater an der Wien anlässlich des Geburtstages des Komponisten als Frosch in der Fledermaus auf. Vielleicht aus der Geburtstagslaune heraus, vielleicht, weil er ahnte, dass das ein großer Wurf werden würde – er baute jedenfalls an diesem Abend die Rolle des Frosch zu dem aus, was sie heute ist: ein kabarettistischer Sololauf erster Qualität. Dieser Auftritt muss sensationell gewesen sein. Für diese zwanzig Minuten wurde ihm sein Leben lang gehuldigt und gedankt, tatsächlich gibt es kaum eine Fledermaus, die auf diese Zutat verzichtet.

In der Uraufführung hat übrigens ein Fräulein Nittinger den Orlofsky gesungen, das heißt: Diese Rolle war von Anfang an als Hosenrolle konzipiert. Max Reinhardt hat diese Vorgabe das erste Mal durchbrochen: In Berlin 1929 bei der Premiere der Reinhardt'schen Neuinszenierung der »Fledermaus« am Deutschen Theater spielte Oskar Karlweis den Orlofsky.

PERSONEN

Gabriel von Eisenstein, Rentier	Tenor
Rosalinde, seine Frau	Sopran
Alfred, ein Gesangslehrer	Tenor
Frank, Gefängnisdirektor	Bariton
Dr. Falke, Notar	Bariton
Prinz Orlofsky	Mezzosopran
Adele, Stubenmädchen Rosalindes	Sopran
Dr. Blind, Advokat	Tenor
Ida, Adeles Schwester	Sprechrolle
Frosch, Aufseher im Gefängnis	Komiker

Gäste

ORCHESTERBESETZUNG

2 Flöten (mit Piccolo)
2 Oboen

2 Klarinetten
2 Fagotte
4 Hörner
2 Trompeten
3 Posaunen
Pauken
Schlagzeug
Streicher

DAUER

ca. 2 Stunden (ohne Champagner!)

HANDLUNG

ERSTER AKT

Badeort in der Nähe einer großen Stadt (na, welcher denn schon?), um die Mitte des 19. Jahrhunderts (ach was!)

Gabriel von Eisenstein muss ins Gefängnis: fünf Tage wegen Beleidigung einer Amtsperson, zu dieser Zeit ein Kapitalverbrechen. Der Gesangslehrer Alfred schwärmt für Rosalinde, die Frau von Gabriel von Eisenstein, und nölt sein »Täubchen, das entflattert ist« aus der Kulisse, Adele putzt im Takt die Schuhe. Ihre Schwester Ida hat ihr eine Einladung ins Haus des Prinzen Orlofsky zukommen lassen, es soll gefeiert werden. Sie spielt ihrer »Herrschaft« (so nannte man das damals) vor, sie müsse zu ihrer kranken Tante, daraus wird aber nix, denn Rosalindes Mann muss ja heute Abend in den Arrest. Adele heult, Alfred kömmt und bringt Rosalinde mit seinem Zäpfchentenor dazu, ihn, sobald ihr Mann im Gefängnis ist, zu einem Tête-à-Tête in die Wohnung zu lassen. Da kommt Eisenstein, stinksauer, weil die Arreststrafe wegen seines aber auch zu blöden Rechtsanwalts auf neun

Tage erhöht worden ist. Rosalinde macht ihm was zu essen und holt seine Klamotten für das Gefängnis, da kommt Dr. Falke, Notar und Freund Eisensteins, und lädt ihn zum Orlofsky'schen Ball ein. Er muss ja erst um Schlag zwölf seinen Arrest antreten. Rosalinde kommt mit den Knast-Klamotten, Eisenstein aber hat sich eines Besseren besonnen: Er will im Frack in die Kiste, um sich als besserer Herr von den anderen Insassen abzusetzen. Bestens gelaunt verlässt er nach großem Abschied seine Frau und geht ins Gefängnis, wie sie meint.
Kaum ist er draußen, kömmt der Knödeltenor, zieht sich den Morgenmantel Eisensteins an und macht sich an den üblichen Flaschen zu schaffen. Als er merkt, dass Rosalinde nicht begeistert ist, fängt er leider wieder an zu singen. Na ja, der Rosalinde gefällt's, zumal der Inhalt ja auch was Gutes hat: »Trinke Liebchen, trinke schnell, trinken macht die Augen hell«, was die Frage aufwirft: Seit wann kann man Augentropfen auch trinken? Man kommt aber nicht wirklich weiter mit dem Tête-à-Tête, weil der Knastdirektor Frank auftaucht, er will den noblen Herrn Eisenstein persönlich abholen. Rosalinde zeigt auf Alfred, da bitte, da is er, mein Gemahl, der kann natürlich nicht anders, als mitzugehen. Natürlich nach großem Liebesabschied.

ZWEITER AKT

Palais des Prinzen Orlofsky

Die Gäste trudeln ein, man ist bestens gestimmt und Eisenstein wird als »Marquis Renard« vorgestellt und in die Gesellschaft eingeführt. Orlofsky brilliert mit seinem weltberühmten »chacun à son goût – jeder nach seinem Geschmack« und outet sich somit als liberaler Genussmensch mit Geld. Adele hat den Kleiderschrank Rosalindes geplündert und sitzt in großer Klamotte am Spieltisch, sie gibt das Geld des

Prinzen aus und ihre Schwester spielt Schauspielerin. Dummerweise wird sie aber von Eisenstein erkannt, der die Ähnlichkeit mit seinem Stubenmädchen erwähnt, was die entrüstete Adele mit dem wunderbaren Lied »Mein Herr Marquis« quittiert. Der Knastchef Frank taucht auf, inkognito, als »Chevalier Chagrin«, und freundet sich mit Eisenstein an. Was wird das denn, wird sich das Uraufführungspublikum gefragt haben, jetzt blickt gleich gar keiner mehr durch. Aber jetzt kommt einer der Höhepunkte, sowohl in der Handlung als auch in der Musik: Rosalinde kommt auf die Fête. Wir wissen, jetzt kommt Leben in die Hütte. Sie stellt sich als ungarische Gräfin vor und singt die hinreißende Arie »Klänge der Heimat«. Natürlich sieht sie, dass ihr Mann unter den Gästen weilt.

Eisenstein fliegt auf seine maskierte Gattin, flirtet sich das Herz aus dem Frack, wobei sie ihm die Uhr klaut, um ein Beweisstück für die nüchternen Stunden in der Hand zu haben. Es geht zum Souper und da erzählt Eisenstein, wie er vor einem Jahr seinen Freund, den Notar Dr. Falke, sternhagelvoll im Fledermauskostüm, dem Spott der Gassenjungen preisgegeben hat. Dass dies der Grund ist, warum Falke Rosalinde auf die Fête gebeten hat, weiß Eisenstein nicht. Falke, die Fledermaus, will sich nämlich rächen.

Es wird sechs Uhr, man bricht auf und der Vorhang fällt.

DRITTER AKT

Hackebreit kommt Frank in sein Direktorenzimmer im Gefängnis und verschläft den – meistens – grandiosen kabarettistischen Auftritt seines Gefängnisaufsehers Frosch. Gleich ist aber Ende mit Schlafen: Adele und Ida kommen, denn »Chevalier Chagrin« soll ihre Ausbildung zur Schauspielerin finanzieren. Ihr Casting-Song »Spiel ich die Unschuld vom Lande« überzeugt zwar das Publikum, Franks Portemonnaie aber bleibt zu. Und weil Eisenstein sich stark erheitert zum

Antritt seiner Strafe meldet, sperrt Frank die beiden Schwestern in eine Zelle. Eisenstein und Frank erkennen einander, das aber bringt Eisenstein auf die Frage: Wer ist der junge Mann, der an seiner Stelle als Eisenstein hier in der Zelle sitzt, wie ihm Frank auf der Fête genüßlich erzählt hat? Jetzt kommt auch noch Dr. Blind, der tepperte Rechtsanwalt, um Eisenstein anwaltlichen Beistand zu geben. Frank holt Alfred aus der Zelle, Eisenstein verjagt Dr. Blind, zieht sich seine Perücke an und will sich nun an allen rächen. Rosalinde kommt, Alfred auch und beide beschweren sich über Eisenstein, der sich die ganze Nacht über amüsiert habe, und zwar so, dass Rosalinde ihm die Augen auskratzen werde. Und danach die Scheidung! Eisenstein kommt an die Grenze seiner Maskerade, gibt sich zu erkennen und will Rosalinde bestrafen, da holt sie seine Uhr heraus und damit ist der Fisch gegessen. Alle tauchen im Knast auf – Wie soll das eigentlich gehen? Hatten alle eine Besuchserlaubnis? – und Falke gibt zu, dass er alles eingefädelt habe, um sich für die Demütigung vor einem Jahr zu rächen. Happy End, Orlofsky übernimmt die Ausbildungskosten für Ida, Rosalinde verzeiht ihrem Eisenstein und schuld an allem war der Champagner.

Und wenn die Vorstellung richtig getimt ist, haben wir jetzt Mitternacht am Silvesterabend, Jahreswechsel, Schampus für alle und einer fällt dem anderen, und jeder jedem in die Arme!

HITS UND FLOPS

Diesmal möchte ich vom Prinzip der Trennung von Hits und Flops abweichen, denn in der »Fledermaus« vermengen sich Hits und Flops.

Zunächst einmal: Diese Operettenoper ist natürlich weniger aufgrund ihrer Handlung als wegen ihrer Musik zum rauschenden Welterfolg geworden. Nicht nur zum Welterfolg, sondern noch zu etwas anderem. In der Welt der Oper ist es so wie überall in der Kunst: Alles schön und gut, feine Werke hier und dort, und doch gibt es dann darüber hinaus das Werk für ganz bestimmte Situationen oder Gefühle: »Hänsel und Gretel«, eine Oper wie Lebkuchen und Mandarinenschalen, die man in die Kerzenflamme gehalten hat, ist eine Oper, die 1:1 in die Weihnachtszeit passt, so sehr, dass man es ganz eigenartig empfindet, wenn sie mal zu Ostern aufgeführt wird. »Parsifal« und Karfreitag ist – zumindest für die Wagnerianer – auch so eine Koppelung, die kaum zu trennen ist, »Freischütz« und die Eröffnung der Jagd aufs Niederwild, »Matthäus-Passion« und die Fastenzeit oder eben Silvester und die »Fledermaus«. Kein Werk ist so eng an Champagner gekoppelt wie diese Oper. Als hätte die lustige Witwe Clicquot den Auftrag zur Fledermaus gegeben, oder, um in Österreich zu bleiben, die Sektkellerei Schlumberger. Und das geht ja schon direkt am Anfang los:

E! Eis! Fis! Drei Orchesterknaller wie Champagnerkorken und es sprudelt in Achtelnoten der Schaum – insgesamt zwölf Flaschen werden aufgemacht, na, wenn das kein Fest wird: Zählen Sie mit! Und dann kommt das E-Eis-Fis noch mal mit Strauß'schem Schmelz und schon sind wir mittendrin, inklusive der Glockenschläge, die – das weiß man ja alles schon – das Orlofsky'sche Fest beenden werden.

Diese Ouvertüre ist eigentlich – und das ist das Tolle daran – eine unmögliche Ouvertüre: Da wird nichts kunstvoll verwoben oder eingestimmt, da jagt ein Hit den nächsten, ein fast schon absurdes Sammelsurium alles dessen, was Johann Strauß ausmacht: Schwung, eine Überfülle von Melodien und Walzer, aber so, dass sich die Welt immer schneller dreht. Haben wir das überlebt, beruhigt uns Strauß erst mal ganz ungarisch mit der Oboe und der Klarinette, die ja ein fast noch ungarischeres Instrument ist als die Geige. Gleich anschließend kommt das Fledermaus-Thema schlechthin, elegant hüpft es daher, keineswegs kopfüber hängend wie die Fledermaus selbst. Wir sind drin, berauscht und selig, jetzt kann kommen, was wolle!

Der erste Akt beginnt und schon kommt der nächste Ohrwurm. Alfred darf – und zwar zunächst im Off, weil erst die Stimme wirken soll, bevor Frau Mann sieht (was oft eine kluge Entscheidung ist) – vom Täubchen singen, das entflattert ist. Wenn der Sänger übrigens Rheinländer ist, kommt manchmal ein kleiner Regionalismus zum Tragen: Die Buchstabenkombination »ntf« in entflattert ist für einen Rheinländer kaum aussprechbar, er macht aus dem »ntf« gerne ein »mpf«, empflattert, auch schön.

Dann folgt gleich der nächste Megahit. »Da schreibt meine Schwester Ida« – Auftritt Adele und das Erste, was sie singen darf, ist eine rasante Koloratur. Das heißt: Ein Hit ist das nur, wenn ihr die Koloratur gelingt. Und weil das nicht sehr galant ist vom Herrn Strauß, eine Dame so ins Risiko laufen zu lassen, ist das für mich ein Flop. Allerdings: Wenn es gelingt, hat die Adele für den Rest des Abends die Sopranfreaks zu Füßen liegen, was ja auch toll ist. Ein eindeutiger Flop folgt jedenfalls dieser gefährlichen Kaskade perlender Töne: Adele darf jetzt, da sie den Brief ihrer Schwester liest, fast nur h singen.

Außerdem, was für ein wundervoller Reim: »Langeweile gibt es nie da – so schreibt meine Schwester I-da!« Vielleicht soll sie sich ja ein bisschen erholen nach der Koloratur, vielleicht soll es eine Parodie auf das oft monotone Vorlesen offizieller Verlautbarungen sein.

Dann kommt das wundervolle Terzett »Nein mit solchen Advokaten«: Eisenstein, Rosalinde und Dr. Blind, der Advokat. Der listet auf, was er alles kann, wenn er für Eisenstein erneut prozessieren wird:

rekurrieren

appellieren
reklamieren
revidieren
rezipieren
subvertieren
devolvieren
involvieren
protestieren
liquidieren
excerpieren
extorquieren (erzwingen)
arbitrieren
resümieren
exkulpieren
inkulpieren
kalkulieren
konzipieren
triumphieren

Ist doch was, oder?!
Dann kommt das Duett Falke/Eisenstein mit »Kommt mit mir zum Souper«, fein natürlich, anschließend der nächste ganz große Hit, und zwar gleich auf zwei Ebenen: das Terzett Rosalinde, Eisenstein und Adele »So muss allein ich bleiben« mit dem »Oje oje wie rührt mich dies«. Grandios fängt es an mit einer lyrischen Melodie, die ganz große Oper ist, dann aber kommt der Kontrast: Mit großen Opernbögen lässt Strauß Rosalinde einen Text singen ... also ich weiß es nicht:
»Ich werde dein gedenken des Morgens beim Kaffee
Wenn ich dir ein will schenken, die leere Tasse sie kann keinen Gruß dir winken!
Aus Jammer werd ich g'wiß ihn schwarz und bitter trinken.
Ach!«

Und kurz darauf:
»Wo bleibt die traute Gruppe, kommt Mittag dann heran?
Zum Rindfleisch wie zur Suppe, zum Braten keinen Mann!«
Und dazwischen das wundervolle »Oje oje wie rührt mich dies«!
Damit natürlich nicht genug. Kaum ist der Applaus verklungen, kommt der nächste Knaller, das Trinklied »Trinke Liebchen, trinke schnell« mit der Stelle, an der sich halt zeigt, was für ein Meister Strauß ist, wenn das Horn den Text parodiert:
Alfred hat in wunderschönem Bogen zu singen:
»Siehst, wie heiße Lieb ein Traum, der uns äffet sehr« – und das Horn macht ein nachäffendes Echo. Gewiß, eine Kleinigkeit, aber das sind genau die Momente, auf die es ankommt. Bei Andrew Lloyd-Webber zum Beispiel wartet man vergebens auf solche Kleinigkeiten.
Und dann, als wär's nicht schon genug, der Schlager, der im damaligen Wien der Bankenkräche eingeschlagen haben muss wie eine Bombe, die Alzheimer-Hymne sozusagen: »Glücklich ist, wer vergisst, was nicht mehr zu ändern ist«.
Kaum denkt man, na ja, jetzt kommt der Gefängnisdirektor Frank, der holt ihn ab und dann ist Pause, also viel wird jetzt nicht mehr passieren, da haut uns Strauß noch mal so richtig was um die Ohren: »Mein Herr, was dächten Sie von mir«, darin das federleichte »Mit mir so spät im tête-à-tête«. Zu guter Letzt lässt er den Gefängnisdirektor auch noch singen »Mein schönes, großes Vogelhaus« – nee, möchte ich da rheinisch sagen, wat es dat schön!
Auch beim zweiten Akt legt Strauß gleich fulminant mit dem Chor los – darin die Stelle, die das beschreibt, was uns passiert, wenn wir in einer guten Aufführung sind:
»Wie fliehen schnell die Stunden fort
Die Zeit wird sicher keinem lang.
Es heißt ja hier das Losungswort
Amusement, amusement, amusement!«

Na und dann erst das so fein mit Fagotten und Hörnern instrumentierte Couplet des Prinzen – ein ewiger Hit, der sprichwörtlich geworden ist »Ich lade gern mir Gäste ein« mit dem »s'ist mal bei mir so Sitte, chacun à son gout«.
Der nächste Hit kommt von Adele, da sag ich gar nix zu, kennt jeder, liebt jeder: »Mein Herr Marquis ...«
Übrigens darf sich Adele da schon wieder in Koloraturen suhlen, die zum Feinsten gehören, was es bei Strauß gibt.
Mir persönlich wird immer anders, wenn der Csardas kommt, die »Klänge der Heimat«, ein ganz, ganz großes Stück Musik mit einer kurzen, aber unglaublich intensiven Einleitung durch die Klarinette. Nur ein Ton und man weiß sofort, wo man ist, genial! Schauen Sie mal auf YouTube: Gundula Janowitz oder Ljuba Welitsch und Sie haben keine Fragen mehr!
Dann Finale und da geht's richtig los. Erst mal der Feuerstrom der Reben, dann die Anerkennung der Majestät Champagner, dann das Brüderlein mit der genialen Einleitung durch Violoncello, Fagott und Bass, außerdem ein Kuss mit der Geige vorneweg – und dann wird selbst der Librettist sprachlos, und wir hören das, was damals als Smashhit um die ganze Welt ging, weil es jeder nachsingen konnte: »Dui-du Dui-du ...«
Na ja, und dann der letzte Akt. Je nachdem, wer den Frosch spielt, ist das schon mal ein Highlight, auf jeden Fall aber ist die Einleitung des Akts ein Highlight, weil da die Stimmung vom Fest noch mal aufgegriffen wird, aber in deutlicher Entfernung, es ist wie ein Lächeln aus der vergangenen Nacht.
Das kleine Melodram, mit dem der Gefängnisdirektor Frank auftritt, ist ebenfalls ein kleines Meisterwerk. Natürlich ist Adeles Prachtarie, die »Unschuld vom Lande«, ein ewiger Hit, kein Wunschkonzert ohne diese Arie.
Großauftritt der Hörner in F, na ja, kein Großauftritt, aber sie haben einen wichtigen Ton zu spielen beim Auftakt zum

genialen Terzett »Ich sehe voll Zagen«. Eine Stelle voller Komik ist für mich die Stelle:
»Ich kratz ihm erst die Augen aus und dann
Und dann lass ich mich scheiden.«
Eisenstein und Alfred antworten:
»Sie kratzt ihm erst die Augen aus
Und dann und dann lässt sie sich scheiden.« Köstlich!
Und hast du nicht gesehen, kommen gegen Ende die drei Töne, mit denen sie angefangen hat, wieder zum Vorschein. Jetzt aber nicht e – eis – fis, sondern einen halben Ton tiefer. Klar, haben ja auch alle hart gearbeitet und sind müde, also: es – e – f und Jubel und allgemeines Erkennen und Verzeihen und Majestät wird anerkannt und Schluss. Grandios!

OBACHT

Ach, da sind wir mal wieder beim Thema: Die Dinge, die leicht anzufassen sind, zu hören, zu sehen, zu genießen oder auch »nur« zu essen, sind die schwersten. Wenn sich da nicht absolutes Können mit Lebenslust und Laune paart: Vergiss es! Ob das die Fledermaus ist oder das Soufflé vom Witzigmann, das Capriccio von Paganini oder der Tramp von Charlie Chaplin – es federt nur, wenn es mit höchster Präzision ausgeführt wird. Dann aber sind das Abende, die einen ein Leben lang begleiten.

DER KLEINE OPERNTÄUSCHER

Hier darf ich noch mal an etwas erinnern, mit dem Sie in der Opernpause brillieren können. Jeder kennt doch den Walzer »An der schönen blauen Donau«. Der erste Walzer für Chor, den Johann Strauß komponiert hat. Nein, Sie haben sich nicht verlesen: für Chor! Der Walzer (da gab es noch keinen Titel) war für die Faschingsliedertafel des Wiener Männerge-

sangsvereins 1867 konzipiert. Josef Weyl, Jugendfreund Johanns, Gelegenheitsdichter und im Hauptberuf Beamter der Polizeidirektion, hatte einen Text zu vorhandenen Skizzen beigesteuert. Der Text ist rabenschlecht und sicherlich einer der Gründe dafür, warum sich Johann Strauß sehr schnell für die Orchesterversion entschied.
Kostprobe? Es geht um die – ironisch geschilderte – schlechte Stimmung in Wien und ist auf eines der berühmtesten Motive der Welt zu singen:
»Wiener seid froh! –
Oho, wieso?
No so blickt nur um! –
I bitt' warum? –
Ein Schimmer des Lichts –
Wir seh'n noch nichts.
Ei Fasching ist da! –
Ach so, na ja.
Drum trotzet der Zeit –
O Gott, die Zeit!
Der Trübseligkeit. –
Ah, das wär g'scheidt!
Was nützt das Bedauern,
das Trauern,
Drum froh und lustig seid!«

Ich denke, das langt! Strauß nahm für diesen Walzer, den er dem Männergesangsverein schon für das vorhergehende Jahr versprochen hatte, aus Überlastungsgründen aber nicht hingekriegt hatte, lieber vorhandene Skizzen und lötete sie ziemlich flott zu Chor mit Klavierbegleitung zusammen. Strauß selbst entschuldigte sich auf der flüchtig dahingekritzelten Partitur mit den Worten: »Bitte ob der schlechten und unsauberen Schrift um Verzeihung – ich musste binnen weniger Minuten damit fertig werden. Johann Strauß.«

BEWERTUNGEN

Magie		Nach den ersten drei »Schlägen« der Ouvertüre ist man gefangen genommen und erst nach dem Schlussakkord wieder befreit.
Erotik		Die Handlung ist erotisch, die Frauen sind erotisch, die Musik ist erotisch. Also dann: Geht noch mehr?!
Fazzoletto		Und zwar allein für die »Klänge der Heimat«. Wenn das die richtige Stimme lebt, adieu Opernhaus-Pause, wir sind am Weinen!
Gewalt	—	Trotz Gefängnis: keine Gewalt zu sehen!
Gähn	—	Wie: Gähn???!!!
Moral		Es muss nicht immer Kirche sein: Champagner kann auch Ordnung wiederherstellen! Vielleicht besser als alle anderen Institutionen.
Ewigkeit		Diese Operettenoper ist die reine Hymne an das Diesseits, die Lebenslust und die Freude.

Gourmet ☆☆☆☆☆ Jeder Takt ein Soufflé!

GESAMTWERTUNG

Egal, wo sie gespielt wird:
Die »Fledermaus« ist und bleibt der Hochgesang der Lebenslust und der Lebensfreude. Überall.

Giacomo Puccini

1858 – 1924

Antonio Domenico Michele Secondo Puccini: geboren am 22. Dezember 1858 in Lucca, gestorben am 29. November 1924 mit fast 66 Jahren in der Klinik von Dr. Ledoux in Brüssel (mehr Lebensdaten in: »Bohème suprême«, meinem zweiten Opernführer).
Mit 14 begann er zu rauchen und auch sonst war er einer, der nichts anbrennen ließ: Giacomo Puccini, der Schwerenöter und Frauenheld. Wer da bei drei noch nicht auf den Bäumen war, lag in seinen Armen.
Und doch hat ihn das Leben weder mit Frauen noch mit Autos noch mit Gesundheit verwöhnt. Seiner – sagen wir vorsichtig – Tollpatschigkeit in Bezug auf das weibliche Geschlecht verdanken wir allerdings zwei wundervolle Opernfiguren. Das kam so: Elvira Puccini, seine Frau, die mit ihrem Mann wenig mehr teilen konnte als den Namen (sie konnte sich weder für die Musik noch für andere Leidenschaften ihres Marcello Mastroianni erwärmen), verdächtigte die Haushaltshilfe Doria Manfredi, dass sie sich an ihren Mann herangemacht und mit ihm ein Verhältnis habe. Wie

eine Furie warf sie die »Verruchte« hinaus und das arme Mädchen nahm sich mit Gift das Leben. Es kam zum Prozess, Puccini litt ganz furchtbar darunter (er war ein sehr harmoniebedürftiger Mensch). Die Autopsie ergab, dass das Mädchen als Jungfrau gestorben ist, Elvira Puccini wurde wegen übler Nachrede etc. zu fünf Monaten Zuchthaus verurteilt, was – nach Intervention Puccinis – in die Zahlung von 20.000 Lire (und da war die Lira was wert!) an die Familie der Toten umgewandelt wurde. Tatsächlich warf das unseren Puccini eine Zeit lang völlig aus der Bahn, aber alle Biografen sind sich darin einig, dass die rührende Figur der Sklavin Liù im »Turandot« das Denkmal ist, das er Doria setzte. (Und auch die Suor Angelica in der gleichnamigen, relativ unbekannten Oper und ihr Selbstmord, der seine Apotheose im Wunder findet.)

Bekanntlich hatte Puccini einen schweren Autounfall, als er – Promillezahl unbekannt, aber sicher erheblich – von Lucca nach Hause fuhr, monatelang litt er, dann musste ihm das gebrochene Bein noch mal gebrochen werden – der Diabetes hemmte die Heilung ganz erheblich. Schließlich starb er an den Folgen der Operationen am Kehlkopf in Belgien.

Benito Mussolini hat am Todestag Puccinis, am 29. November 1924, im italienischen Parlament folgende Worte gefunden: »In tiefer Trauer gebe ich bekannt, dass Giacomo Puccini heute in einer Klinik in Brüssel, in die er sich begeben hat, als sein Leiden einen unheilbaren Zustand erreicht hatte, gestorben ist. Sein Tod ist nicht nur Anlass zur Trauer für das ganze italienische Volk, sondern für die ganze zivilisierte Welt. Jetzt ist nicht die Stunde, die Verdienste und den Adel der Schöpfungen Puccinis zu diskutieren. Sicher ist, dass er in der Musikgeschichte und in der Geschichte des italienischen Geistes eine äußerst herausragende Stellung einnimmt. Seine Musik hat viele Generationen berührt. Er kann nicht sterben, weil der italienische Geist nicht stirbt.

Ich bitte die Abgeordnetenkammer, die Stimme des italienischen Volkes, einen hingebungsvollen Tribut an Bewunderung und Trauer diesem nobelsten Geist zu zollen.«
Na ja, was halt so ein Diktator erzählt, wenn er einen Künstler vor seinen Karren spannen will, indem er ihn zum italienischen Nationalheiligtum erklärt. Vollmundig war Mussolini ja immer schon gewesen – ob er jemals in einer Puccini-Oper war, weiß ich nicht. Gesungen hat er jedenfalls nicht, das wagte erst Berlusconi (die CD mit von ihm »gesungenen« neapoletanischen Liedern gibt es immer noch, er hat selbst Obama damit im Weißen Haus in den Ohren gelegen), und Hitler hat sich in München den weißen Schal um den Hals gehängt und »Heut geh ich ins Maxim« in den Spiegel geröhrt.
Lassen wir das, es ist zu ekelhaft.

Verwöhnt hat das Leben Puccini jedenfalls nicht wirklich. Auch wenn er zwischendurch den Erfolg genossen hat, war da immer eine Portion Traurigkeit, die berühmte »Mestizia toscana«, die toskanische Schwermut, die dem schüchternen, melancholischen Puccini auch nicht gerade ins Champagnerglas half. Er war ein bisschen wie die Figuren von Marcello Mastroianni, also nicht der Jäger, sondern eher der Eroberte, der schlecht Nein sagen konnte. Er hatte eine unglaubliche Schwäche für Operetten und war ein Fan von Franz Lehár – das Treffen mit ihm gehörte zu seinen glücklichsten Augenblicken. Sein wahres Leben aber fand zwischen den Notenzeilen statt: Mitten im Trubel – seinen Freunden hatte er verboten, Rücksicht auf ihn zu nehmen, wenn er komponierte (so steht es in den Statuten zum Bohème-Club) – konnte er Melodien und Orchesterfarben komponieren, dass es einem schier das Herz zerreißt. Hier verstand er die Frauen am besten und schrieb ihnen Rollen und Melodien auf den Leib, dass sie es ihm ewig danken werden. Und in seinen

Tenören fand er sein eigenes Ich, denn alles, was die singen, ist Puccini: Sein Rodolfo in der »Bohème« ist ein Schwächling wie er, aber ist er nicht gerade deshalb so großartig? Genauso wie der Pinkerton oder der Kalaf! Und seine genialste Figur, Gianni Schicchi im »Trittico«, zeigt letztlich den Komponisten selbst von allen Seiten.

Wie seine Figur dreht Puccini der Welt und ihren Unpässlichkeiten eine Nase und ist am Ende der Gewinner: als Komponist, der uns verzaubert, der uns ewige Melodien für die ganz ganz großen Gefühle geschenkt hat und der neue Orchesterfarben an den Himmel gemalt hat. Puccini, du bist für die Oper das, was die Piaf für das Chanson und was Schubert für das Streichquartett war: groß, immer Mensch und immer ganz bei uns!

Turandot

unvollendete Oper in drei Akten

Text: Giuseppe Adami und Renato Simoni
nach dem Drama von Carlo Gozzi

Giuseppe Adami: Geboren ist er am 4. November 1878 in Verona und gestorben am 12. Oktober 1946 in Mailand. Wie (fast) jeder italienische Jurist hat er in Padova Jura studiert, in dieser Stadt mit den wundervollen Plätzen. Ich sage nur: Piazza delle erbe oder Prato della valle, von der Kunst und den Kirchen ganz zu schweigen. Er ist aber nicht Jurist geworden, sondern hat sich für eine schriftstellerische Laufbahn entschieden. So schrieb er drei Libretti für Puccini: außer »Turandot« auch »Il tabarro« (1. Teil des Trittico) und »La rondine«, eine wundervolle Puccini-Oper, die leider nicht allzu häufig aufgeführt wird. Er schrieb außerdem für den Komponisten Riccardo Zandonai »La via della finestra« (1919), ansonsten Theaterstücke, Film-Drehbücher, Essays und eine Puccini-Biografie.

Renato Simoni: Auch er ist in Verona geboren, am 5. September 1875, und auch er ist in Mailand gestorben, am 5. Juli 1952. Er hatte frühen Erfolg mit Theaterstücken wie »La vedova – die Witwe« oder »Carlo Gozzi« und wurde als Journalist einer der ersten Theaterkritiker Italiens. Seine Arbeit beim »Corriere della sera« ist im Gedächtnis geblieben, unter anderem gibt es den Staatspreis Renato Simoni, der Schauspielern verliehen wird, die sich um das Theater verdient gemacht haben. Seine Bibliothek hat er übrigens der Mailänder Scala vermacht.

Carlo Gozzi: 1720 in Venedig geboren und 1806 dort gestorben. Er war einer der großen Literaten und Schriftsteller seiner Zeit und ein großer Gegner von Carlo Goldoni, dem Erneuerer der Commedia dell'arte und Schöpfer grandioser Komödien. Gozzi verteidigte gegen Goldoni die traditionelle, alte Commedia dell'arte und befürchtete – wie die Kulturpessimisten aller Zeiten – den Untergang traditioneller Werte. Darüberhinaus schrieb er Theaterstücke zu diversen Themen, gerne graste er dazu orientalische und asiatische Literatur ab. So schrieb er unter anderem »Turandot« und »Die Liebe der drei Orangen«. Seine Werke wurden ins Deutsche übersetzt, Schiller, Goethe und Lessing waren von ihm begeistert. Renato Simoni war es, der auf die deutsche Übersetzung des Gozzi'schen »Turandot« stieß. Das Theaterstück wurde übrigens auch von Ferruccio Busoni vertont, Uraufführung war 1917. Und »Die Liebe der drei Orangen« wurde als »Die Liebe zu den drei Orangen« eine wundervolle Oper von Sergej Prokofieff.

ENSTEHUNGSGESCHICHTE UND URAUFFÜHRUNG

Also manchmal ist es, dass man zu dem Thema »Entstehungsgeschichte und Uraufführung« nur erzählen kann: Man denkt sich nix Böses, dann fliegt einen eine Idee an und schon isses so weit mit einer neuen Oper.
Also: Im März 1920 gehen Simoni, Adami und Puccini in Mailand essen. Leider weiß man nicht, was sie gegessen haben, aber es wird schon nicht chinesisch gewesen sein – ich bitte Sie, der Mailänder und chinesische Küche! Sie

werden wahrscheinlich eingangs Risotto alla milanese gegessen haben, Puccini war ja Feinschmecker, und so ein Mailänder Risotto mit Safran und Kalbsknochenmark ist eine Feinheit, die auch ein Drei-Sterne-Koch nie so hinbekommen wird wie eine solide mailändische Köchin, wenn sie die Männer liebt, die sie bekocht. Und danach wahrscheinlich Ossobuco, eine der weiteren Mailänder Köstlichkeiten.

Wie auch immer: Simoni oder Adami kommen auf Carlo Gozzi, den Rivalen Goldonis in der venezianischen Komödie, zu sprechen und auf sein Stück »Turandot«. Puccini wird vielleicht eingewandt haben, dass gerade erst Ferruccio Busoni und vor ihm andere Komponisten diesen Stoff zur Oper verwoben hatten, aber Puccini wusste, dass er besser war, also hat ihn das vermutlich nicht weiter gestört. Wie immer ließ sich Puccini auch bei dieser Oper – an der er übrigens länger als an allen anderen Opern arbeitete, über vier Jahre, immer wieder wollte er den Bettel hinschmeißen, vielleicht weil er immer kränker wurde und ihm das Arbeiten immer schwerer fiel, sodass er das große Liebesduett am Ende nicht mehr fertigstellen konnte – von der Handlung anstecken. Einer seiner Leib- und Magensprüche war: »La base di un'opera è il soggetto e la sua trattazione – die Basis einer Oper sind der Stoff und seine dramatische Gestaltung«, deshalb nahm er sich für das Libretto mindestens so viel Zeit wie für die Komposition. Die Arbeit am Libretto war für ihn Teil des schöpferischen Prozesses, darin war er ganz und gar Musikdramatiker, mehr Wagner verwandt als Richard Strauss. Heute wäre er bestimmt ein genialer Komponist für Filmmusik. Liebe in den höchsten Farben oder Tod, dazwischen gab es nichts. Nur die ganz großen Gefühle fesselten ihn und in ihrer Behandlung war er einer der größten Meister überhaupt. Die Verwicklung von Liebe und Tod in der Handlung der »Turandot« faszinierte ihn bestimmt von Anfang an.

Dass er dann auch noch die Möglichkeit sah, mit der Figur der Liù seiner Hausangestellten Doria Manfredi, die sich wegen der üblen Nachrede durch Madame Puccini das Leben genommen hatte, ein grandioses Denkmal zu setzen, mag ein weiterer Impuls gewesen sein, sich des Stoffes anzunehmen. In seinen Briefen an Simoni fordert er immer wieder, die Handlung einfach zu halten (»Betonen Sie vor allem die Leidenschaft der Turandot, die so lange unter dem Geröll ihrer Hoffart erstickt ist ...«). Während am Libretto gemeinsam gebastelt wurde, machte sich Puccini gleichzeitig auf die Suche nach musikalischen Motiven aus China, er leistete also erst einmal Basisarbeit. Ab 1921 wurde es dann ernst, der erste Akt konnte in Musik gesetzt werden. Immer weiter traktierte er die beiden Librettisten mit Einschränkungen, Vorschlägen, Verbesserungen, erst 1923 passten ihm die Texte für den zweiten und dritten Akt. 1924 kam ihm dann der Einfall, dass Liù sterben müsse. »Ihr Tod würde dazu beitragen, das Herz der Prinzessin zu erweichen«, schrieb er an Adami. Das große Liebesduett aber, mit dem die Oper enden sollte, konnte er nur noch skizzenhaft komponieren. Bei der Uraufführung am 25. April 1926 brach der Dirigent Arturo Toscanini nach dem Tod Liùs ab, drehte sich zum Publikum und sagte: »Hier endet das Werk des Meisters. Danach starb er.« Ergriffenes Schweigen, bis eine Stimme aus den Rängen rief: »Viva Puccini!«, und ohrenbetäubender Jubel losbrach. Dass Puccini »Turandot« nicht vollenden konnte, hat vielleicht ein bisschen zum Mythos dieser Oper beigetragen. Der frühzeitige Tod des Komponisten drückt ihr etwas Jenseitiges auf. Die Uraufführung war allerdings kein Riesenerfolg, erst in den letzten Jahrzehnten (ich würde sagen, seit Birgit Nilsson, die dieser Rolle etwas unglaublich Unerbittliches gegeben hat, das einfach faszinieren muss; an ihr müssen sich heute noch alle ›Turandötter‹ messen lassen) konnte die Oper reüssieren.

Nach der Uraufführung mäkelten die Zeitungen jedenfalls erst einmal ziemlich herum. Der »Corriere della sera«, quasi die »Süddeutsche« Italiens, zumindest damals, schrieb: »Liù scheint lyrisch im Vordergrund der Oper zu stehen. Hingegen wirkt die Turandot als dramatische Hauptperson nicht durchweg überzeugend. Ihre Rätsel entstammen der Welt der Fabeln und Symbole, die zwar poetische Züge enthält, doch kaum einen dramatischen Stoff, der musikalisch dargestellt werden kann. Die Musik vermag es nicht, die Sphinx in der Turandot herauszustreichen, und überträgt ihr finsteres und unerbittliches Gemüt nicht in die Empfindung.«
Na ja, möchte man sagen, das kann nur einer geschrieben haben, der einer Mimi aus der »Bohème« und ihrer zwar unerbittlichen, aber auch seelenreinen und ein bisschen unerotisch-kindlichen Liebe nachtrauert. Nein, Turandot ist da aus einem ganz anderen Holz geschnitzt, vielleicht aus dem der Frauen, bei denen Puccini abgeblitzt ist, da soll es nämlich so einige gegeben haben.
Heute wird die Oper gerne in der Fassung gespielt, die Toscanini in Auftrag gegeben hatte und die schon am zweiten Tag nach der Uraufführung gespielt wurde: Der Komponist Franco Alfano hatte die Skizzen Puccinis aufgegriffen und eine Viertelstunde dazu komponiert, die Toscanini allerdings noch einmal energisch kürzte.

PERSONEN

Turandot, chinesische Prinzessin	Sopran
Altoum, Kaiser von China	Tenor
Timur, entthronter König der Tataren	Bass
Der unbekannte Prinz, Kalaf, sein Sohn	Tenor
Liù, eine junge Sklavin	Sopran
Ping, Kanzler	Bariton
Pang, Marschall	Tenor

Pong, Küchenmeister	Tenor
Ein Mandarin	Bariton
Der junge Prinz von Persien	Tenor
Scharfrichter	stumme Rolle (no was sonst?!)

Chor

Kaiserliche Wachen; Gehilfen des Henkers; Knaben; Priester; Mandarine; Würdenträger; die acht Weisen; Turandots Kammerfrauen; Diener; Soldaten; Bannerträger; Musikanten; Schatten der Verstorbenen; geheimnisvolle Stimmen; die Menge

ORCHESTERBESETZUNG

Große Orchesterbesetzung

BESONDERHEITEN

Bühnenmusik: 6 Trompeten, 2 Tenorposaunen, 1 Bassposaune, 1 Tuba, 1 Schlagzeug (Tambour di legna und Gong Grave op. Tamtam). Die Bühnenmusik tritt nicht szenisch auf.

DAUER

ca. 2 1/2 Stunden

HANDLUNG

ERSTER AKT

Vor den Toren Pekings. Ein Mandarin verliest aus der »Peking Rundschau« eine Bekanntmachung, und damit geht der düstere Teil der Oper auch schon los:

»Volk von Peking! Dies ist das Gesetz: Turandot die Reine wird die Braut dessen, von königlichem Blute, der die drei Rätsel löst, die sie aufgibt. Doch wer die Probe unternimmt und sie nicht besteht, dem Beile biete er sein stolzes Haupt.«

Damit ist die Richtung klar, wir räkeln uns im Sperrsitz, denn wir wissen: Wir nicht!
Und während das Volk »Ah! Ah!« ruft, kann man die Köpfe all derer bewundern, die diese Probe nicht bestanden haben und jetzt die Zinnen des Palastes zieren (falls es eine anständige Inszenierung ist, der Sie beiwohnen!).
Der Prinz von Persien ist jetzt dran, er hat die Rätsel nicht lösen können. Das Volk schreit nach dem Scharfrichter Pu-Tin-Pao, es ist also das übliche hysterische Durcheinander, wie wir es von der Französischen Revolution her kennen, als die Menge am Fuße der Guillotine auf Marie Antoinette gewartet hat. Ein alter Mann tritt auf, Timur, Ex-König der Tataren, er stürzt, seine Sklavin Liù bittet um Hilfe, ein junger Mann kommt hinzu, Kalaf, der Sohn Timurs. Sie müssen sich verstecken, weil Feinde hinter ihnen her sind. Dann erscheint endlich der Prinz von Persien. Weil er so schön ist, hat das Volk plötzlich Mitleid, Turandot soll ihn nicht hinrichten lassen.
Kalaf wartet auch auf Turandot, um sie zu verfluchen. Aber: Als sie erscheint, ist er hin und weg von ihrer Schönheit, und will sich der Prüfung stellen. Männer und ihr Testosteron! Kalaf will den Gong schlagen, womit klar wäre: Ein neuer Freier ist da. Die drei Hofbeamten Ping, Pong und Pang haben zwar keine Tischtennisschläger dabei, wollen ihn aber trotzdem verjagen: »Geh, es ist die Tür des großen Schlachthauses! Narr, geh fort!« Natürlich lässt sich Kalaf nicht abhalten. Auch sein Vater und Liù können ihn von seinem Plan nicht abbringen. Er schlägt dreimal auf den Gong und damit endet der erste Akt.

ZWEITER AKT

Im zweiten Akt sind erst mal die Tsching-Pings dran, die Hofkomiker des Kaisers Altoum. Sie sinnieren ein bisschen über die Geschichte Chinas, die groß war, bis Turandot geboren wurde: »Seit Jahren sind unsere Feste auf die folgenden Freuden beschränkt: drei Schläge auf den Gong, drei Rätsel und herunter die Köpfe!« Sie jammern dem Leben nach, das sie haben könnten, wäre da nicht Turandot.

Im Innenhof des Palastes sitzt der alte Kaiser und versucht, Kalaf davon abzuhalten, die Rätsel Turandots lösen zu wollen und damit sein Leben hinzugeben. Vergeblich, natürlich. Ein Mann, ein Wort, ein Mann geht seinen Weg, ein Mann tut, was er tun muss – wir kennen alle diese Sprüche. Jetzt kommt Turandot und sofort ist alles ganz großes Kino. Sie erzählt von ihrer Ahnfrau, die vor tausend Jahren von einem Tataren geraubt wurde. Aus Rache dafür nimmt sie jedem, der es wagt, sie zu begehren, das Leben. So weit, so gut, wir wissen also Bescheid.

Nun kommen die Rätsel und Kalaf löst sie alle. Da ist natürlich Panik angesagt: Turandot wirft sich ihrem Vater zu Füßen, er dürfe sie nicht wie eine Sklavin einem Fremden schenken. Alles schreit, nein, singt durcheinander, Kalaf will die Unerbittliche aber nicht mit Gewalt zur Frau nehmen. Er gibt ihr eine Chance und sagt: »Drei Rätsel gabst du mir auf und drei hab ich gelöst. Eines nur will ich dir aufgeben: Meinen Namen kennst du nicht. Nenne mir meinen Namen noch vor dem Morgengrauen, und wenn der Tag anbricht, sterbe ich.«

Damit es spannend bleibt und das Buffet in der Oper etwas Umsatz macht, gibt es an dieser Stelle meistens eine Pause. Dann kommt unvermeidlich der dritte Akt.

DRITTER AKT

Turandot gibt die Devise aus: »Nessun dorma – keiner schlafe«. (Das alles wahrscheinlich nur, weil Puccini wusste, dass die nun folgende Arie »Nessun dorma« ein Welthit werden würde wie kaum eine andere Opernarie zuvor.) Und tatsächlich: Kalaf singt jetzt sein »Nessun dorma« mit der Steigerung zum »Vincerò – ich werde siegen«. Eigentlich könnte da die Oper aufhören, denn diese Arie ist zweifellos ein Höhepunkt par excellence – falls es der Sänger des Kalaf schafft. Wenn nicht, wäre dies der richtige Moment, nach Hause zu gehen.

Jetzt wollen natürlich alle den Namen wissen. Ping, Pong und Pang bieten ihm alle Schätze dieser Welt und die schönsten Frauen, um ihn von Turandot abzubringen, das Volk bedroht ihn mit dem Tode, wenn er seinen Namen nicht verrät – vergebens. Sie wissen schon, ein Mann geht seinen Weg ... Soldaten schleppen Liù herbei, man hat gesehen, dass sie mit Kalaf gesprochen hat, und hofft, dass sie seinen Namen kennt. Turandot kommt, auch sie will natürlich nichts anderes als den Namen. Liù aber schweigt. Es werden die übelsten Foltern angedroht. Sie schweigt. Turandot staunt über so viel Stärke und will wissen, woher sie kommt. Liù antwortet: »Die Liebe, heimlich und uneingestanden, sie ist so groß, dass Dinge wie diese Qualen mir süß sind.« Sie singt ihre ganz große Arie: »Tu, che di gel sei cinta – Du, die du von Eis umgürtet bist« – und weil ihr alle zuhören und keiner aufpasst, entreißt sie am Ende der Arie einem Soldaten den Dolch und ersticht sich. Großer Moment. Alles ist erschüttert, gerührt und musikalisch in feinstem Trauertuche. Der Rest ist schnell erzählt (denn hier hört die Arbeit Puccinis auf): Kalaf macht Turandot Vorwürfe, sie verteidigt sich, gibt dann aber zu, ihn von Anfang an geliebt und gehasst zu haben. Es geht aus, wie es ausgehen muss: gut. Trotz alledem kommt am Ende keine wirkliche Freude auf, weil das Happy End so plötzlich kommt. Aber man geht ja doch lieber so nach Hause, als nicht zu wissen, ob Turandot den Namen nun herausbekommt und Kalaf sterben muss oder nicht. Ich meine: So isses schon besser.

HITS

Nessun dorma
Nessun dorma
Nessun dorma

Natürlich, aber: Da ist noch mehr. Schon wie es losgeht: das Orchester als Henkersbeil. Ohne Umwege ist direkt klar, dass es hier um Leben und Tod geht, keine Ouvertüre, warum auch, gleich wird geköpft, da brauchts kein Gesülze. Und aus dem Volksgeschrei aber auch gleich die lyrische Stimme von Liù und Kalaf mit Tönen, die gleich klarstellen: Hier ist Puccini, hier sind die großen Stimmen, hier ist Tenor und davon wird noch mehr kommen. Bei der Uraufführung waren die Herrschaften in Mailand sicher schon nach diesen ersten Minuten gespannt wie ein Flitzebogen. Man wusste: Aha, das läuft hier wie bei der »Bohème«, na, dann wird das schon! Dennoch: Etwas irritierend ist die so ganz andere Harmonik schon, diese Mischung aus China und Moderne, raffiniert!

Ein Hit ist auch, dass Puccini mit dem Chor eine ganze Generation Filmmusik vorwegnimmt. Die ganzen Hollywood-Schinken, die im Exotischen oder in der Antike spielen – hier ist der Steinbruch, aus dem sie ihre Musik geklaut haben! Kompliment, Giacomo, das ist virtuos komponiert. Und führt von Verdis Chören, die dagegen richtig brav wirken, weit hinein in die Zukunft des Musiktheaters. Also: »Perchè tarda la luna – warum zögert der Mond« ist ein Opernchor-Hit vom Feinsten.

Die drei Tsching-Pings sind sowieso ein Hit. Dass in dieser ja eher düsteren Handlung, in der das Henkersbeil ständig über den Figuren schwebt wie der Kronleuchter in der klassischen Oper, drei comicartige Figuren auftauchen und die Handlung brechen, ist schon sehr sophisticated, finden Sie nicht? Ich meine: Puccini wusste genau, wie er uns zu packen hat. Natürlich gewinnt der Schrecken, wenn er vom Komischen begleitet wird, und umgekehrt. Nirgends wird ja auch so viel gelacht wie in den Intensivstationen der Krankenhäuser. Genial.

Liù singt dann ihr »Signore, ascolta – o Herr, höre mich« und deutet zunächst nur an, was in ihrer Kehle und in ihrem Herzen steckt. Die ganz großen Gefühle ausleben, das darf sie erst später. Aber hier ist schon mal klar, wes Herzens Kind sie ist. Hit!

Die Einleitung zum zweiten Bild hat was k.-u.-k.-mäßiges, das finde ich schon sehr drollig. China und Wien – wo ist da der Unterschied? Es blitzt zwar nur einen Moment auf, bevor der Chor beginnt, aber es blitzt eben auf! Vielleicht wollte Puccini an dieser Stelle zeigen, dass er ein Lehár-Fan war.

Na gut, aber dann geht das große Kino los: Mit »In questa Reggia – in diesem Palaste« setzt Turandot die Maßstäbe, die ab jetzt in dieser Oper zählen. In kalter Brillanz setzt Puccini ihre Seele in Töne. Das ist schon ganz weit vorn und in seiner eisigen Distanz einmalig: Die Heldin einer Oper, die eine tiefgreifende Beziehungsstörung hat, uns so tiefgefroren vorzusetzen, erfordert eine unglaubliche Distanz. Vielleicht hatte Puccini diese Kraft, weil er selber schon todkrank war, wer weiß. Jedenfalls ist es in der Opernliteratur ziemlich einmalig und deshalb ein Hit.

Dann kommen die Rätsel; chinesisch spröde gefragt, heißspornig italienisch beantwortet. Da ist Puccini schon einiges an Spannung eingefallen, gleichsam Ost und West im Kalten Krieg, und wenn da ein Tenor ist, der, wie man heute sagt (verzeihen Sie, ich bin sonst nicht so vulgär), Eier hat, dann ist diese Szene ein ganz großer Opernmoment! Wie die Streicher die Antwort auf das dritte Rätsel vorbereiten, mit dem verzweifelten Abgang ins Nichts: meisterhaft! Kalaf stellt nun seinerseits ein Rätsel und greift dazu natürlich die »Melodie« auf, in der ihm Turandot die Fragen gestellt hat, ein hübsches Spiel im Spiel. Und wenn er »morirò« singt, tut er das in einer Tonabfolge, von der aus im »Nessun dorma« das »Vincerò – ich werde siegen« in den Himmel springt – sehr fein, oder? Na ja, und dann kommt mit »Nessun dorma« halt der Megahit des 20. Jahrhunderts. Dazu ist nichts mehr zu sagen, ein Einfall, der ewig ist. »Vincerò« und einfach nach Hause gehen – mehr kann doch nicht mehr kommen. Nein, nein, nein, da muss doch Liù noch sterben, da ist schon noch, um mit Jogi Löw zu sprechen, »Luft nach oben«, denn »Tu che di gel sei cinta – du, die du von Eis umgürtet« ist Musik in allerbester Mimi-Tradition, so lieben wir Puccini: den Frauen ins Herz hören und sie dann Gefühle singen lassen, die uns die Tränen in die Augen zwingen. Ein großer Moment nicht nur in dieser Oper. Und hier brach Toscanini die Uraufführung ab.

FLOPS

Dass Puccini den Chor sich am Anfang die Seele aus dem Leib singen lässt und die Protagonisten gerade mal das ein oder andere höhere Tönchen stemmen, weil sie sich die ganze Kraft für den Schluss aufsparen müssen – also ich weiß es nicht: Puccini spannt uns da schon ganz schön auf die Folter und dazu ist die Oper als solche nicht da. Gut, die ein oder andere Stelle im Terzett von Timur, Liù und Kalaf ist toll, sehr pucciniesk, alles wunderbar, aber es hätte wirklich mehr davon sein können.

Ein Flop ist auch, dass »Turandot« immer ein bisschen nach Hollywood klingt. Vor allem am Ende des ersten Akts. Wir können es heute ja gar nicht mehr so unvoreingenommen hören wie die Leute bei der Uraufführung, weil unsere Ohren so verschmalzt sind von achtzig Jahren Kino, Posaunen, Quintenläufen bei den Chören und hysterischen hohen Choristinnen-Tönen und Tenor-Falsetten. Povero Puccini, ich

kreide dir das als Flop an, weiß aber: Es ist nicht deine Schuld! Du hast ja diese Musik-Sprache erfunden.
Und da bin ich beim Megaflop dieser Oper: Sie ist einfach zu pompös, nur ab und zu von italienischem Melos unterbrochen: pompöse Chöre, pompöses Schlagzeug, pompöses Orchester, aber so was von Fett draufgehauen. Puccini, mein Gott, was ging denn da mit dir durch? Gut, unsere heutige Event-Gesellschaft, die nur noch in Superlativen leben will, genießt das und mir scheint, dass Turandot so etwas wie die Ikone dieser Generation ist (nur so erklärt sich mir der heutige Erfolg dieser Oper). Ja gut, es ist schöne Musik und stellenhaft meisterliche, nur: Es ist von allem ein bisschen zu viel. Das ist und bleibt für mich der Flop in dieser Oper.

OBACHT

Diese Oper kann nur ein Haus aufführen, das nicht nur über exzellente, sondern über exorbitant exzellente Chöre verfügt. Sonst klingt es wie ein Hollywood-B-Movie und ist zum Scheitern verurteilt. Allerdings: Eine »Turandot«-Aufführung kann sich sowieso nur leisten, wer über eine Ausnahmestimme verfügt. Turandot ist keine Partie, die ein Sopran mal eben so singen kann, Turandot braucht den ultimativen Sopran, Birgit Nilsson hat es vorgelebt. Wenn da auch nur ein Zentimeter fehlt, geht diese Oper baden, sie steht und fällt mit dieser Partie. Wenn aber ein Sopran da ist, der das steht, dann laufen Schauer ohne Ende über den Rücken, tagelang.

DER KLEINE OPERNTÄUSCHER

Ich weiß gar nicht, warum Sie sich über die sogenannte Brutalität von Turandot aufregen. Sie räumt ja immerhin dem

jeweiligen Prinzen noch eine Chance ein: nämlich die Rätsel gar nicht erst lösen zu wollen.
Andere haben das nicht getan. Als die Enkel von Dschingis Khan, namentlich Batu Khan, den Westen unterwarfen, standen sie auch vor Kiew. Da war aber eine stabile Stadtmauer und vor ihr ein Wassergraben. Es gab kein Hinüberkommen, die Einnahme Kiews schien unmöglich. Monate standen die Mongolen vor dem Wassergraben und verzweifelten. Da machte Batu Khan kurzen Prozess: Er holte 100.000 Chinesen (da wird sicher der ein oder andere eroberte Russe dazwischen gewesen sein), hämmerte sie ungespitzt in den Wassergraben, setzte ihnen Helme auf, damit die Bretter besser halten, und ritt dann auf diesen Menschen-Ponton-Brücken an die Mauern, legte Leitern an und erstürmte so Kiew. Ich meine: Das sind doch ganz andere Dimensionen als die Rätselecke von Turandot, oder?!

BEWERTUNGEN

Magie	Wenn man sich auf die fernöstliche Welt einlässt, hat sie sehr viel Magie.
Erotik 0 – 5	Für Masochisten die Kultoper, für uns, was die Erotik anlangt: ferne Sphären!
Fazzoletto	Der Tod Liùs und »Nessun dorma«
Gewalt	Der Tod schwebt über allem und Kalaf spielt russisches Roulette – mehr geht ja kaum.
Gähn	Wie bitte?

Moral —	Als ob es moralisch zu rechtfertigen wäre, dass eine Prinzessin einen Prinzen nach dem anderen köpfen lässt, nur weil sie zu prüde ist, mit einem von ihnen ins Bett zu gehen!
Ewigkeit ☆☆	Ob man in 5000 Jahren den Aliens, die dann bei uns in die Oper gehen, »Turandot« noch verständlich machen kann, bezweifle ich.
Gourmet ☆☆☆☆☆	Ich liebe Peking-Ente, ich liebe den Wok, ich liebe Peking-Oper (sie ist wie ein Pontifikalamt: streng geregelt und dennoch spannend) – und ich liebe Puccini!

GESAMTWERTUNG

☆☆☆☆	Diese Oper ist erst am Anfang ihrer Karriere. Wir müssen noch ein paar Turandots überleben, bis sie zum Repertoire gehören wird. Das allerdings wird sie, gerade weil sie so filmisch ist und gerade weil alle Filmkomponisten aus ihr geklaut haben, was das Zeug hält. HOCH LEBE DAS ORIGINAL!!!

Richard Strauss

1864–1949

In meinem Konzertführer »Scherzo furioso« habe ich die Vita von Richard Strauss relativ breit erzählt, deshalb hier nur die Eckdaten nebst einer – zugegeben: kabarettistischen – Würdigung seiner Leistung als Gründer der GEMA für alle Komponisten nach ihm: geboren am 11. Juni 1864 in München, gestorben am 8. September 1949 in Garmisch-Partenkirchen. Franz Joseph Strauss, sein Papa, war Musiker und allererster Hornist. Hans von Bülow sagte über ihn: »Er ist ein unausstehlicher Kerl, aber wenn er bläst, kann man ihm nicht böse sein.« Seine Mama war Josephine, geb. Pschorr. Früh schon Unterricht am Klavier und in der Komposition. 1882 nach dem Abi kurzes Studium: Philosophie, Kunstgeschichte, Ästhetik. 1885 in Meiningen Musikdirektor, dann München und Weimar. In der Zeit wurden seine großen Orchesterarbeiten aufgeführt. 1900 lernt er Hugo von Hofmannsthal kennen. Ab 1905 startete er zu seiner großen Opernkarriere durch. 1917 Mitbegründer der Salzburger Festspiele, ab 1919 einer der Direktoren der Wiener Staatsoper. 1934 Präsident der Reichsmusikkammer, aber schon

1935 Entfernung aus diesem Amt (er trat sehr heftig für Arnold Zweig ein, erfocht gegen Nazi-Widerstand, dass bei der Uraufführung der »Schweigsamen Frau« sein Name als Librettist auf das Programm gedruckt wurde, und wurde seines Amts 1935 enthoben, als die Gestapo einen Brief von Strauss an Zweig angefangen hatte). 1945 ein bisschen Schweiz, 1949 zurück nach Garmisch, wo er 1908 seine Villa gebaut hatte.

Und jetzt zur Würdigung seiner musikwirtschaftlichen Leistung:
E-Musik, U-Musik, Jazz, Pop – und da sind wir schon mitten in der Bredouille. Das Dilemma eines ganzen Jahrhunderts haucht uns an, wenn wir uns mit Richard Strauss beschäftigen. Und es wird einem schlecht, weil dieses Dilemma schwersten Mundgeruch hat. Wissen Sie, wer es schuld ist, dass es diese Unterscheidung zwischen U- und E-Musik überhaupt gibt? Nicht die Musiker, nicht die Komponisten, nicht die Rundfunkredakteure oder die Schallplatten-Bosse. Nein, diese Unterscheidung, die so vielen Konzertgängern, Musikern, Veranstaltern und Komponisten schon Kopfzerbrechen ohne Ende bereitet hat, stammt von der GEMA, der Gesellschaft für musikalische Aufführungs- und mechanische Vervielfältigungsrechte.
Das kam – im Prinzip – so: Richard Strauss, der seine Verluste im Skatspiel nicht immer von den Konzerteinnahmen decken konnte, hatte folgende Idee: Ich dirigiere meine, sagen wir mal, »Salome« hier in München, dafür kriege ich Dirigenten- und Aufführungshonorar. Jetzt wird meine »Salome« am selben Abend in Berlin aufgeführt, da fällt das Dirigentenhonorar schon mal flach, weil ich nicht so lange Arme habe. Das Aufführungshonorar kriege ich dann, wenn die Berliner mir sagen: Tach, Herr Strauss, wir haben hier Ihre »Salome« aufgeführt, und auch wenn es keinem

gefallen hat, kriegen Sie anbei Ihr Aufführungshonorar in Höhe von soundso viel Mark, ersatzweise aber aus Mangel an Geldmitteln infolge inflationärer Verwirrungen, denen die staatliche Gelddruckerei nachzukommen leider nicht in der Lage ist, als Brikett bei Brikett-Juhnke in der Kantstraße 34 a, 7. Hinterhof, abzuholen nach Bezug eines Brikett-Abhol-Berechtigungsscheins beim Bezirksamt Plötzensee jeden Freitag morgens um 5 Uhr 30 gegen Vorlage einer Ausstellungsbewilligung eines Brikett-Abhol-Ermächtigungsscheins, die beim Ergänzungsbezirkskommando Wedding jeden Freitag ab 5 Uhr 30 früh abgeholt werden kann, vorausgesetzt, man hat den Nachweis der Residentschaft in Berlin-Mitte erbringen können, was für bayerische Staatsbürger nur gegen Vorlage eines Brikett-Außenlagerungsberechtigungszertifikats seitens des bei der preußischen Regierung akkreditierten bayerischen Militärattachés möglich ist, der seinerseits dazu jeden Freitag ab 11 Uhr 30 ermächtigt ist, es sei denn, die Weißwürste sind noch nicht geliefert, mit der Einschränkung, dass, sofern es sich um die Brikettierung des Aufführungshonorars infolge einer kulturellen Leistungserbringung handelt, diese nachgewiesen werden muss durch die Vorlage eines Programmabdruckes des Direktors des Hauses, in dem diese kulturelle Leistung erbracht worden ist, sofern es sich um eine staatliche oder städtische Institution handelt, oder durch die Vorlage der Anzahl der in Anspruch genommenen Garderobenmarken, bestätigt durch die Bescheinigung der Zulassung einer öffentlich zugänglichen Garderobe durch die örtliche Ordnungsbehörde in Zusammenhang mit einer Bescheinigung der Korrespondenz der Anzahl ausgegebener Garderobenmarken mit der vorhandenen Sitz- und Stehplatzzahl durch den Vertreter der staatlichen Finanzverwaltung bei der zuständigen Bezirksbehörde, akkreditiert durch den Vertreter der Meldebehörde, falls es sich bei den diese kulturelle Leistung erbringenden Künst-

lern um ortsansässige Künstler handelt oder akkreditiert durch die Vertreter der ausländischen Botschaften, falls es sich bei den diese kulturelle Leistung erbringenden Künstlern um nicht ortsansässige Künstler handelt, sofern der Nachweis der Residentschaft in Berlin-Mitte durch die jeweiligen bei der preußischen Regierung akkreditierten Militärattachés der den Brikett-Abholberechtigungsschein ausstellenden Behörde vorliegt, welche Bescheinigung aber vor dem die Brikettierung des Aufführungshonorars berechtigenden Ereignisses an der zuständigen Behörde eingereicht sein muss, andernfalls sie in Entfall kommt, was zum Wegfall der Folgeberechtigungen, damit aber zum Ausfall der Brikettierung des Aufführungshonorars und somit zum Nicht-Fall der Auszahlung von Honoraren in jedweder Form führt.
Das aber nur für den Fall, dass die Berliner mir überhaupt melden, dass sie meine »Salome« aufgeführt haben. Wenn sie mir das aber nicht melden, bin ich gepitscht.
Dass das alles so nicht weitergeht, war als Erkenntnis der Schritt von einem verlorenen Solo (Skatspieler wissen Bescheid!) zum anderen. Also stand Richard Strauss vom Skat-Tisch auf und sagte: So geht das nicht weiter, jeder Komponist, der aufgeführt oder auf Schallplatten reproduziert wird, soll für jede Aufführung und für jede Schallplatte, die verkauft wird, ein Honorar erhalten. Damit das klappt, gründen wir die GEMA, die soll dann überall nachgucken, die Hand aufhalten und uns das Geld auszahlen.
Gesagt, getan. Erst einmal hat alles funktioniert, Berlin hat die »Salome« gemeldet und vier Jahre später hat die GEMA dem Richard Strauss drei Briketts in den Keller geschaufelt. Nur: Schnell nahm das überhand. Der Siegeszug der Schallplatten sorgte für Aufruhr bei den Beamten von der GEMA. Weil: »Salome« ist eine Komposition, die dauert zwei Stunden. Gut. »Mein Papagei frißt keine harten Eier« ist auch eine Komposition, dauert aber nur drei Minuten. »Salome«:

drei Briketts. »Papagei«: ebenfalls drei Briketts. Da kann doch was nicht richtig sein. Und den GEMA-Beamten dämmerte die Erkenntnis: Es gibt Musík und Músik. Musík ist »Salome«, Músik ist »Papagei«. Und schon war das Dilemma mit E- und U-Musik in der Welt. Mit weitestreichenden Folgen. Um nur einige Beispiele zu nennen:
Salome: nur im Anzug oder Frack
Papagei: egal
Salome: Rauchverbot
Papagei: Bauchladen, Zigarren, Zigaretten, alles
Salome: Essen nur in der Pause
Papagei: Sauerkraut, Gulasch, normal
Salome: Flirten nur mit Opernglas
Papagei: Geh'n wir zu dir oder zu mir?
Salome: 80 Mark Eintritt
Papagei: Ich wollt nur mal gucken.
Salome: Sex nur auf der Bühne
Papagei: Keine harten Eier
Salome: Mehr als eine Aufführung pro Abend, sprich drei Briketts, geht nicht
Papagei: 30-mal am Abend? Kein Thema! Also 90 Briketts
Irgendetwas stimmte da nicht, was dazu führte, dass man flugs großes und kleines Urheberrecht einführte. Großes Recht (gleich drei Briketts) für das Dicke, Kulturtragende, für »Salome« also, kleines Recht (gleich 0,03 Briketts) für das Kleine, Unterhaltende. Und schon war die Welt in Brüchen. Hier das wertvolle E, da das geringgeschätzte U. Und obwohl DonaU-Eschingen beides enthält (was die Extrem-Partituren-Climber in Donaueschingen noch nie realisiert haben!), hat sich das durchgesetzt, weil die Deutschen gerne Schublädchen haben, auf denen draufsteht, was drin zu sein hat: hier nur E und da nur U. Wobei auch immer klar ist, dass das E-Schublädchen eine geheime Klappe hat, wo man zum U-Schublädchen durchgreifen kann – wenn es keiner sieht. Aber das

kennen wir ja von Beamtenschreibtischen: das Fach, in dem die Wiedervorlage ist, und das Fach, in dem der Sechsämtertropfen wartet. Im Prinzip wäre da ja gar nichts gegen zu sagen, Dieter Bohlen ist mit Sicherheit nicht Karlheinz Stockhausen, wenn das nicht alles dazu geführt hätte, dass sich die Anzugträger aus der E-Schublade immer weiter von den Jeans-Trägern aus der U-Schublade entfernt hätten. Und plötzlich war es wie die Frage: Normaler Glauben oder Protestant?

Aber so weit darf es mit der Musik nicht kommen. Wo wären denn da noch die Kriterien? Ist Ludwig van Beethovens »Wut über den verlorenen Groschen« (so der Originaltitel) wirklich E oder nicht doch auch ein bisschen U? Gounods »Ave Maria« über dem Bach'schen C-Dur-Präludium, das soll E sein? Da fliegt mir ja der Kiefer tiefer! Stockhausens »Gesang der Jünglinge im Feuerofen« ist zwar sicher E, weil es ernsthaft wehtut, im Feuerofen zu stecken, aber wie ist es mit seinem Streichquartett, wo jeder Musiker in einem Hubschrauber sitzt? Das ist doch sicher U, weil es Spaß macht, oder?!

Anderes Beispiel: Telemanns »Tafelmusik«. Wenn es E ist, heißt sie zwar so, aber ich darf nix essen. Ist es aber U: Her mit dem Hämchen, aber der Telemann kriegt nur 0,03 Briketts dafür, wäre doch auch nicht richtig, oder?! Oder: Ist es U, wenn Jimi Hendrix in »Star spangled banner« die amerikanische Nationalhymne so interpretiert, dass einem die Pervertierung des Freiheitsgedankens auf Kosten Vietnams so klar wird wie durch kein Buch, keine Oper, keinen Film, so, dass dir die Tränen kommen, weil du spürst: Hier hat eine ganze Nation sich selbst in den moralischen Untergang katapultiert. Das erkennst du in diesen paar Minuten Musik, und das wäre weniger E als Pendereckis »Lukas-Passion« oder Verdis »Requiem«? Nix, Hendrix bleibt U und bekommt nur 0,03 Briketts! Oder ist es U, wenn die Rolling Stones im

»Mothers little Helper« das Dilemma einer ganzen Elterngeneration auf den Punkt bringen, die sich angesichts des Umbruchs in der Lebensgestaltung einer ganzen Epoche mit Pillen und Tranquilizern wegbeamen und damit eine Generation von Kindern vor die Situation gestellt haben, entweder allein mit dem Leben zurechtzukommen oder zu verrecken, eine neurotische Entscheidung, an der wir heute alle noch zu knapsen haben? Das soll weniger wert sein als John Cages Klavierdeckelzuklappen?
Hätte es damals schon die angebliche U-Musik gegeben, wir würden Brahms heute als Jazzer feiern (2er und 3er!), Paganini als Al di Meola der Geige, Chopin als Chet Baker am Klavier, Liszt als Madonna, Beethoven als The Who, Schumann als Carlos Santana, Mendelssohn als Scott Joplin, Bach als Duke Ellington und Mozart als ... gut, da gibt es keinen Vergleich! Einer muss ja die Ausnahme sein! Tatsächlich haben Komponisten und Musiker nie das Problem mit U und E gehabt. Weder Kurt Weill noch Friedrich Holländer, weder Pavarotti (nur das Warten auf das hohe C macht sein Ausbleiben zum Ereignis!) noch Richard Tauber – die Liste ist beinahe um jeden Namen, den es in der Musik überhaupt gibt – sofern es sich um wirkliche Musiker und Musikerinnen handelt –, ergänzbar. Auch Stravinsky – den solche Kriterien als Komponisten nie interessiert haben (wenn ihn etwas interessiert hat, dann Geld) – gehört dazu. Die wirklichen Musiker hat immer nur eines interessiert: Musik zu schreiben, zu machen, die diesen Namen verdient. Und da sind wir beim Kern der Sache: Musik ist zum Glück eine Sprache, die sich dem Gehirn und damit all den Verführungen, die der Wahrheit das Leben so schwer machen, entzieht. Musik ist die einzige Sprache der Menschheit, die Lüge nicht verstecken kann: In dem Moment, in dem ich Musik höre, weiß ich, ob sie wahrhaftig ist oder gelogen. Da gibt es keine Grammatik und keine Regeln, da gibt es keine Sprachgren-

zen und keine Nationalitäten: Sobald Töne erklingen, weiß ich, ja oder nein. Ist das nicht wunderbar?!

Salome

Drama in einem Aufzuge

Nach dem Drama »Salome« von Oscar Fingall O'Flahertie Wills Wilde in der Übersetzung von Hedwig Lachmann

Text: Richard Strauss

»Wilhelm II. sagte zu seinem Intendanten einmal: ›Es tut mir leid, dass Strauss diese Salome komponiert hat, ich habe ihn sonst sehr gern, aber er wird sich damit furchtbar schaden.‹ Von diesem Schaden konnte ich mir die Garmischer Villa bauen!«

Richard Strauss in seinen »Erinnerungen«

ENTSTEHUNG UND URAUFFÜHRUNG

Ab Frühjahr 1902 beschäftigte sich Richard Strauss mit dem Mythos der Salome. Nach den beiden Opern »Guntram« und »Feuersnot«, seinen Erstlingen 1894 und 1901, die ohne nennenswerten Erfolg auf die Bühne gekommen waren, war es Zeit für etwas Neues. 1901 wurde in Berlin das erste Mal Oscar Wilde's Salome aufgeführt (an Max Reinhardts »Kleinem Theater«), der Cellist Heinrich Grünfeld (1855–1931) sprach Richard Strauss an: »›Strauss, das wär doch ein Opernstoff für Sie‹. Ich konnte erwidern: ›Bin bereits beim Komponieren‹« (Strauss in »Betrachtungen und Erinnerungen«).

Strauss hatte die deutsche Übersetzung von Wilde's Salome erhalten, welche Hedwig Lachmann besorgt hatte, und muss da wohl auf die Idee gekommen sein, sich nicht die üblichen Verse von einem Librettisten zimmern zu lassen, sondern selbst die Prosafassung des Stückes herzustellen. Im Juli 1903 waren die ersten Skizzen der Komposition fertig, die Partitur stellte er vom 27. November 1904 bis zum 20. Juli 1905 her. Im August 1905 komponierte er noch den »Tanz der Sieben Schleier«, dann war er fertig. Im Juli schrieb er seinem Verleger, dass er ihm eine französische Version schreiben könne, das war am 13. September 1905 erledigt. Dazu allerdings musste er eine Reihe von Veränderungen vornehmen, damit es zur Sprache passte. Romain Rolland hat ihm dabei geholfen, Sie sehen: Drunter tat er's nicht! Am 9. Dezember 1905 fand dann die Uraufführung an der Semper-Oper in Dresden statt.

Strauss war offensichtlich schon klar, dass diese Oper etwas ganz Neues darstellen würde: sowohl musikalisch wie auch inhaltlich, ethisch wie musiktechnisch, von den Darstellern ganz zu schweigen. Diese mussten bereit sein, die damaligen Geschmacksgrenzen zu überschreiten, und sie taten sich schwer damit. Richard Strauss schrieb am 24. Oktober an den Generalmusikdirektor der Dresdener Hofoper, Ernst von Schuch, über die Salome-Sängerin Marie Wittich:

»So ist es also nun glücklich gekommen, wie ich befürchtete. Verleger, Stecher (= Notenstecher) und ich haben uns den ganzen Sommer abgezappelt, um Ihnen bis 1. September die Klavierauszüge zu liefern. Die ›große‹ Frau Wittich lässt das Schundzeug fünf Wochen liegen und kanns eben schließlich nicht schaffen. Ich habe also das Meinige getan: Sie dürfen mir also nicht böse sein, wenn ich Ihnen unter diesen Umständen die Uraufführung nicht mehr garantieren kann. In Leipzig studiert Nikisch bereits feste dran, Mahler teilt mir heute mit, dass er das Werk endlich bei der Zensur durchgedrückt habe, und geht nun sofort mit Feuereifer an die Arbeit, lässt Salome in vierfacher Besetzung studieren; wenn er Ihnen zuvorkommt, kann ich nichts dafür. Wie ich Ihnen schon depeschierte, will ich Ihnen bis spätestens 9. Dezem-

ber die Uraufführung reservieren, können Sie's dann nicht herausbringen, dann mag es bringen, wer zuerst fertig wird. Ich reise am 11. Dezember nach Russland, von wo ich erst am 5. Januar wieder zurückkomme.
Frau Wittich scheint die Sache überhaupt keinen Spaß zu machen. Wenn sie dazwischen noch große Gastspiele absolviert und sich nicht vollständig auf Salome konzentriert, kann nichts Gescheites herauskommen. Ich bitte um umgehende Drahtantwort über das endgültige Datum der Premiere. Hoffentlich sind Sie mir nicht böse; aber wenn Sie Ihre verfluchten Primadonnen nicht besser im Zaume haben, dürfen Sie's mir nicht entgelten lassen ...
Dass die Partie der Salome in vier Wochen nicht zu lernen ist, habe ich Ihnen vor einem Dreivierteljahr gesagt. Nun haben wir die Bescherung!«
Allerdings schreibt er dazu in seinen »Erinnerungen« 1942 Folgendes:
»Auf den Arrangierproben streikte die hochdramatische Frau Wittich, der man wegen der anstrengenden Partie und wegen des dicken Orchesters die 16-jährige Prinzessin mit der Isoldenstimme – so etwas schreibt man halt nicht, Herr Strauss: entweder oder – anvertraut hatte, ab und zu mit dem entrüsteten Protest einer sächsischen Bürgermeistersgattin: ›Das tue ich nicht, ich bin eine anständige Frau‹, und brachte den auf ›Perversität und Ruchlosigkeit‹ eingestellten Regisseur Wirk zur Verzweiflung! Und doch hatte Frau Wittich, die figürlich natürlich für die Rolle nicht geeignet war, eigentlich recht (zwar in anderer Beziehung), denn was in späteren Aufführungen exotische Tingeltangeleusen mit Schlangenbewegungen, Jochanaans Kopf in der Luft herumschwenkend, sich geleistet haben, überstieg oft jedes Maß von Anstand und Geschmack! Wer einmal im Orient war und die Dezenz der dortigen Frauen beobachtet hat, wird begreifen, dass Salome als keusche Jungfrau, als orientalische Prinzessin nur

mit einfachster, vornehmer Gestik gespielt werden darf, soll sie nicht in ihrem Scheitern an dem ihr entgegentretenden Wunder einer großartigen Welt statt Mitleid nur Schauder und Entsetzen erregen.«

Na, auf die Inszenierung, die genau diese Vorgaben berücksichtigt, warte ich noch. Jeder Regisseur wird sich dagegen wehren: Das Drama nur in der Musik stattfinden zu lassen. Aber einen Versuch wäre es doch mal wert, oder?!

Zu guter Letzt dankt Strauss allerdings doch seinem zusammengefalteten Ernst von Schuch. Am 15. Dezember, sechs Tage nach der Uraufführung, die ein Erfolg war, schrieb er ihm: »Ich freue mich riesig über den kolossalen Erfolg der Salome und nicht zuletzt über den eminenten Erfolg, den Sie persönlich als wohlverdienten Lohn für alle Mühe, Aufopferung und Selbstentäußerung davongetragen haben. Ich glaube nicht, dass Sie jemals so berühmt waren als in diesem Augenblicke: Ganz Berlin ist voll von Ihnen. Nun, wohl bekomms! Mich g'freuts!«

Die Uraufführung war ein Erfolg voller Unkenrufe: Man geilte sich auf (um es mal heutig auszudrücken), empörte sich aber auch. Das werde wohl nur in ein paar Opernhäusern gegeben werden, zu extrem sei die ganze Geschichte. Vor allen Dingen die staatstragende Kritik und Nicht-Kritik (siehe Wilhelm, der Zwote) fühlte sich bemüßigt, den Moralfinger hochzuhalten. Gleichwohl: Die Zeit war überreif für diesen »Übergriff«, die Moral war zu brüchig geworden (Sigmund Freud hat dazu ja auch sein Scherflein beigetragen). Und auch wenn die Musik für die meisten Ohren zu neu war: »Salome« musste ein Erfolg werden, anders ging es gar nicht. Und tatsächlich: Schon drei Wochen nach der Uraufführung hatten zehn Opernhäuser Aufführungen gebucht. Dass da der Kaiser für eine Berliner Aufführung (nach der Uraufführung) verlangte, dass am Schluß der Stern von Betlehem aufzugehen habe, dass in Wien Gustav Kardinal Piffl erst 1918

eine Aufführung erlaubte und und und, tat dem Erfolg dieser epochalen Oper keinen Abbruch. »Salome« hat das Tor zur neuen Zeit, zur Neuen Musik, zur neuen Moral auf der Bühne aufgestoßen – aber hallo!
Heute gehört die Oper eher zur genüsslich belauschten klassischen Moderne – dafür aber entgehen uns oft die Subtilitäten des Subversiven in dieser Musik. Schad' drum!

PERSONEN

Herodes	Tenor
Herodias	Mezzosopran
Salome	Sopran
Jochanaan	Bariton
Narraboth	Tenor
Ein Page der Herodias	Alt
5 Juden	4 Tenor 1 Bass
2 Nazarener	1 Tenor, 1 Bass
2 Soldaten	2 Bässe
Ein Kappadozier	Bariton
Ein Sklave	stumme Rolle

ORCHESTERBESETZUNG

Piccoloflöte
3 Flöten
2 Oboen
Englischhorn
Heckelphon
Kleine Klarinette in Es
4 Klarinetten
Bassklarinette
3 Fagotte

Kontrafagott
6 Hörner
4 Trompeten
4 Posaunen
Basstuba
4 große Pauken
Kleine Pauke
Große Trommel
Becken
Kleine Trommel
Triangel
Tamtam
Tamburin
Xylophon
Kastagnetten
Glockenspiel
CELESTA
2 Harfen
Streicher

BESONDERHEITEN

Bühnenmusik:
Harmonium
Orgel

DAUER

Knapp 2 Stunden

HANDLUNG

Palast des Herodes in Jerusalem

Im Hintergrund eine alte Zisterne mit einer Einfassung aus grüner Bronze. Der Mond scheint sehr hell. Narraboth, Hauptmann der Wachen, ist hingerissen von Salome, er kann seine Augen nicht von ihr lassen. Die Oper beginnt mit Sätzen, die keine Zweifel hochkommen lassen:
Narraboth: »Wie schön ist die Prinzessin Salome heute Nacht!«
Ein Page der Herodias: »Sieh die Mondscheibe, wie sie seltsam aussieht. Wie eine Frau, die aufsteigt aus dem Grab.«
Narraboth: »Sie ist sehr seltsam, wie eine kleine Prinzessin, deren Füße weiße Tauben sind. Man könnte meinen, sie tanzt.«
Ein Page der Herodias: »Wie eine Frau, die tot ist. Sie gleitet langsam dahin.«
Die Juden sind vertieft in religiöse Streitereien, die Soldaten sind davon gelangweilt. Salome auch. Außerdem nervt sie, dass Herodes, ihr Stiefvater, sie mit seinen geilen Augen nicht loslässt. Sie flieht auf die Terrasse und hört Jochanaan aus der Zisterne singen: »Siehe, der Herr ist gekommen, des Menschen Sohn ist nahe.«
Als sie hört, dass Jochanaan kein alter Mann ist, bringt sie Narraboth dazu, ihn aus der Zisterne zu holen, trotz des Verbots von Herodes, der ihn wegen seiner Äußerungen über Herodias hat einsperren lassen.
Jochanaan kommt und seiner asketischen, unnahbaren Aura verfällt Salome sofort. Die Hormone kochen hoch, sie will ihn berühren, nahe sein, küssen. Die Lust steigert sich zum Wahnsinn: »Ich will deinen Mund küssen, Jochanaan! Ich will deinen Mund küssen!«
Narraboth wird das zu viel, er ersticht sich, und obwohl er tot zwischen die beiden sinkt, bekommt Salome das nicht mit,

so sehr ist sie von Jochanaan gefangen. Mit den Worten »Ich will dich nicht ansehen, du bist verflucht« kehrt Jochanaan in seine Zisterne zurück. Hoffentlich hat er gutes Schuhwerk an den Füßen.

Die Schwüle nimmt zu: Herodes und seine Gäste kommen auf die Terrasse, um weiterzufeiern, Herodes vor allem, um seine Salome anzuglotzen. Er hat düstere Gedanken, Salome soll für ihn tanzen, um ihn auf andere Gedanken zu bringen. Herodias ist dagegen, Salome lässt ihn abblitzen. Er insistiert. Als sie ihn dazu bringt, zu schwören, dass er ihr jeden Wunsch erfüllen werde, wenn sie nur für ihn tanze, ist sie bereit. Jetzt kommt der legendäre Schleiertanz. In der Regel kommt da jemand vom Ballett und doubelt die Sängerin, und das ist fast immer eine kluge Entscheidung. Es gab aber Primadonnen – nee, das werde ich jetzt nicht verraten, wer das war! –, die selber getanzt haben, und das auch noch in Wien. Sehr, sehr grenzwertig und extrem erheiternd. Man lachte und damit war jede Erotik im Eimer.

Sei's drum, nehmen wir an, das Double kann tanzen. Der Tanz ist zu Ende. Salome kommt zu Herodes, der vor lauter Testosteronen völlig außer sich ist: »Komm her, Salome, komm her, du sollst deinen Lohn haben. Ich will dich königlich belohnen. Ich will dir alles geben, was dein Herz begehrt. Was willst du haben? Sprich!«

»Ich möchte, dass Sie mir gleich in einer Silberschüssel ...«

»In einer Silberschüssel – gewiß doch – in einer Silberschüssel ... Sie ist reizend, nicht? Was ist's, das du in einer Silberschüssel haben möchtest, o süße, schöne Salome, du, die schöner ist als alle Töchter Judäas? Was sollen sie dir in einer Silberschüssel bringen? Sag es mir! Was es auch sein mag, du sollst es erhalten. Meine Reichtümer gehören dir. Was ist es, das du haben möchtest, Salome?«

»Den Kopf des Jochanaan.«

Herodias ist begeistert, Herodes ist erschüttert. Er beschwört

sie, sich etwas anderes zu wünschen, er fürchtet den Zorn Gottes, weil Jochanaan ein heiliger Mann ist. Er versucht mit allen Mitteln, zappelnd vor Verzweiflung, Salome umzustimmen, vergeblich. Er resigniert. »Man soll ihr geben, was sie verlangt. Sie ist in Wahrheit ihrer Mutter Kind!«
Was jetzt kommt, gehört in die Abteilung Sexualpathologie, Nekrophilie und Schweigen der Lämmer. Salome läuft zur Hochform auf und gestattet uns so Einblicke in die tiefsten Abgründe, die selbst ein Sigmund Freud bis dahin nicht ausgelotet hatte. Sie küsst Jochanaans Mund. Herodes zieht sich zurück und sagt die letzten Worte in dieser Oper: »Man töte dieses Weib.« Im Libretto steht: Die Soldaten stürzen sich auf Salome und zermalmen sie mit ihren Schilden.
Weil da nix mehr zu sagen ist, fällt der Vorhang. Wenn dahinter das ganze Blut aufgewischt ist, hebt er sich wieder und wir dürfen den Sängerinnen und Sängern begeistert applaudieren.

HITS

»Medias in res« hat Horaz geschrieben, und so ist es hier: Kein Gedöns, keine Ouvertüre, direkt mitten hinein. Das ist toll. Helles Holz und dennoch: Dir schwant Düsteres, diese Gegenläufigkeit ist schon ein genialer Griff, finde ich. Überhaupt ist die Orchestrierung – darin war Richard Strauss ja eh Weltmeister – genial, also die Orchesterfarben. Wie er das gemacht hat, der Altmeister, wir wissen es nicht, eines ist aber klar: Kaum ein Komponist ist so virtuos mit der Farbenpalette umgegangen wie dieser bärbeißige Bayer.
Den aufgeregten Wachen und dem schwärmerisch-schwülen Narraboth kommt nun – aus der Zisterne – Jochanaan mit seiner tragenden Stimme entgegen und mit einer Musik, die einen ganz anderen Atem hat – auch das ist Strauss herausragend gelungen.

Salome tritt auf und muss dazu ausgerechnet singen: »Ich will nicht bleiben. Ich kann nicht bleiben.« Wenn Birgit Nilsson das singt, glaubt man es ihr. Kurios, oder?! Sie singt: »Wie gut ist's, in den Mond zu sehen« – und wir hören die Celesta! Erwischt, lieber Richard Strauss! Das ist doch eine ganz alte Klamotte: Mond? Natürlich nur zur Celesta, um die silbrigen Mondfäden zu illustrieren. Wir sehen, wie der alte Haudegen komponiert hat: Nichts auslassen, noch das letzte Klischee kann man gebrauchen, es muss nicht in die Mülltonne gekloppt werden.
Salome will Jochanaan sehen. Hören Sie, wie fordernd, drohend, unerbittlich die Musik das kommentiert. Sie schaut über den Zisternenrand und singt: »Wie schwarz es da drunten ist? Es muss schrecklich sein, in so einer schwarzen Höhle zu leben!« Und die Musik? Wie eine Parodie auf das Wagner'sche Drachengewühle klingt das, alles, was Tiefe im Orchester hat, wird da aufgeboten und dennoch: In einer Handvoll Takten zeigt Strauss, was man alles malen kann, wenn man den Orchesterpinsel beherrscht. Genial!
Und zack! Die Musik wird gurrend, zärtlich, die Geigen arpeggieren verführerisch: Salome bezirzt »ihren« Narraboth, Jochanaan aus der Zisterne zu holen, und er hat dem nichts entgegenzusetzen. Die Worte sind verführerisch, die Musik zeigt, dass hinter dieser Verführung das Unaussprechliche, die Gier, das Monster steckt. Und das alles 1905, zig Jahre vor all den Filmen, die uns heute diese dunkle Seite als unsere normale zeigen, nein, zeigen möchten. Denn ganz so ist es ja auch nicht, gell! Es gibt schon noch Frauen, denen wir Männer vertrauen dürfen.
Absoluter Hit: »Jochanaan. Ich bin verliebt in deinen Leib!« Was für eine Musik, was für eine Ekstase, die sich auch noch steigern kann. Dass die Musik das Perverse in dieser Leidenschaft schildern kann, als wäre es das hehre Begehren, nimmt mir immer wieder den Atem! Wo im Wagner'schen

»Tristan« alles quasi unter der Decke läuft, wo bei Bruckner nur das Moos schwillt (das aber kräftig und so was von verklemmt), haben wir hier in aller Offenheit alles vor uns. Das muss 1905 als absolute Provokation empfunden worden sein. Die Szene Salome–Jochanaan ist ein Hammerhit!
Lassen Sie es sich in den Ohren zergehen, wie Strauss den Auftritt von Herodes musikalisch begleitet: Das zittert, das zagt, das wankt, da ist nichts eindeutig, da ist ein Mann und eine Musik, mit dem, mit der man nichts gemein haben möchte.
Die Aufforderung, zu tanzen, und die Vorbereitung des Tanzes: Das ist doch Fieber in der Musik, das uns auch packt, wir sitzen beinah schweißgebadet in unseren Parkett-Fauteuils, bis er endlich kommt, der Schleiertanz. Hit! Und beim Schleiertanz hat sich Strauss auch gut was einfallen lassen, oder?
Ein weiterer Hit: Wie Herodes darum kämpft, Salome von ihrem abartigen Wunsch abzubringen, großartig. Und ab »Es ist kein Laut zu vernehmen« kommen circa 16 Minuten atemlosen Hingerissen-Seins ob dieser Spannung, dieser Perversität, dieser Dichte – unglaublich!

FLOPS

Keine. Nirgends. Es sei denn, der Kopf Jochanaans fliegt von der Silberschüssel, was auch schon passiert ist! Aber das ist ja dann eher noch das Tüpfelchen auf dem i und man wird seinen Kindern und Kindeskindern noch davon erzählen.

OBACHT

Die Zutaten müssen stimmen. Man kann die Salome natürlich auch im Puff spielen lassen, darf sich dann aber nicht wundern, wenn es nicht funktioniert. Denn das ist wie bei

den Hitchcock-Filmen: Der wahre Horror, die Spannung, Suspense eben, entsteht erst, wenn er nicht gezeigt wird, sondern wenn er in unseren Köpfen entsteht. Wie sagte schon Richard Strauss selbst?
»Überhaupt muss sich, im Gegensatz zu der allzu aufregenden Musik, das Spiel der Darsteller auf größte Einfachheit beschränken, besonders Herodes muss sich vor dem herumrennenden Neurastheniker darauf besinnen, dass er als östlicher Parvenu seinen römischen Gästen gegenüber bei allen momentanen erotischen Entgleisungen sich stets bemüht, in Nachahmung des größeren Cäsars in Rom Haltung und Würde zu bewahren. Toben auf und vor der Bühne zugleich – ist zu viel! Das Orchester allein genügt dafür!«

DER KLEINE OPERNTÄUSCHER

Strauss glaubte in dieser Oper Richard Wagner überwunden zu haben. Er arbeitete zwar ebenfalls mit Leitmotiven (Salome-Motiv, Jochanaan-Motiv etc.), ging aber harmonisch wesentlich weiter als Wagner und auch in der Vertonung des Prosatextes sprengte er alle bis dahin geltenden Grenzen. Er selber drückte das so aus:
»Ich hatte schon lange an den Orient- und Judenopern auszusetzen, dass ihnen wirklich östliches Kolorit und glühende Sonne fehlt. Das Bedürfnis gab mir wirklich exotische Harmonik ein, die besonders in fremdartigen Kadenzen schillerte wie Changeant-Seide. Der Wunsch nach schärfster Personencharakteristik brachte mich auf die Bitonalität ...
Man kann es als ein einmaliges Experiment an einem besonderen Stoff gelten lassen, aber zur Nachahmung nicht empfehlen.«

BEWERTUNGEN

Magie	Natürlich nimmt Salome jeden gefangen, der sich hingesetzt hat.
Erotik	Was denn sonst!
Fazzoletto	Und das auch nur zum Blutaufwischen!
Gewalt	Hier geht es um nichts anderes.
Gähn —	Ich meine: bei so viel Gewalt?!
Moral —	Diese Oper ist die Aufhebung aller Moral.
Ewigkeit	Weil diese Oper bleiben wird: als Dokument dessen, was wir alles so in uns haben
Gourmet —	Also zum Genießen sehe ich nix – außer der Musik.

GESAMTWERTUNG

Eine der am dichtesten gewebten Opern überhaupt. Eine Musik, die an Spannung nichts zu wünschen übrig lässt, und ein Sujet, das sich gewaschen hat und immer interessieren wird.

Elektra

Tragödie in einem Aufzuge

Text: Hugo Laurenz August Hofmann Edler von Hofmannsthal
Nach seiner Tragödie (1903) nach der Tragödie
von Sophokles (um 413 v. Chr.)

»... der Wunsch, dieses dämonische, ekstatische Griechentum des 6. Jahrhunderts Winckelmann'schen Römerkopien und Goethe'scher Humanität entgegenzustellen, gewann das Übergewicht über die Bedenken, und so ist ›Elektra‹ sogar noch eine Steigerung geworden in der Geschlossenheit des Aufbaus, in der Gewalt der Steigerungen ...«

Richard Strauss in »Betrachtungen und Erinnerungen«

Hugo Laurenz August Hofmann, Edler von Hofmannsthal: geboren am 1. Februar 1874 in Wien, gestorben am 15. Juli 1929 in Rodaun bei Wien. Weil viele wahrscheinlich schon einmal in Salzburg waren und dort natürlich auch den »Jedermann« Hofmannsthals gesehen haben – er war ja Begründer der Salzburger Festspiele – und sich dabei bestimmt über ihn und sein Leben informiert haben, möchte ich hier nur einige Eckdaten referieren. Beste Schulbildung in Wien (Akademisches Gymnasium, das Gymnasium im k.u.k. Wien), frühes Auftreten als Dichter.

Stefan Zweig setzt ihm in »Die Welt von Gestern« folgendes Denkmal: »Die Erscheinung des jungen Hofmannsthal ist und bleibt denkwürdig als eines der großen Wunder früher Vollendung; in der Weltliteratur kenne ich bei solcher Jugend außer bei Keats und Rimbaud kein Beispiel ähnlicher Unfehlbarkeit in der Bemeisterung der Sprache, keine solche Weite der ideellen Beschwingtheit, kein solches Durchdrungensein mit poetischer Substanz bis in die zufälligste Zeile, wie in diesem großartigen Genius, der schon in seinem sechzehnten und siebzehnten Jahr sich mit unverlöschbaren Versen und einer noch heute nicht überbotenen Prosa in die ewigen Annalen der deutschen Sprache eingeschrieben hat. Sein persönliches Beginnen und zugleich schon Vollendetsein war ein Phänomen, wie es sich innerhalb einer Generation kaum ein zweites Mal ereignet.«

Nur: Wie sich das anfühlt, so extrem frühreif zu sein – ich weiß es nicht. Wenn man sich die Liste seiner Freundschaften und Brieffreundschaften anschaut, möchte man meinen, dass die Hälfte für ein ganzes reifes Leben gereicht hätte. Es gibt kaum jemanden von kulturellem Gewicht, mit dem er nicht in Verbindung gestanden hätte. Als er 1900 dann auch noch Richard Strauss kennenlernte, war klar, wohin die Richtung gehen würde. Es war eine der fruchtbarsten Freundschaften zwischen Künstlern, die wir kennen, ihre Zusammenarbeit schuf so geniale Werke wie »Elektra«, »Der Rosenkavalier«, »Ariadne auf Naxos«, »Die Frau ohne Schatten«, »Die ägyptische Helena« und »Arabella«. Die Unterschiede zwischen dem feinsinnigen hochgebildeten und ein bisschen konservativ-parfümierten Dichter und dem gradlinigen, bayerischen und eher groben Komponisten konnten nicht größer sein. Dennoch – oder vielleicht deshalb – »funktionierte« ihre Freundschaft. Sie waren mit Mozart/da Ponte und Verdi/Boito das kreativste Librettisten-Musiker-Duo der Theatergeschichte.

Auch wenn ihre privaten Vorlieben sehr unterschiedlich waren. So sollte zum Beispiel in Stuttgart nach einer »Ariadne«-Aufführung ein Bankett stattfinden, ein Event, bei dem man sich mit zehn Mark beteiligen konnte. (Vor Jahren hatten die drei Tenöre Pavarotti, Domingo und Carreras nach einem Konzert in Düsseldorf mal zu so einem Event geladen, verlangten dafür aber 1000,– DM, bei schließlich 1000 Gästen ein lukratives Geschäft.) Und es gab nur ein Kümpchen Spaghetti! Hofmannsthal lehnte seine Teilnahme mit den neckischen und energischen Worten ab: »Ich meinerseits weigere mich schon heute, einen Abend, an den die Erinnerung mir kostbar sein soll, in der Intimität von Zeitungsschmierern und Stuttgarter Spießbürgern zuzubringen, die Ihnen und mir beim Champagner das Du antragen.« Wer solche Events kennt, weiß, wie recht er hatte!

Strauss und er lernten sich 1899/1900 beim Wiener Dichter Richard Dehmel kennen und ab 1903 arbeiteten sie zusammen. »Elektra« war das erste Ergebnis, nachdem Strauss ein ihm vorher vorgeschlagenes Libretto »Der Triumph der Zeit« (ein Entwurf) abgelehnt hatte. Zusammen mit Max Reinhardt bemühten sie sich um die Etablierung von Festspielen und 1920 war es dann so weit: Mit dem »Jedermann« von Hofmannsthal eröffneten die Salzburger Festspiele. Hofmannsthal schrieb unglaublich viel, war aber oft dem Vorwurf des Konservatismus ausgeliefert. Wer den »Jedermann« kennt oder »Das kleine Welttheater«, weiß, was damit gemeint ist. Viermal wurde er für den Literaturnobelpreis vorgeschlagen, nie hat es geklappt. Schade, verdient hätte er ihn schon, auch wenn manchem die etwas gewollt hohe Sprache auf den Geist gehen mag (mir zum Beispiel). Zwei Tage nachdem sich sein Sohn Franz mit 26 Jahren erschossen hatte, traf Hofmannsthal ein Schlaganfall: just, als er zur Beerdigung gehen wollte. Er hatte kein leichtes Leben, zumindest aber mit den Stücken, die er für Strauss schrieb, ist ihm ein Platzerl in der Ewigkeit sicher. Und bestimmt mit so manchem Gedicht aus seinen frühen Jugendtagen.

Sophokles: 497 v. Chr. in Athen geboren, 406 v. Chr. dort gestorben. »Studierte« bei Lampros Musik und bei Aischylos Tragödie. Mit 17 war er Vorsänger bei den Feierlichkeiten nach dem Sieg bei Salamis (wo die Griechen die Perser zur See fertigmachten und damit der europäischen Kultur gegen die asiatische zum Durchbruch verhalfen), danach wurde er zum großen Theaterautor. Er soll um die 130 Werke geschrieben haben, darunter »Antigone«, »Ödipus Tyrann«, »Elektra«, »Philoktet«, alles Dramen, die zum ehernen Bestand unserer Kultur gehören und bis heute ihre Wirkung haben. Er war im politischen Leben Athens sehr aktiv, hatte hohe Positionen inne und machte sich um den Staat verdient. Von Sophokles stammt der große Satz, der sein skeptisches und eher pessimistisches Weltbild verrät: »Πολλὰ τὰ δεινὰ κ᾽ οὐδὲν ἀνθρώπου δεινότερον πέλει – es gibt viel Unheimliches und doch ist nichts unheimlicher als der Mensch.«

ENTSTEHUNGSGESCHICHTE UND URAUFFÜHRUNG

Im Herbst 1905, er hatte gerade die »Salome« fertig, ging Richard Strauss in Berlin ins Deutsche Theater und sah die Max-Reinhardt-Inszenierung von Hofmannsthals »Elektra«. Sie hat ihn beeindruckt, am 2. Februar 1906 traf er sich mit Hofmannsthal in Berlin und schrieb ihm am 11. März, er habe das Schauspiel »bereits ganz schön zum Hausgebrauch zusammengestrichen«. Na, ob das den Hugo wirklich gefreut hat, lassen wir mal dahingestellt sein.
Strauss zögerte dann allerdings doch etwas. Die Ähnlichkeit des Stoffes zur »Salome« ließ ihn zweifeln, ob er »ein zweites Mal die Steigerungskraft hätte, auch diesen Stoff erschöpfend darzustellen«. Hofmannsthal redete ihm gut zu und schlug vor, er selber werde beim Umschreiben der Tragödie zum Opernlibretto helfen. Ab 16. Juni 1906 komponierte Richard Strauss, es ging ihm aber nicht so leicht von der Hand.

Er war viel unterwegs und der musikalische Stoff war zäh. Am 7. Oktober 1907 begann er mit der Niederschrift der Partitur, hatte aber gleichzeitig auch noch zu komponieren. Es ging hin und her: Textänderungswünsche, neue Szenen (die Wiedererkennungsszene zwischen Elektra und Orest zum Beispiel). Am 11. September 1908 war die Komposition fertig, am 22. September 1908 die Partitur fertig niedergeschrieben. Die Zusammenarbeit zwischen Strauss und Hofmannsthal fand übrigens überwiegend in Briefen statt, sie sahen sich nur sehr selten, da verhielten sie sich eher distanziert. Der kantige Bayer und der feinziselierte Wiener – sie waren im »normalen« Leben offenbar nicht wirklich füreinander geschaffen.

Die Uraufführung fand am 25. Januar 1909 in Dresden statt. Ich darf – weil es so viel über Strauss und die Kulturkämpfe der damaligen Zeit erzählt – ausführlich den berühmten Kritiker Hermann Bahr zitieren, der am 29. Januar 1909 in der Wiener »Neuen Freien Presse« folgende Rezension geschrieben hat:

»Ganz Europa ist hier, hat mir mit Stolz mein Portier anvertraut; und wie man doch auch von ganz Paris oder ganz Berlin spricht, im selben Sinn mag's ja gelten. Alles ist da, was es sich schuldig glaubt, bei den Ereignissen niemals zu fehlen. Man denkt an Bayreuth; nur dass es dort feierlicher, nachdenklicher ist. Hier ist alles hastiger, eiliger, heftiger, weniger hieratisch, mehr berlinisch. Und eigentlich muss ich an München denken, vor vier Jahren im August, als dort das große Automobilrennen war, das Herkomer-Rennen. Daran erinnert's mich fast ein bisschen. Wie in der Erwartung von Rennen, Spielen, Wetten betragen sich diese gierigen Fremden, die zur Strauss-Woche da sind. Es sind jene Ärmsten von den Reichen, die in einem fort doch einmal etwas erleben möchten; alles andere können sie sich ja kaufen. Sie ließen sich, wenn man es ihnen anböte, vierteilen, um nur einmal etwas zu spüren, doch irgendetwas. Eine Wirkung dieser Art erhoffen sie sich vom Künstler. Und erschlägt er sie nicht, so erschlagen sie dann ihn; es ist nicht ganz dasselbe, aber doch immerhin ein gewisser Ersatz.

Und mitten im Getümmel der überfressenen Hungrigen steht nun still betriebsam der Zauberer, um den diese ganze Hölle tanzt, Herr Generalmusikdirektor Richard Strauss aus Berlin. Und das Schöne an ihm ist, gleich auf den ersten Blick, dass er so gar nicht zu seinen Bewunderern passt. Ein standhafter, wetterharter, merkwürdig gefasster Mann, ruhig und wohlgemut. Gärtner schauen so aus; auch Leute, die viel mikroskopieren; Leute, die gewohnt sind, Dinge mit festem Blick aus der Nähe genau sinnend zu betrachten und Liebe, Geduld und Treue zu haben. Ganz jung noch, man sieht ihm seine vierundvierzig Jahre kaum an; die Augen aber sind noch nicht zwanzig. Auf diese Augen hin könnte man ihm, wenn er zum Theater ging, den Franz im Götz oder den Küchenjungen Leon geben, oder auch den braven Leim im Lumpazi. So treuherzig unbeklommen blicken sie mit Unschuld, romantischer Wanderlust und Zuversicht die Welt an. Nur wird man dann freilich gleich gewahr, dass sein Mund dazu nicht recht stimmt; ein weicher, frauenhafter, geheimnisvoller Mund, an dem allerhand Tücken, Zärtlichkeiten, Müdigkeiten, Traurigkeiten, drohende Listen und arge Wünsche im Dunkel hängen. Tut er den Mund aber auf und spricht, dann stimmt's wieder auf einmal: der warme, braune, königlich bayrische Klang seiner gelassen zugreifenden Rede bestätigt den festen, erdenfrohen Blick seiner unverschleierten Augen. Und man hat an seinem aufrechten Wesen ein so sicheres Gefühl: der steckt in der Erde fest, den werden sie nicht umblasen! Nein wirklich: Zu seinen Bewunderern mit ihrem Getümmel ratloser Hysterien passt er doch gar nicht. Und nun ist man so weit, am Ende seinen Fall erst recht nicht zu verstehen! Denn dieser Fall ist ja beispiellos:

eines Künstlers, der durch seine Verwegenheit die Kenner erschreckt, aber schon im ersten Lauf die Menge gewinnt. Oh Berlioz, oh Flaubert, oh Rodin, oh alle ihr romantischen, oh alle ihr naturalistischen Schlachten, wie geht das nur zu, kann denn das sein?

Er ist der große Zeitgemäße, der Einzige heute, der in seiner Kunst das ganze Wesen dieser fragwürdigen Epoche hat, kein Aufrührer, der erst niedermachen und aufsprengen muss, kein Ausbrecher in Ferne, kein Sucher von Anfängen, sondern ein Finder, ein Bändiger der Wirren, ein Vollender. Einer, dem es genügt, alles zu können, was seine Kunst heute kann, und der nun zeigen will, was man damit alles kann ... Und von dieser herzbeklommenen Zeit, die keinen Ausweg zu wissen scheint, als sich vor dem Leben ins Ästhetische und Artistische zu retten, hat er endlich auch den schwarz verhängten Trieb, am Gräßlichen, am Scheußlichen der Magie der Kunst zu versuchen, ob sie nicht auch Entsetzen in Schönheit und so selbst das Unerträgliche in Freude verwandeln könne.

Nie war diese Magie mächtiger als in der Elektra, die dort einsetzt, wo die Salome aufgehört hat. Diese Musik darf sich in alle Schauder wagen, weil sie ihnen nicht erliegt und sich stärker weiß als sie und überall aus ihnen Schönheit brechen lässt. Mir war's ein herrlicher Abend. Erst das ungeheure Schwirren einer drängenden und stoßenden Erwartung, durch das von Berühmtheiten ächzende Parkett hin. Und plötzlich saß man im Dunkel und sah ins Dunkel, zwischen den beiden Dämmerungen im Saale und auf der Bühne aber schwammen die hundertzwölf kleinen Lichter des brodelnden Orchesters ...

Da führt aus dieser Dusche der Nerven und der Sinne plötzlich noch ein ganz starker Strahl, wie ein Hieb: die Schumann-Heink als Klytämnestra, eine rote Schandsäule von Fett und Geilheit, ein taumelnder Goya. Schauspielerisch

höchst merkwürdig, noch mehr aber durch den Versuch, die Mitte zwischen Sprechen und Singen zu finden, wo sich der Reiz eines unmittelbaren Naturlautes und der des Kunstgesangs begegnen. Und dann wieder ein Axthieb, aber der jetzt ganz anders: als Orest erscheint und in die Weiberwirtschaft plötzlich die Männerstimme tritt, von einer ganz stillen Größe ist das. Und indem Elektra, ihn erkennend, aufschreit, bricht das Orchester zusammen, und eine herzinnige Weise erklingt (und die Antis rundherum, die sonst nie genug ›Melodie‹ haben können, notieren im Klavierauszug einen ›Reißer‹ an).
Herrlich war der Abend!«

PERSONEN

Klytemnästra	Mezzosopran
Elektra	Sopran
Chrysothemis	Sopran
Ägisth	Tenor
Orest	Bariton
Der Pfleger des Orest	Bass
Die Vertraute	Sopran
Die Schleppträgerin	Sopran
Ein junger Diener	Tenor
Ein alter Diener	Bass
Die Aufseherin	Sopran
Fünf Mägde	2 Soprane 2 Mezzosoprane Alt

Dienerinnen und Diener

ORCHESTERBESETZUNG

Piccolo

3 Flöten
2 Oboen
Englischhorn
Heckelphon
Kleine Klarinette in Es
4 Klarinetten
2 Bassetthörner
Bassklarinette
3 Fagotte
Kontrafagott
4 Hörner
4 Tuben (2 in B, 2 in F, gleichzeitig 4 Hörner)
6 Trompeten
Basstrompete
3 Posaunen
Kontrabassposaune
Kontrabasstuba
6–8 Pauken (zwei Spieler)
Glockenspiel
Triangel
Tamburin
Kleine Trommel
Rute
Becken
Große Trommel
Tamtam
Celesta
2 Harfen (ad libitum 4 Harfen)

DAUER

Knapp 2 Stunden

HANDLUNG

Mykene. Der innere Hof, begrenzt von der Rückseite des Palastes und niedrigen Gebäuden, in denen die Diener wohnen. Dienerinnen am Ziehbrunnen, links vorne. Aufseherinnen unter ihnen. Zeit: nach dem Trojanischen Krieg.

Die Mägde beschreiben, dass Elektra wie ein Tier lebt. »Immer, wenn die Sonne tief steht, liegt sie und stöhnt.« »Setzt man ihr nicht den Napf mit Essen zu den Hunden? Hast du den Herrn sie nie schlagen sehen?« »Ich will vor ihr mich niederwerfen und die Füße ihr küssen. Ist sie nicht ein Königskind und duldet solche Schmach? Ich will die Füße ihr salben und mit meinem Haar sie trocknen.«
Elektra wird von einem Gedanken am Leben gehalten: den Mord an ihrem Vater Agamemnon zu rächen. Ihre Mutter Klytämnestra hat ihn zusammen mit ihrem Liebhaber Ägisth ermordet. Elektra und ihre Schwester Chrysothemis werden seitdem wie niedrigste Mägde gehalten. Jeden Tag zu der Stunde, in der Agamemnon getötet wurde, ergibt sie sich ihren Rachefantasien. Sie träumt davon, mit ihrem Bruder Orest den Mord zu vergelten. Chrysothemis kommt, Elektra weist sie ab: »Was willst du? Rede, sprich, ergieße dich, dann geh und lass mich!« Chrysothemis (was für ein wundervoller Name!) warnt ihre Schwester: Ihre Mutter und ihr neuer Mann wollen sie in den Turm sperren. Sie aber will in Freiheit leben, will Kinder haben, will, dass ihre Schwester mit den Rachegedanken, die Ägisth und Klytämnestra Angst machen, aufhört. Elektra lacht sie aus. Klytämnestra kommt. Sie erzählt von ihren Albträumen, in denen ihr Orest als Rächer erscheint. Doch genau da, wo sich das Grauen zwischen Mutter und Tochter ins Unermessliche steigert, kommt die Vertraute mit der Nachricht zu Klytämnestra, dass Orest tot sei.
Elektra will nun ihre Schwester zur Rache überreden: »Wir

beide müssen's tun.« Ihre Schwester aber entzieht sich und eilt ins Haus. »Nun denn, allein!«, ist Elektras Entschluss. Sie gräbt das Beil aus, mit dem Agamemnon ermordet wurde, da steht ein Fremder in der Tür. Er habe die traurige Botschaft von Orests Tod zu überbringen. In wuchtigen, archaischen Sätzen reagiert Elektra: »Kannst du nicht die Botschaft austrompeten dort, wo sie sich freu'n? Dein Aug' da starrt mich an und seins ist Gallert. Dein Mund geht auf und zu und seiner ist mit Erde vollgepfropft. Du lebst und er, der besser war als du und edler tausendmal, und tausendmal so wichtig, dass er lebte, er ist hin.«
Kurz: Nach einigem Hin und Her gibt sich der Fremde seiner Schwester als ihr Bruder zu erkennen. Dann geht er zitternd in den Palast, um seine Aufgabe zu erfüllen. Elektra rast an der Mauer: »Ich habe ihm das Beil nicht geben können. Es sind keine Götter im Himmel.« Man hört Klytämnestra schreien. Todesschreie. Ägisth kommt nach Hause (wo der nun wieder war, weiß auch keiner!), Elektra schmeichelt ihn Richtung Palast, er wird von Orest geschlachtet. Elektra tanzt sich in Ekstase und stirbt.

HITS

Natürlich der wuchtige Schlag am Anfang: D-Moll und keine Gnade. Das ist der radikalste Anfang einer Oper überhaupt. Ab diesen zwei Sechzehnteln und den zwei halben Noten mit Punkt ist man gefangen. Es geht nichts mehr, die Zeit ist aufgehoben, man ist der archaischen Wucht der Antike ausgeliefert. Da ist kein christliches Verzeihen, da ist keine milde Göttin, da ist einfach nur der Hammer, der über den Menschen hängt und sie niederschmettert.
Wie Richard Strauss ein so gnadenloses und radikales Meisterwerk schaffen konnte, weiß keiner, aber es ist eines. Ich möchte in meiner Begeisterung am liebsten sagen: Nach die-

sem D-Moll-Anfang kann ich keine einzelnen Hits mehr aufführen, weil dieser Anfang nicht mehr zu toppen ist, zumal sich die Spannung bis zum Schluss hält.
Aber es ist natürlich schon auf das ein oder andere hinzuweisen. Zum Beispiel auf die fünf Mägde – so kann man die Stimmung einer Oper einführen. Knappe Sätze, treibendes Orchester, kurze, drängende Melodiebögen, alles zusammen macht klar: Hier ist Angst, hier ist Tod, hier ist das Böse. Und das Tolle, der Megahit daran: Das ist keine Filmmusik! Das ist mehr! Elektra ist kein Steinbruch für Hollywood! Ich kann Ihnen gar nicht sagen, wie mich das freut.
Dann, HIT: Elektras Auftritt: »Allein! Weh, ganz allein!« Mit dem herzzerreißenden D-Moll-Akkord »Agamemnon!«. Sternstunden für dramatische, ganz große Sopranistinnen. Und für uns. Das »Duett« Elektra–Chrysothemis ist zwar beeindruckend, ich würde da aber nicht von einem Hit sprechen wollen, es ist ein Dialog mit hohem dramatischen Niveau, aber mehr auch nicht.
»Es geht ein Lärm los«, singt Elektra und das Orchester gibt uns die Geheimnisse des Hauses preis: Angst, Gelaufe, Unerklärliches. Und dann kommt Klytemnästra: »Ich habe keine guten Nächte. Weißt du kein Mittel gegen Träume?«, und leitet damit einen der ganz, ganz großen dramatischen Dialoge der Operngeschichte ein. Das eiskalte Rachespiel der Tochter (»Wenn das rechte Blutopfer unterm Beile fällt, dann träumst du noch länger!«), die Ängste der Mutter. Dann die Vision Elektras von der Ermordung Klytämnestras: »Was bluten muss? Dein eigenes Genick, wenn dich der Jäger abgefangen hat«, na, da kommt doch Freude auf in unserer so horrorverwöhnten Zeit, oder?
Dann folgt der Megahit, in dem ich keine Details mehr voneinander unterscheiden mag. »Nun denn, allein!«, schreit Elektra und Orest kommt, angekündigt von einer ungeheuren orchestralen Spannung, also mehr geht wirklich kaum.

Dann: »Orest!«, als sie ihn erkennt, da ist Strauss Einmaliges eingefallen.
Und zur Musik, die den Suspense ausdrückt, wenn Orest Klytemnästra erschlägt, kann ich gar nichts mehr sagen. Das ist nur noch Gänsehaut. Ab diesem Moment bin ich sowieso im Koma und erst erlöst, als endlich der Vorhang fällt. Ich bekomme sowieso nichts mehr mit in den letzten fünf Minuten, so sehr nimmt einen das alles mit.

FLOPS

Schon wie bei Salome: keine Flops. In dieser Oper stimmt jede Note, jeder Ton, jedes Wort, und nichts ist überflüssig.

OBACHT

Höchstens die Frage, ob der Nachbar im Parkett vielleicht ein Beil dabeihat?

DER KLEINE OPERNTÄUSCHER

Die Wucht dieser Musik ist so, dass ich jetzt keine Anekdötchen erzählen möchte. Ich sage ja: Es gibt viel Unheimliches und doch ist nichts unheimlicher als der Mensch.

BEWERTUNGEN

Magie	Vom ersten D-Moll-Akkord ist man gefangen.
Erotik	Weil Rache ohne Erotik nicht denkbar ist

Fazzoletto	Wie bei »Salome«: nur zum Blutaufwischen
Gewalt	Archaische Gewalt, unerbittlich und durch keinen christlichen Weihrauch vernebelt
Gähn	Wie bitte?
Moral	Weil die Götter genau das gewollt haben
Ewigkeit	Wenn diese Oper nicht bleibt, welche dann?
Gourmet —	Es sei denn, wir wären im BDSM-Himmel

GESAMTWERTUNG

Elektra ist die unerbittlichste Oper, die ich kenne. Strauss gelingt es, das Archaische dieser Handlung und damit das Archaische in uns allen auf die Bühne zu bringen: ein Blick in die Urzeit und damit ein beängstigender Blick in eine der möglichen Zukünfte, die wir haben – falls es uns nicht doch noch gelingt, genau dieses Archaische in uns bändigen zu können. Eines der ganz großen Meisterwerke des Musiktheaters.

Der Rosenkavalier

Komödie für Musik in drei Aufzügen

Text: Hugo von Hofmannsthal
Ideell beteiligt: Harry Graf Kessler

»Was aber für uns beide (wie ich hoffe) viel wichtiger ist: Ich habe hier in drei ruhigen Nachmittagen ein komplettes, ganz frisches Szenar einer Spieloper gemacht, mit drastischer Komik in den Gestalten und Situationen, bunter und fast pantomimisch durchsichtiger Handlung, Gelegenheit für Lyrik, Scherz, Humor und sogar für ein kleines Ballett. Ich finde das Szenarium reizend, und Graf Kessler, mit dem ich es durchsprach, ist entzückt davon. Zwei große Rollen, für einen Bariton und ein als Mann verkleidetes graziöses Mädchen ... Zeit: Wien unter Maria Theresia.«

Hugo von Hofmannsthal am 11. Februar 1909 an Richard Strauss

Harry Graf Kessler: geboren am 23. Mai 1868 in Paris, gestorben am 30. November 1937 in Lyon. Er studierte in Bonn und in Leipzig Jura und Kunstgeschichte. 1895–1900 war er Mitherausgeber der wundervollen Zeitschrift »Pan«, dann Leiter des Weimarer Museums. 1903 begründete er mit anderen den Deutschen Künstlerbund, 1913 gründete er in Weimar die Cranach-Presse und jeder, der bibliophile Bücher liebt, kennt sie, es sind die schönsten Bücher der Welt, Buchkunst vom Feinsten. Zusammen mit Hugo von Hofmannsthal schrieb er die Handlung des Balletts »Josephslegende« und ebenfalls mit Hofmannsthal konzipierte er an den legendären drei Tagen im Februar 1909 das Libretto zum Rosenkavalier. 1916 bis 1918 war er Diplomat in der Schweiz, danach in Warschau. Er war langjähriger Präsident der deutschen Friedensgesellschaft, emigrierte 1933 nach Frankreich und blieb dort bis zu seinem Tod. Seine Tagebücher (von 1880 bis zu seinem Tode 1937) gehören zu den herausragendsten Zeitdokumenten und sind außerordentlich lesenswert.

ENTSTEHUNG UND URAUFFÜHRUNG

Richard Strauss war schon seit Längerem auf der Suche nach einem heiteren Opernstoff, einer Komödie, einer Opera buffa. »Salome« und »Elektra« kamen ihm zwar dazwischen, aber der Wunsch nach etwas Leichtem blieb wach. Vielleicht musste er auch erst mal seine innersten Abgründe »wegkomponieren«, um Luft für das Leichte zu haben, wer weiß; die Psychoanalyse hat da sicher das ein oder andere Erklärungsmodell anzubieten.

Kurzum: Hugo von Hofmannsthal und Harry Graf Kessler sitzen in Weimar herum und sind plötzlich mittendrin. Graf Kessler schreibt darüber seiner Schwester am 21. und 28. Februar 1909: »Wir brauchten nur drei Tage zum Niederschreiben, und wenn ich auch selbst zur Hälfte daran beteiligt bin, so darf ich doch sagen, dass es entzückend ausgefallen ist. Strauss akzeptierte es sofort ...«

Und ein paar Tage später berichtet Kessler weiter: »Strauss wird es vertonen, sobald Hofmannsthal die Rollen wird geschrieben haben. Es war höchst unterhaltend, gemeinsam zu schaffen. Wir widmeten täglich etwa drei bis vier Stunden der Arbeit, wobei im Auf- und Abgehen jeder von uns seine Ideen abwechselnd beisteuerte, sodass es jetzt jedem von uns beiden völlig unmöglich wäre, zu sagen, was von wem und wer der Autor dieses oder jenes Stücks wäre ... Meine Partnerschaft endet beim Scenario ... Bisher hat Hofmannsthal eher ältere Stücke bearbeitet ... unsere neue Art aber öffnet ihm die Möglichkeit, neue Situationen und Charaktere zu schaffen. Wir haben beides gemeinsam fixiert, die Situation wie die Charaktere, zugleich mit dem Scenario, bis in die kleinsten Einzelheiten, einschließlich des Spiels auf der Bühne; er wird dann alles mit seiner wundervollen Dichtkunst vollenden.«

Diese gemeinsame und nicht mehr auseinandersortierbare Urheberschaft hätte normalerweise zu Streitereien geführt, es ging ja beim Rosenkavalier wegen des unglaublichen Erfolgs schnell um ziemlich viel Geld. Aber es kam nicht zu diesen trivialen Streitereien ums Geld. Kessler war weder auf öffentliche Nennung seines Namens aus noch auf finanzielle Beteiligung. Dafür aber ging es bei der Widmung brieflich heftig hin und her, was schon recht belustigend ist.

Hofmannsthal an Kessler am 5. Juli 1910: »Mein Lieber, da die Musikkomödie dir gefiel, vielleicht mehr als sie verdient, so möchte ich sie dir widmen, wenn ich darf ... Mir schwebte vor, dich nur mit deinen Initialen zu bezeichnen, als den ›verborgenen Helfer‹. Aber vielleicht ist der volle Name richtiger, dann freilich ohne Attribut.«

Kessler zurück, am 21. August 1910: »Was die Widmung des Rosenkavaliers betrifft, so danke ich dir bestens für deine freundliche Absicht. Eigentlich glaubte ich, wir hätten deinem Wunsche gemäß ausgemacht, dass mein Anteil daran nicht offiziell zur Sprache kommen sollte; und hiermit wäre ich natürlich auch heute noch einverstanden. Dagegen wäre mir, wie ich sagen muss, so wenig gerne ich dieses gerade dir gegenüber tue, die Widmung in der von dir vorgesehenen Formulierung nicht angenehm: ich meine das Wort ›Helfer‹ ... Beim Rosenkavalier stammt aber die Konzeption selber und die Ausarbeitung des Pantomimischen, Grundlegenden, das heißt also die Substanz des Werkes zu einem Teil von mir, wie sie zum andren von dir stammt. Wenn du nachher über diesen Grundriss einen luftigen und reißenden poetischen Bau errichtet hast, so bin ich dadurch ebenso wenig zum bloßen ›Helfer‹ geworden, wie du Strauss gegenüber, dadurch, dass er wieder deine Poesie mit Musik ausschmückt. Wir sind alle drei im ganz gewöhnlichen und üblichen Sinn Mitarbeiter und als solchen, und nur als solchen, kann ich mich, wenn überhaupt, in der Widmung bezeichnen lassen. Also nochmals, ich bin ganz einverstanden damit, wenn nichts geschieht; wenn aber eine Widmung hineinsoll, so könnte ich nur eine Widmung annehmen, die mich als Mitarbeiter bezeichnet, also etwa: dem unbekannten Mitarbeiter H. K. Mit den bloßen Initialen bin ich sehr einverstanden; sie sind mir durchaus sympathisch.«

Hofmannsthal ist da etwas anderer Ansicht, schließlich aber steht in der Widmung Hofmannsthals Folgendes: »Ich widme diese Komödie dem Grafen Harry Kessler, dessen Mitarbeit sie so viel verdankt. H. H.«

Richard Strauss hat mit alledem nichts, aber auch gar nichts am Hut, er schreibt in die Partitur: »Meinen lieben Verwandten, der Familie Pschorr in München zugeeignet.«

Und fertig!

Zunächst aber sollte die Oper »Ochs von Lerchenau« heißen. Die Begeisterung von Richard Strauss, als er sich von Hofmannsthal die Handlung erzählen lässt, schildert der Dichter so: »Ich fuhr nach Berlin, ohne eine Notiz als das Personenverzeichnis auf die Rückseite einer Tischkarte gekritzelt, aber mit einer erzählbaren Handlung im Kopf. Die Wirkung dieser Erzählung auf Strauss ist mir erinnerlich, als wäre es gestern gewesen. Sein Zuhören war ein wahrhaft produktives. Ich fühlte, wie er ungeborene Musik an die kaum geborenen Gestalten verteilte. Dann sagte er: ›Wir werden das machen. Wir werden es aufführen und ich weiß auf's Haar, was man sagen wird. Man wird sagen, dass eine allgemeine Erwartung wieder einmal schmählich getäuscht wurde, dass dies ganz und gar nicht die komische Oper ist, welche das deutsche

Volk Jahrzehnte mit Sehnsucht erwartet. Und mit diesem Kommentar wird unsere Oper durchfallen. Aber wir werden uns unterhalten, indem wir daran arbeiten.‹«

Die Frage, wie die Oper heißen soll, ging übrigens heftig hin und her. »Mariandel« war da plötzlich auf dem Tisch, »Quin-Quin«, lange hielt sich »Ochs von Lerchenau« in diversen Variationen und noch kurz vor Drucklegung der Partitur ging es durcheinander.

Der Verleger Fürstner fragt: »Hofmannsthal schreibt mir, der Titel werde in Ermangelung eines besseren wohl ›Der Rosenkavalier‹ sein.«

Strauss ist dagegen: »Mir gefällt ›Der Rosenkavalier‹ gar nicht, mir gefällt der ›Ochs‹! Aber was will man machen. Hofmannsthal liebt das Zarte, Ätherische, meine Frau befiehlt: ›Rosenkavalier‹. Also ›Rosenkavalier‹! Der Teufel hol ihn!«

Am 26. Januar 1911 war es dann so weit: Uraufführung der Oper »Der Rosenkavalier« in Dresden. Ernst von Schuch dirigierte (»der einzige Schuch, der mich niemals drückte«, wie Strauss mal scherzhaft sagte), Georg Troller führte Regie, aber im Hintergrund agierte der geniale Max Reinhardt als ordnende Hand und als Ideengeber. Kurz: beste Voraussetzungen für einen triumphalen Erfolg, der sich dann auch einstellte. Alle dreißig Vorstellungen waren im Handumdrehen ausverkauft, man fuhr in Sonderzügen von Berlin nach Dresden und und und. Grandios!

Der »Rosenkavalier« enttäuschte zwar die Avantgardisten, die nach »Salome« und »Elektra« Strauss für den Wegbereiter der Moderne hielten und von ihm jetzt den radikalen Bruch mit allen Traditionen erwartet hatten. Für diese stand Strauss plötzlich als »retro« da, als Klassiker, der wieder zu den alten Tönen und Harmonien zurückgeht – aber alle anderen waren begeistert.

Der Musikkritiker Ernst Krause schrieb, der »Rosenkavalier«

sei »ein Stück musikgewordene Kulturgeschichte«, und weiter: »Eine mit ihren Walzern alle Weisheiten verlachende ›Wienerische Maskerad‹, kein Rückfall in die Romantik, wie manche vermeinten, und auch keine Spekulation oder gar ein Kompromiss mit einem Publikum, das nicht griechisch zu hören verstanden hatte, sondern ein Stück beglückender Menschlichkeit, in dem der Frohsinn des Gesunden, der Witz des Geistigen, der Instinkt des Sinnlichen in heiteren, kristallklaren Sphären schwingen.«

Und Strauss schrieb in seinen Erinnerungen: »›Der Rosenkavalier‹ ist die einzige Oper von mir, die sich Kaiser Wilhelm auf Zureden des Kronprinzen einmal anhörte, aber mit den Worten verließ: ›Det is keene Musik für mich!‹«

Na, wenn das kein Kompliment ist?

Von der Uraufführung bis heute hat »Der Rosenkavalier« seinen Siegeszug um die Welt angetreten und den Vorwurf, Strauss habe die Avantgarde verraten, erhebt natürlich keiner mehr. Wer Ohren hat, der hört, wie »modern« diese Musik ist, wie konsequent Strauss den nunmehr gefundenen eigenen Weg gegangen ist und eine Musik geschaffen hat, die eine Symbiose zwischen Gestern und Morgen darstellt.

PERSONEN

Die Feldmarschallin Fürstin Werdenberg	Sopran
Der Baron Ochs auf Lerchenau	Bass
Octavian, genannt Quinquin, ein junger Herr aus großem Haus	Mezzosopran
Herr von Faninal, ein reicher Neugeadelter	hoher Bariton
Sophie, seine Tochter	hoher Sopran
Jungfer Marianne Leitmetzerin, die Duenna	hoher Sopran
Valzacchi, ein Intrigant	Tenor
Annina, seine Begleiterin	Alt
Ein Polizeikommissar	Bass

Der Haushofmeister der Feldmarschallin	Tenor
Der Haushofmeister bei Faninal	Tenor
Ein Notar	Bass
Ein Wirt	Tenor
Ein Sänger	hoher Tenor
Ein Gelehrter	stumme Rolle
Ein Flötist	stumme Rolle
Ein Frisör	stumme Rolle
Dessen Gehilfe	stumme Rolle
Eine adelige Witwe	stumme Rolle
Drei adelige Waisen	Sopran
	Mezzosopran
	Alt
Eine Modistin	Sopran
Ein Tierhändler	Tenor
4 Lakaien der Marschallin	2 Tenöre
	2 Bässe
4 Kellner	1 Tenor
	3 Bässe

Ein kleiner Neger, Lakaien, Haiducken, Küchenpersonal, Gäste, Musikanten, 2 Wächter, 4 kleine Kinder. Verschiedene verdächtige Gestalten.

ORCHESTERBESETZUNG

3 Flöten (3. Akt auch Piccolo)
3 Oboen (3. Akt auch Englischhorn)
Klarinette in D (auch in Es und 3. Klarinette in B)
2 Klarinetten in B (auch Klarinetten in A und C)
Bassetthorn
(auch Bassklarinette)
3 Fagotte (3. Akt auch Kontrafagott)
4 Hörner
3 Trompeten

3 Posaunen
Basstuba
Pauken
Schlagzeug (3 Spieler)
Glockenspiel
Große Trommel
Becken
Triangel
Tamburin
Große Ratsche
Große Rührtrommel
Kleine Militärtrommel
Schellen
Kastagnetten
Celesta
2 Harfen
16 erste Violinen
16 zweite Violinen
12 Violen
10 Violoncelli
8 Kontrabässe

BESONDERHEITEN

Bühnenmusik im 3. Akt:
2 Flöten
Oboe
Klarinette in C
2 Klarinetten in B
2 Fagotte
2 Hörner
Trompete
Kleine Trommel
Harmonium

Klavier
Erste und zweite Violinen
Violen
Violoncelli
Kontrabässe

DAUER

ca. 3 ½ Stunden

HANDLUNG

Wien, in den ersten Jahren der Regierung Maria Theresias

ERSTER AUFZUG

Schlafgemach der Feldmarschallin

»The morning after« – Oktavian ist noch ganz hin und weg vom ersten Mal, davon, dass er in den Armen der Marschallin diese Nacht erleben durfte. Sie langweilt sich in der Ehe mit ihrem Trottel von Feldmarschall, der lieber in den kroatischen Wäldern auf die Jagd geht, statt sich um sie zu kümmern, und vergnügt sich vorzüglich mit dem jungen Bengel. Plötzlich: Krawall, Krach, Gedöns – die Marschallin glaubt, ihr Trottel sei zurückgekehrt, es ist aber nur ihr etwas poltriger Vetter, der Baron Ochs auf Lerchenau. Er lärmt ins Gemach – Oktavian hat gerade noch Zeit, sich als Zofe Mariandel zu verkleiden – und überfällt die Marschallin mit seinen Neuigkeiten: Er will die reiche Sophie heiraten, Tochter des noch reicheren Faninal, was ihn aller Sorgen entledigen würde. Er fragt seine Cousine, ob sie einen standesgemäßen Kavalier wisse, der – wie es alter Brauch sei – Sophie zur Verlobung eine silberne Rose überreichen solle. Aber von wegen »alter Brauch« – kein Wort wahr davon. Diese Idee kam

Hugo von Hofmannsthal, Brauch war das nie. Aber das nur am Rande.

Während der Ochs herumstottert, kann er seine Augen nicht von »Mariandel« lassen und versteigt sich so weit, dass er sie – um sie in sein Bett zu bekommen – als Dienstmädchen bei seiner zukünftigen Frau haben will. Die Marschallin – ohnehin eine souveräne und kluge Frau – hat eine blendende Idee: Sie empfiehlt ihrem Vetter den jungen Oktavian als Überbringer der Rose und fängt mit der Morgentoilette an – eine gute Gelegenheit für Oktavian bzw. »Mariandel«, zu verduften. Wie das in der Zeit, in der die Oper spielt, üblich war, kommt jetzt der höfische Almauftrieb ins Gemach, das Ganze hieß Lever und war zum Beispiel bei Ludwig XIV. der zentrale tägliche Staatsakt. Die Modistin, ein Tierhändler, diverse Bittsteller, ein Tenor, der eine Arie vorträgt, der Friseur. Gleichzeitig unterhält sich Ochs mit dem Notar darüber, wie und mit welchen juristischen Tricks man wohl sicherstellen könne, dass er als Bräutigam als Morgengabe das ehemalige Gut seines Vaters, schuldenfrei versteht sich, wiederbekommen könne.

Der Notar ist recht verdutzt: »Gestatten, hochfreiherrliche Gnaden, die submisseste Belehrung, dass eine Morgengabe wohl vom Gatten an die Gattin, nicht aber von der Gattin an den Gatten bestellet und stipuliert zu werden, fähig ist.«

Ochs kontert: »Wenn eines hochadeligen Blutes blühender Spross sich herablässt, im Ehebette einer so gut als bürgerlichen Mamsell Faninal – bin ich verstanden? – acte de presénce zu machen, vor Gott und der Welt und sozusagen angesichts kaiserlicher Majestät, da wird, Corpo di Bacco!, von Morgengabe als geziemendem Geschenk dankbarer Devotion für die Hingab' so hohen Blutes wohl die Rede sein!«

Sie sehen, wie in dieser Oper der Hase läuft. Hofmannsthal hat sicher nicht ohne zu grinsen solche Sätze zu Papier gebracht.

Die Marschallin bricht den Morgenempfang ab, Ochs gibt ihr im Hinausgehen noch die silberne Rose für Oktavian.
Jetzt kriegt die Marschallin dat ärm Dier, Verzeihung, jetzt hat es mich ins Rheinische verrissen, also: Die Marschallin überfällt eine leicht melancholische Stimmung, sie sinniert über das Altern. Nicht mal Oktavian, der hereinkommt, kann sie aufrichten, mit dem wundervollen »Die Zeit, die ist ein sonderbar Ding« schickt sie ihn weg (»Quinquin, Er soll jetzt geh'n!«) und der erste Aufzug geht zu Ende, nicht ohne dass die Marschallin dem entzückenden Sarotti-Mohr die silberne Rose für Oktavian mitgibt.
Mit einem kleinen Tränchen in der Quaste fällt der Vorhang.

ZWEITER AUFZUG

Saal bei Herrn von Faninal

Man erwartet die Ankunft der silbernen Rose. Oktavian erscheint, mit Gefolge und – falls das Regietheater ihn nicht in Punkkleidung gesteckt hat – in »betörendem silbernen G'wand«. Er überreicht die Rose, plaudert mit Sophie und schnell ist klar: Er ist so hin und weg von ihrer Schönheit und sie ist so betört von dem silbernen G'wand, nein, von Oktavian natürlich, dass alle merken, hier kommt eine große Liebe auf die Welt.
Ochs platzt dazwischen und fährt mit der ganz groben Kutsche auf: Seine Leute stoßen Sophie beinahe um, Ochs entpuppt sich als Supermachoproll und will Sophie zum Plaudern, zum Knutschen, zum Küssen zwingen. Sophie wehrt sich, da endlich gehen Faninal und sein zukünftiger Schwiegersohn ins Nebenzimmer, um den Ehekontrakt aufzusetzen. Oktavian kocht vor Eifersucht, da erklärt ihm Sophie, sie werde diesen Ochsen niemals heiraten. Das spricht sich herum – der Intrigant Valzacchi ist ja anwesend und hinter-

bringt das alles schnellstens dem Ochs auf Lerchenau. Oktavian versucht, ihm klarzumachen, dass Sophie ihn nicht heiraten wird, das dauert alles, weil der Ochs wie derselbe vorm Berg steht, Oktavian wird immer gröber, zieht den Degen, schließlich zieht der Ochs seinen – und, zack, schon beim ersten Hieb verletzt ihn der junge schöne Spund am Arm. Riesengeschrei: Mord! Mörder! Polizei! Verband her! »Ich verblut' mich auf eins, zwei, drei!«

Köstliches Durcheinander. Faninal ist natürlich außer sich und als ihm seine Tochter erklärt, dass sie den Ochsen nicht heiraten werde, wird er ausfallend und setzt sie unter Druck: »Hör' Sie mich! Sie heirat' ihn! Und wenn er sich verbluten tät', so heirat' sie ihn als ein Toter!«

In dem Durcheinander verdrückt sich Sophie ins Nebenzimmer und Oktavian »Sie hört von mir!« ebenfalls. Ochs bekommt ein Glaserl Wein, da schaut die Welt schon anders aus und als Annina, die Begleiterin des Intriganten Valzacchi, mit einem Liebesbrieferl kommt, in dem ihn die angebliche Kammerzofe der Fürstin zum Rendezvous lädt, ist fast alles schon wieder in Ordnung:

»Herr Kavalier! Den morgigen Abend hätt' i frei. Sie ham mir schon g'fall'n, nur g'schamt hab' i mi vor der fürstli'n Gnade, weil ich noch gar so jung bin. Das bewusste Mariandl, Kammerzofe und Verliebte.«

Er singt das Hohe Lied auf sein »lerchenauisch Glück«, das hält sogar der Vorhang nicht aus und fällt.

DRITTER AUFZUG

Ein Extrazimmer in einem Gasthaus

Oktavian, als Mariandel verkleidet, bereitet die Komödie vor, die gleich stattfinden soll: nämlich Ochs von Lerchenau zu düpieren. Der geile Baron trifft dann auch pünktlich zum Souper mit der »verliebten« Mariandel ein, schickt die »Maikäfer«, die Kellner, raus, klar: Er will mit Mariandel allein sein. Jedes Mal aber, wenn er zudringlich wird, taucht aus dem Nichts irgendwo ein Kopf auf oder ein Gesicht (von Oktavian sorgfältig vorbereitet). Ochs ist schon jetzt verwirrt, da taucht plötzlich Annina auf, gibt sich als Ochsens Frau aus und hat vier Kinder im Schlepptau, die »Papa! Papa!« plärren. Man ruft nach der Polizei, die kommt. Nach einigem Hin und Her trifft nun auch Faninal ein und ist außer sich, weil Ochs Mariandel der Polizei gegenüber als Sophie ausgegeben hat. Faninal zeigt seiner Tochter die »Familie« dieses »sauberen Herrn«, der Skandal ist perfekt. Faninal fällt in Ohnmacht, wird im Nebenzimmer von seiner Tochter gepflegt, Oktavian erklärt dem Polizeikommissar, wer er wirklich ist, zieht die Frauenklamotten aus und will der ganzen Charade ein Ende bereiten, da kommt die Marschallin. Sie durchschaut alles, bedeutet dem Kommissar, dass alles nur eine Farce sei, daraufhin macht der sich aus dem Staub. Auch Ochs erkennt nun, dass er einer Maskerade aufgesessen ist, tut sich zwar ein bissl schwer, abzugehen, als aber der Wirt mit der großen Rechnung kommt, schwirrt er ab.

Der Trubel verzieht sich und es wird ruhig auf der Szene. Natürlich hat die Marschallin erkannt, dass Oktavian und Sophie einander lieben, dass sie aber so schnell auf Oktavian verzichten muss, hatte sie nicht erwartet. Dennoch gibt sie in ihrer selbstlosen Liebe dem »Bub« den Weg zu seiner Liebe frei. Noch zappeln's ein bisschen herum, die jungen Leute, aber sie finden zueinander und Faninal ist nun auch mit allem einverstanden. Als sie rausgehen, bringt ihnen der hübsche Sarotti-Mohr das Taschentuch nach, das sie liegen gelassen haben. Hätte er es doch liegen lassen, denn der Vorhang, der jetzt vor Rührung fällt, hätte es dringend gebraucht!

HITS

Klar, der Anfang! Das geht zwar genauso unerbittlich los wie in der »Salome« oder der »Elektra« und ist doch ganz, ganz anders. Ähnlich aufgeregt, aber irgendwie vertrauter als bei Strauss bisher, melodischer. Das Publikum bei der Uraufführung muss sofort gehört haben: Hier werden wir uns behaglich zurücklehnen können, hier geht es uns weder an Kopf und Kragen noch an die Ohren. Der Übergang der Musik vom Auftakt in die Intimität des Morgens nach einer Liebesnacht: superb, Herr Strauss, superb!

Dann das Duett zwischen der Marschallin und Oktavian: Da brauchen andere einen Akt Anlauf, um diese Stimmung entstehen lassen zu können (ich sage nur »Samson und Delilah« von Camille Saint-Saëns), hier sind wir direkt mittendrin. Zarte Farben, zarte Bläser, helles Licht in der Musik, wo immer du hinhörst.

Und immer wieder Ironie. Ein kleines, ganz kleines Beispiel: Ochs erklärt der Marschallin, dass er Bräutigam ist, es geht ein bisschen hin und her, dann fragt die Marschallin: »Sind's keine Hiesigen?« Ochs antwortet: »Jawohl, Euer Gnaden, es sind Hiesige«, und die Musik spielt ein paar Takte lang einen, na ja, Walzer, zu schnell, als dass man ihn tanzen könnte, und eigentlich nur ein kleiner ironischer Kommentar zum Wort »Hiesige«, wunderbar.

Überhaupt Walzer! Als Ochs »Mariandel« anbaggert und immer konkreter wird, bis zu: »Hat sie schon einmal mit einem Kavalier im Tête-à-Tête zu Abend gegessen?«, kommen ein paar himmlische Walzertakte, wie ja überhaupt dieser Rhythmus in der ganzen Oper eine dominierende Rolle spielt, obwohl – und das ist für mich der Megahit an Ironie – es zur Zeit Maria Theresias noch keinen Walzer gab.

Natürlich ist der Almauftrieb, wo sie alle zum Lever kommen, eine große Szene für alle Sinne, der Riesenhit in dieser Szene ist aber die große Tenor-Arie »Di rigori armato il seno«. Dies nicht nur, weil es eine grandiose kleine Tenor-Arie im besten Belcanto ist, sondern weil sich Strauss genau mit dieser »Nummer« vor der Arien-Oper verbeugt: Rezitativ – Arie – Rezitativ. Das muss das Publikum bei der Uraufführung gerissen haben: Nix mehr mit der Oper, »wo durchgesungen wird«, sondern plötzlich wieder eine Nummer? Na, was ist das denn? Und dennoch: Er bleibt sich treu, der Strauss, er komponiert durch, aber ab und zu kommt ihm das »Nummern-Prinzip« schon sehr recht. Danke!

Ab dem Abgang des Ochs zieht ganz, ganz großes Musikkino auf. Die Marschallin wird melancholisch, das Alter drängt sich in ihr Bewusstsein und Strauss fällt da einfach nur wunderschöne Musik ein. Auch der Text ist an dieser Stelle (und natürlich nicht nur an dieser) große Kunst und Weisheit:

»Aber wie kann das wirklich sein, dass ich die kleine Resi war und dass ich auch einmal die alte Frau sein werd.
Die alte Frau, die alte Marschallin!
›Siegst es, da geht die alte Fürstin Resi!‹
Wie kann das denn gescheh'n?
Wie macht denn das der liebe Gott?
Wo ich doch immer die Gleiche bin.«

Bis zum Ende des ersten Aufzugs ist es nur noch schön: die Melancholie, das Duett mit Oktavian, das herausragende »Die Zeit, die ist ein sonderbar Ding, wenn man so hinlebt, ist sie rein gar nichts. Aber dann auf einmal, da spürt man nichts als sie«. Wie die Fürstin ihren Liebhaber wegschickt, dann merkt, dass sie vergessen hat, ihn zu küssen, ihn zurückholen lassen will, aber er ist schon weg. Vor beiden, dem Dichter und dem Komponisten, eine Verbeugung.

Das Gewusel am Beginn des zweiten Akts ist ein schönes Beispiel für das, was ab dem »Rosenkavalier« immer deutlicher zu einem Kompositionsprinzip bei Strauss wird: der »Konversationston«, das heißt Musik, die aus dem Rhythmus und der Melodie der gesprochenen Sprache abgeleitet ist. Strauss hat sich diesem Prinzip aber nie so ergeben wie andere Komponisten, und genau das ist der Grund, warum ich von diesem souveränen In-Musik-Setzen so fasziniert bin. Es gibt da, finde ich, nur eine Freiheit: die Freiheit des Komponisten. Und die hat Strauss immer für sich in Anspruch genommen.

Ein Hit ist natürlich der Auftritt Oktavians »Mir ist die Ehre widerfahren« und die Celesta zuckert silberhelle Akkorde drüber, mei, is des schee! Und natürlich die Übergabe der Rose. Hit.

Auch für die aufkeimende Liebe zwischen Sophie und Oktavian sind Strauss subtile, helle, leise Töne eingefallen. Also da bitte nicht einschlafen, auch wenn's leise wird, es wäre zu schade.

Dass ausgerechnet der Ochs aus Lerchenau einen der schönsten Einfälle von Richard Strauss – seinen Rosenkavalier-Walzer – kommentieren, umsingen, zitieren darf, ist ein großartiger Einfall voller feinsinniger Ironie (beim »Mit mir, mit mir keine Kammer dir zu klein«).

Großes Kino ist auch das Duett »Mit ihren Augen voll Tränen« von Sophie und Oktavian.

Natürlich ist die Komik des Duells, insbesondere wie der Ochs auf seine Verwundung reagiert, ein Zuckerschlecken für jeden Darsteller. Ochs singt »Da lieg' ich!« – und tiefe Bläser täuschen ergreifende Tragik vor. Weil es aber nur Selbstmitleid ist, pfeifen die Flöten dazwischen und das Ganze ist wieder da, wo es hingehört: in der Opera buffa!

Dritter Aufzug: Einleitung und Pantomime, da kann das Orchester einmal quasi solistisch zeigen, wie gut es ist. Es ist lebendigste sinfonische Musik, auf die man sich ruhig konzentrieren kann, das Auge kriegt sicherlich trotzdem mit, was sich da auf der Bühne zusammenbraut. Musik in fettester Instrumentierung, Luxus pur sozusagen. Und jede Menge Leitmotive, so gesehen passiert die bisherige Oper noch mal Revue.

Natürlich hat die Szene, in der Ochs die vermeintliche ›Mariandel‹ verführen will, ihren Walzer. Hören Sie mal in dieser Szene den Flöten und Klarinetten nach, wie sie das Geschehen ironisch kommentieren, das hat Mozart auch gerne gemacht. Auf der Bühne werden tragische Töne gesungen und im Orchestergraben lachen die Flöten und Klarinetten sich darüber aus, dass es eine Freude ist (bei Mozart zum Beispiel in der Arie des Cherubino »Voi che sapete« in »Le nozze di Figaro«).

Und dann wird's noch mal überirdisch: »Hab mir's gelobt«, das Terzett Marschallin–Oktavian–Sophie. Hit ohne Ende, äh, nee, mit Ende, es ist ja der Schluss der Oper (mit dem Duett Sophie–Oktavian als »mozartscher Krönung«), und was für einer! Und dann war da noch das Taschentuch, also bei aller Liebe, Her Hofmannsthal und Herr Strauss: Enchanté!

FLOPS

Also wenn Sie kein Sitzfleisch für diesen heiteren Himmel haben – denn 3 ½ Stunden sind 3 ½ Stunden! –, dann wären Sie besser ins Bett gegangen, aber sonst: keine Flops in dieser Oper, also keine wirklichen. Weder im Text noch in der Musik, das passt schon alles unglaublich gut zusammen.

OBACHT

Na ja, der Intendant muss schon schauen, wie er die Primadonnen bei Laune hält. Und er muss schauen, dass er die ganzen zusätzlichen Kräfte, die er im Orchester braucht, um diese Oper aufführen zu können, auch bezahlen kann, denn eines ist sicher wie das Amen im Gebet: Aushilfskräfte sind teurer als die fest angestellten Musiker!

DER KLEINE OPERNTÄUSCHER

Das Klügste zu dieser Oper hat der österreichische Komponist und Dirigent Kurt Pahlen gesagt, den ich hier zitieren darf. Auswendig lernen und in der Pause aufsagen, dann sind Sie der Held:

»In musikalischer Hinsicht ist der Rosenkavalier ein bedeutsamer Wendepunkt im Schaffen von Richard Strauss.

Nach seinen Anfängen im Fahrwasser der Romantik – sinfonische Dichtungen in der Nachfolge Liszts, Opern im Stil Richard Wagners – betrat Strauss entschlossen neue Bahnen mit der Oper Salome, die am ehesten der expressionistisch-veristischen Richtung zuzuordnen ist. Sie zeigt einen äußerst freien Umgang mit der Dissonanz zum Zweck des Ausdrucks und der Charakterisierung krasser Bühnenvorgänge und abseitiger Figuren und – dadurch bedingt – eine Lockerung der tonalen Gesetze, die dann im folgenden Drama, Elektra, bis an den Rand der Tonalität führt. Demgegenüber bezeichnet der Rosenkavalier eine Art Rückweg. Es lässt sich darüber rätseln, ob Strauss den eingeschlagenen Weg in die Atonalität als zu gefahrvoll erkannt hatte oder ob er mit zunehmendem Alter immer stärker die Verbundenheit mit der Tradition suchte, ob ihn die gleichzeitigen Verstöße der (damals noch nicht so genannten) Wiener Schule (Schönberg, Berg, von Webern) erschreckten oder ob er von Natur aus eher konservativ veranlagt war. Jedenfalls ist er, trotz mancher harmonischen Kühnheit auch in seinen späteren Werken, niemals mehr in die Nähe der Atonalität zurückgekehrt, in der er sich bei Salome und Elektra befand und von der er sich im Rosenkavalier mit größter Bestimmtheit abwandte.

BEWERTUNGEN

Magie	Von den ersten Tönen an ist man gefangen, auch wenn es sich im zweiten Aufzug manchmal leicht zieht.
Erotik	Was die drei Damen (Marschallin, Oktavian, Sophie) an erotischer Dichte zaubern können, ist schon Wahnsinn. Der Ochs ist natürlich der Gegenpart, weil: Er ist so unerotisch, dass es kracht.
Fazzoletto	Immer wieder diese ganz intimen, zärtlichen Töne, da kommen schon Tränchen auf!
Gewalt	Und auch die nur, weil ein Kommissar auftritt!
Gähn	Für die ein oder andere Stelle im zweiten Aufzug, aber es ist kein großes Gähnen, eher eines, das man hinterm Zeigefinger verstecken kann
Moral	Weil der liebende Verzicht auf den Liebsten, den man liebt, zugunsten der, die er liebt, hohe Moral voraussetzt

Ewigkeit

Drei Frauen zeigen uns die ganze Welt der Liebe mit einer Musik, die so wunderbar leicht ist, dass sie bleiben wird.

Gourmet

Feinschmeckerei vom Allerfeinsten: Carême, Escoffier, Witzigmann und Steinheuer in einem!

GESAMTWERTUNG

Diese Oper ist eine großartige Hommage an die Liebe, das Altern und eine versunkene Zeit – und das im Gewande einer der lebendigsten und gleichzeitig melancholischsten Musikgattungen: des Walzers. »Der Rosenkavalier« und »La Valse« von Ravel sind Trauergesänge an untergegangene Epochen im Walzertakt. Im »Rosenkavalier« stehen sie mit einem weisen Lächeln wieder vor uns, in »La Valse« schauen wir – trauernd – in ihre Abgründe.

Ariadne auf Naxos

Oper in einem Akt mit Prolog

Text: Hugo von Hofmannsthal

»Das Beste an uns ist vielleicht aus Empfindungen früherer Zeiten vererbt, zu denen wir jetzt auf unmittelbarem Wege kaum mehr kommen können; die Sonne ist schon hinuntergegangen, aber der Himmel unseres Lebens glüht und leuchtet noch von ihr her, ob wir sie schon nicht mehr sehen.«

Friedrich Nietzsche, »Menschliches, Allzumenschliches«, Band 1, 1886, Aphorismus 223 ›Abendröte in der Kunst‹

»Auch glaub ich, es bedarf dieser Zwischenarbeit, mindestens für mich, um mich mit der Musik, speziell mit Ihrer Musik, noch mehr auskennen zu lernen, und etwas zu machen, worin wir doch noch viel vollständiger zusammenkommen als im Rosenkavalier.«

Hugo von Hofmannsthal an Richard Strauss, 1911

ENTSTEHUNG UND URAUFFÜHRUNG

»Der Rosenkavalier« war abgeschlossen, wurde ein Riesenerfolg und in der ganzen Welt gefeiert. Das Autoren-Duo Hofmannsthal/Strauss sucht nach neuen Wegen. Am 20. März 1911, die Uraufführung vom Rosenkavalier war gerade mal zwei Monate her, schreibt Hofmannsthal an Strauss, er habe eine Idee zu einer »30-Minuten-Oper für kleines Kammerorchester ... gemischt aus heroisch-mythologischen Figuren im

Kostüm des XVIII. Jahrhunderts in Reifröcken und Straußenfedern und aus Figuren der commedia dell'arte, Harlekins und Scaramouches, welche ein mit dem heroischen Element fortwährend verwebtes Buffo-Element tragen«. Ein »neues Genre, das scheinbar auf ein älteres wieder zurückgreift, wie ja alle Entwicklung sich in der Spirale vollzieht«. Und weiter erklärt er im selben Brief, dass ihm durch diese kleine »Zwischenarbeit« vielleicht noch klar werden könne, »wie es möglich sein wird, ein dramatisches Ganzes aufzubauen, in welchem die Nummern die größte Bedeutung mehr und mehr wieder gewinnen müssen und wie dabei das zwischen den Nummern Liegende stilistisch richtig zu behandeln ist, ohne dass man auf das Secco-Rezitativ und die Prosa zurückgreifen kann«. Und: »Das ist ja ganz klar, dass, wenn man allenfalls weiter wieder etwas zusammen macht, in dem allen eine stilistisch bestimmte Linie der Entwicklung liegen muss. (Das meine ich natürlich nicht trocken kunsttheoretisch, sondern als lebendiges Gefühl, Instinkt, innerer Antrieb).«

So weit die Absicht. Die Herren wollten also a) weitermachen, und zwar b) auf dem Boden des bisher Erreichten. Mehr oder weniger. Da ist nur ein Problem: Bei so kreativen Köpfen wie diesen beiden geht das ganz schnell eigene Wege, oder wie war das mit dem Kräfteparallelogramm? Da läuft ja die berühmte »Resultierende« auch nie so, wie man vielleicht erwarten könnte. Was Kleines war angedacht, eine der schwierigsten, aber auch großartigsten Arbeiten wurde daraus: die wundervoll schwebende Oper »Ariadne auf Naxos«.

Hintergrund war übrigens ein ganz anderer als der Anspruch, am laufenden Meter Musikgeschichte zu schreiben. Hintergrund war, dass beide Max Reinhardt danken wollten. Max Reinhardt, der geniale Theatermann, hatte ganz unaufdringlich hinter den Kulissen dafür gesorgt, dass der Rosenkavalier dieser bombastische Riesenerfolg wurde. Sein leises Arbeiten vom Zuschauerraum aus (er durfte, so wollte es der

Intendant in Dresden, der ihn nicht leiden konnte und als Konkurrenten ansah, die Bühne nicht betreten und erst, als er damit einverstanden war, durfte er zu den Proben kommen), seine geniale Personenführung und sein unglaubliches Händchen beim Arrangieren von Szenenabläufen etc. etc. hatten überhaupt erst dazu geführt, dass schon bei der Uraufführung dieses feinste Netzwerk menschlicher Beziehungen, wie es uns der »Rosenkavalier« präsentiert, funktionierte und transparent wurde. Nun wollte man ihm, dem Meister des Einrichtens großer Klassiker auf dem Theater, mit einem ihm gemäßen Werk danken. Mit einer Bearbeitung eines köstlichen Meisterwerks von Molière: »Der Bürger als Edelmann«. Hofmannsthal hatte die Idee, dieses Stück mit einer kurzen Oper von Strauss zu koppeln, und der Titel sollte sein: »Der Bürger als Edelmann. Eine Komödie mit Tänzen von Molière ... eingerichtet von Hugo von Hofmannsthal. Zum Schluß des zweiten Aufzuges Divertissement: Ariadne auf Naxos. Musik von Richard Strauss«.

Hofmannsthal dachte dabei an etwas, was es früher schon einmal in Frankreich gab. Und die damaligen Hofmannsthäler und Strausse waren zwei mit dem Namen Jean-Baptiste: Molière und Lully. Sie hatten eine Form erfunden, die sehr galant und erfolgreich war: das comédie-ballet, eine Art Vorstufe der französischen Oper, ein Schauspiel mit Ballett und Opernelementen. Genau dieses Genre wollten Hofmannsthal und Strauss wiederbeleben. Es sollte das Stück von Molière gespielt werden, dazwischen schon mal die ein oder andere musikalische Fingerübung, und am Ende, als im Stück ein Stück aufgeführt wird, da sollte die »Ariadne« rein.

Sie sehen, wie viel Vertrauen in die gemeinsame Arbeit die beiden gehabt haben müssen, denn vor lauter Freude an diesem Vorhaben haben sie ganz übersehen, dass das eine kaum zu stemmende Sache sein würde: Man braucht ein Schauspiel-Ensemble, ein Opern-Ensemble, ein Orchester und und und. Außerdem haben ja Schauspielbühnen selten einen Orchestergraben, quasi nie, und die Mehrzweckhallen, die alles haben, aber von allem zu wenig, waren noch nicht erfunden. Also war klar: Das Deutsche Theater von Max Reinhardt in Berlin war zu klein, Dresden, wo unter anderem der »Rosenkavalier« aus der Taufe gehoben wurde, war zu groß, so ging man ans Kleine Hoftheater in Stuttgart. Dort gefiel's, aber die Folgeaufführungen an anderen Häusern (überwiegend kleinen Häusern) waren wohl grauenhaft. Hofmannsthal hatte dann die Einsicht: So kann es nicht funktionieren. Schauspiel, Instrumentalmusik, Ballett, Oper und das alles in einem – es muss eine eigenständige Oper »Ariadne auf Naxos« her, ohne Molière und ohne den »Bürger als Edelmann«. Strauss blieb erst mal skeptisch, ihm hatte die erste Fassung ganz gut gefallen, warum alles neu schreiben? Schließlich sah aber auch er ein, dass, wie er sich erinnert, »ein Publikum, das ins Schauspielhaus geht, keine Oper hören will, und umgekehrt«, und bastelte um: Die Instrumentalmusik bündelte er zu einer herausragenden Orchestersuite, die »Ariadne« erhielt ein neues Vorspiel.

Dieses neue Stück wurde am 4. Oktober 1916 in Wien uraufgeführt. Es war sofort ein Erfolg bei den Feinschmeckern und hat sich durch seine Originalität in Sujet, Text und Musik einen vorderen Platz in allen Opernhäusern der Welt erobert. Es treten auf: ein reicher Wiener, ein Komponist, der eine ernste Oper geschrieben hat, und eine Buffo-Gesellschaft. Der reiche Wiener beschließt nun, dass beide gleichzeitig ihre Werke aufführen sollen. Und die werden obendrein noch von der Gesellschaft, während gespielt wird, kommentiert. So haben wir alles in einem: das Tragische und Große, das Heitere und Leichte und den »Konversationston« aus dem »Rosenkavalier«, nämlich Menschen, die sich in Prosa miteinander und über die Stücke unterhalten. Genial.

PERSONEN

PERSONEN DES VORSPIELS

Der Haushofmeister	Sprechrolle
Ein Musiklehrer	Bariton
Der Komponist	Sopran
Der Tenor (Bacchus)	Tenor
Ein Offizier	Tenor
Ein Tanzmeister	Tenor
Ein Perückenmacher	hoher Bass
Ein Lakai	Bass
Zerbinetta	hoher Sopran
Primadonna (Ariadne)	Sopran
Harlekin	Bariton
Scaramuccio	Tenor
Truffaldin	Bass
Brighella	hoher Tenor

PERSONEN DER OPER

Ariadne	Sopran
Bacchus	Tenor
Najade	hoher Sopran
Dryade	Alt
Echo	Sopran

ALS INTERMEZZO

Zerbinetta	hoher Sopran
Harlekin	Bariton
Scaramuccio	Tenor
Truffaldin	Bass
Brighella	hoher Tenor

ORCHESTERBESETZUNG

2 Flöten
2 Oboen
2 Klarinetten
2 Fagotte
2 Hörner
Trompete
Posaune
Pauke
Schlagzeug (3 Spieler)
Glockenspiel
Tamburin
Triangel
Becken
Kleine Trommel
2 Harfen
Klavier
Harmonium
Celesta
6 Violinen
4 Violen
4 Violoncelli
2 Kontrabässe

BESONDERHEIT

Max Reinhardt in Verehrung und Dankbarkeit gewidmet

DAUER

ca. 2 ½ Stunden

HANDLUNG

Im Hause eines reichen Mannes in Wien. Es ist ein tiefer, kaum möblierter Raum. Links und rechts je zwei Türen. In der Mitte ein runder Tisch. Im Hintergrund sieht man Zurichtungen zu einem Haustheater. Tapezierer und Arbeiter haben einen Prospekt aufgerichtet, dessen Rückseite sichtbar ist. Zwischen diesem Teil der Bühne und dem vorderen Raum läuft ein offener Gang querüber.

VORSPIEL

Der Komponist ist außer sich: Heute soll seine ernste Oper im Hause des reichsten Mannes von Wien aufgeführt werden und eben hört er, dass es noch eine andere musikalische Aufführung geben soll, eine Art »Singspiel oder niedrige Posse in der italienischen Buffo-Manier«. Das gehe ja nun auf gar keinen Fall. Der Haushofmeister hält dagegen, dass in diesem Hause nur einer anordnen dürfe, und das sei sein Chef. Der gebe ja schließlich auch das Geld. Und nicht zu knapp. Also bleibt es dabei, erst die Opera seria, dann die buffa. Aus die Maus.
Mitten in die hektischen Vorbereitungen (nein, die Geigen können jetzt, eine Viertelstunde vor Beginn der Oper, nicht mehr zu einer Probe kommen. Sie sind an der Tafel? Essen so kurz vor der Vorstellung? Nein, sie spielen an der herrschaftlichen Tafel auf, kennen wir eventgeprüften Genussspechte ja alles) platzt die Info, dass die beiden Stücke, die ernste Oper und die Komödie, nicht hintereinander, sondern tatsächlich gleichzeitig gespielt werden müssen, weil: Um 21 Uhr gibt's das Feuerwerk! Auch das kennen wir eventerprobten Luxusmenschen, oder?! Die Opernleute sind entrüstet, der Komponist außer sich, niemand kann ihn trösten, niemand außer Zerbinetta, die im lustigen Teil des Abends tanzen soll. Sie gefällt dem Komponisten außerordentlich gut,

so gut, dass er sich von ihr sogar zu Kürzungen überreden lässt. Die Oper beginnt.

OPER

Nach der schönen Ouvertüre sehen wir Ariadne am Ufer schlafen und dann – natürlich erst als sie wach wird – ihr Los beklagen. Theseus hat sie verlassen: »Und ist ja doch kein Leben, das ich lebe! Zerstückelt Herz, willst ewig weiterschlagen?« Zerbinetta und die Buffos kommentieren das rätselhafte Verhalten Ariadnes, Zerbinetta schlägt vor, sie mit einem Liedchen aufzuheitern, Harlekin singt:

»Lieben, Hassen, Hoffen, Zagen,
Alle Lust und alle Qual,
Alles kann ein Herz ertragen,
Eines um das andere Mal.«

Dieser derbe Trostversuch erreicht Ariadne natürlich nicht. Stattdessen singt sie die wunderschöne Arie:

»Es gibt ein Reich, wo alles rein ist:
Es hat auch einen Namen: Totenreich.«

Zerbinetta und die Buffos geben nicht auf:

»Die Dame gibt mit trübem Sinn
Sich allzusehr der Trauer hin.
Was immer Böses widerfuhr,
Die Zeit geht hin und tilgt die Spur.«

Zerbinetta jagt die Buffos weg, sie will wirklich trösten und tut das mit einer der virtuosesten Koloraturarien der gesamten Opernliteratur: »Großmächtige Prinzessin!«

Sie tröstet mit vielen Argumenten, aber die Logik ist immer dieselbe: Wenn ein Mann gegangen ist – der nächste kommt bestimmt.

Dass das die tiefgründige Ariadne nicht erreichen kann, ist allerdings auch klar. Die drei Nymphen kündigen ein Schiff an, ein junger Gott nähert sich. Es ist Bacchus, Ariadne hält ihn aber für den Todesboten Hermes und ergibt sich ihm selig. Die beiden entschwinden zu den Sternen in sphärischen Tönen, der Vorhang fällt. Aber er fällt in dieser Oper besonders leise und einfühlsam, er will die beiden nicht stören.

HITS

VORSPIEL

Eine schöne Orchestereinleitung. Dann kommt gleich ein komischer Hit: der Lakai. Er lässt keinen Kalauer aus und das macht Spaß:
Komponist: »Lieber Freund! Verschaffen Sie mir die Geigen. Richten Sie ihnen aus, dass sie sich hier versammeln sollen zu einer letzten kurzen Verständigungsprobe.«
Lakai: »Die Geigen werden schwerlich kommen, erstens weil's keine Füß' nicht haben, und zweitens, weil's in der Hand sind!«
Ein Hit ist natürlich auch, wie das Orchester im »Konversationston« agiert. Ein klitzekleines Beispiel: Der Lakai sagt, dass »die Geigen« bei der herrschaftlichen Tafel sind, nicht beim Musikantentisch. Der Komponist fragt: »Was soll das heißen?«, und der Lakai antwortet: »Aufspielen tun sie. Capito?«, eine kleine Zäsur und das Orchester hüpft ein paar Töne Kommentar, just zwischen Messer und Gabel. Köstlich.
Dergleichen Einfälle hagelt es in diesem Vorspiel. Achten Sie darauf, wie das Orchester das Treiben auf der Bühne kommentiert, Zwischenrufe macht, kurz: selber spricht. Und dazwischen immer kleine wundervolle Einwürfe.
Der Komponist singt: »Du allmächtiger Gott! O du mein zitterndes Herz! Du allmächtiger Gott!« Dann hört er der glitzernden schönen Melodie nach und tut so, als wäre er von diesem Einfall so beseelt, dass er ihn direkt aufschreiben muss, klopft an die Tür vom Tenor, singt noch einmal diese Wundermelodie – dann ist es vorbei. Sophisticated ohne Ende!

OPER

Ist sie nicht zauberhaft, diese Ouvertüre? Sie schwebt in Seide daher und lässt dennoch tragischen Atem spüren, eine exquisite Mischung.

Der erste große Hit in der Oper: »Ein Schönes war, hieß Theseus-Ariadne.« Musik zum Ins-Kissen-Kuscheln, nicht Trauer, eher Melancholie, da war ja Strauss ohnehin Meister. Es wird aber noch besser kommen.

Denn ein ganz großer Moment ist Ariadnes Arie »Es gibt ein Reich, wo alles rein ist«. Man hört sie kaum, die Celli, aber erst sie geben – neben dem Gesang – diesem Arienanfang das Mystische. Bei dieser Arie stimmt einfach alles, es ist ein Augenblick großer Musik.

Und mitten in diese traurigen, zutiefst gefühlvollen Töne platzen die Comedian Harmonists: »Die Dame gibt mit trübem Sinn sich allzu sehr der Trauer hin!« Mein Gott, ist das ein Hammer. Was sag ich: Hammer, das ist ein Schock! So ein Kontrast ist wie eine Beerdigung am Rosenmontag, bei der auf dem Sarg eine rote Pappnase angebracht ist, damit auch der Tote weiß, wohin die Reise geht. Eine derart abseitige Idee, und dann auch noch mit Klavierbegleitung, unglaublich!

Ebenso unglaublich ist etwas anderes: Genau diese Stelle hat den echten Comedian Harmonists den richtigen Weg gewiesen: Sie haben diese Stelle gehört, aufgenommen, ein paar Hundert Lieder genau so arrangiert und das war's dann. Die Tantiemen, die dank der GEMA-Initiative von Richard Strauss die Harmonists bekamen, hätten mindestens zur Hälfte ihm zugestanden. Die Harmonists haben wirklich bis hin zu den Modulationen Note für Note geklaut und zu ihrem Programm gemacht. Strauss hätte das sicher, wäre es ihm aufgefallen, echt bayerisch mit dem vorgezogenen Akkusativ kommentiert: »Des, wenn i g'wusst hätt!«

Und endlich kommt der Hammer in dieser Oper: »Großmächtige Prinzessin«, Rezitativ und Arie. Dies ist eine der virtuosesten Koloraturarien für Sopran ever! Sie ist ungeheuer schwer zu singen, die höchste Latte, die sich eine Sopranistin legen kann, und alle, alle tun's, und haben es getan. Es langt, bei YouTube reinzuschauen: Rita Streich, Reri Grist, Edita Gruberová, Nathalie Dessay, Erna Berger, die Göttliche und, und, und. Nehmen Sie von den Göttinnen, welche Sie wollen: Die Zerbinetta ist für alle die ultimative Herausforderung. Und – jetzt mal musikalisch gesprochen – die Stelle »Als ein Gott kam jeder gegangen«: Erstens ist es wahr, zweitens ist es hinreißend und drittens, na bitte, ich bin ein Mann!

FLOPS

Ja, hör ich denn recht? Im Vorspiel klimpert statt des üblichen Cembalos immer wieder ein Klavier zu den Rezitativen. Lieber Herr Strauss, man versteht ja, wie das so ist mit ökonomischen oder räumlichen Zwängen, aber ein Klavier in einer Oper? Ich meine: Die spielt doch nicht im Wohnzimmer, oder? Ah so, doch! Ja, ja, ich sehe schon: Das Ganze spielt sich im Salon des reichen Wieners ab, na gut, da steht eben ein Klavier und Strauss benutzt es halt, weil's schon da ist. Nix für ungut, Herr Strauss, is scho recht. Und genial ist es obendrein!

Harlekin singt »Lieben, Hassen, Hoffen, Zagen«. Lieber Richard Strauss, bist du sicher, dass das nicht geklaut ist, sozusagen »Appropriation«-Kunst, wie man heute sagen würde? So schön das auch ist, das mit dem »Lieben, Hassen, Hoffen, Zagen«, es kommt mir so bekannt vor, dass es mich sehr wundern würde, wenn das nicht a bissl gestohlen wär'. Vielleicht a bissl Mozart? Klaviersonate? Aber: Verziehen! Der Rhythmus is eh ein anderer! Die Stelle mit den »Comedian Harmonists« (siehe Hits) könnte auch hier stehen, mit dem-

selben Wortlaut als Flop bewertet. Ich überlasse es Ihnen, wo Sie sich andocken wollen.
Als Dryade, Najade und Echo den jungen Gott ankündigen, gucken uns auch ein bisschen Wagner und die Rheintöchter an. Kurz nur, aber dennoch: hätte vermieden werden können.

OBACHT

Die Koloraturen halt ...

DER KLEINE OPERNTÄUSCHER

In der Pause könnten Sie gut aus einem Brief zitieren, den Hugo von Hofmannsthal 1912 an Richard Strauss schrieb. Allerdings hat dieser Brief Strauss nie erreicht, Hugo hat ihn nicht abgeschickt.
»Wenn Ariadne vor ihrem verwandelten Selbst auch die Höhle ihrer Schmerzen zum Freudentempel verwandelt sieht, wenn ihr der Mutter Augen aus dem Mantel des Bacchus entgegenblicken und die Insel aus dem Kerker ein Elysium wird – was bekennt sie damit anderes, als dass sie liebt und lebt.
Sie war gestorben und ist aufgelebt, ihre Seele ist in Wahrheit verwandelt – freilich, es ist die Wahrheit einer höheren Stufe, wie könnte es die Wahrheit für Zerbinetta und die Ihrigen sein! Diese gemeinen Lebensmasken sehen in dem Erlebnis der Ariadne, was eben sie davon zu begreifen vermögen: den Tausch eines neuen Liebhabers für einen alten. So sind die beiden Seelenwelten in dem Schluss ironisch verbunden, wie sie eben verbunden sein können: durch das Nichtverstehen.«
Ich finde: äußerst zynische Worte über die Liebe und typische Worte eines steinern-konservativen Geistes. Aber für das Pausengespräch? Ideal!

BEWERTUNGEN

Magie	1 Hüterl für das Vorspiel, 3 für die Oper
Erotik	0 High Heels, aber 5 High Heels für Zäpfchen-Fetischisten Weshalb? Na wegen der Zerbinetta-Arie!
Fazzoletto	Weil es mich bei den lyrischen Stellen dieser Oper, und derer gibt es viele, immer erwischt
Gewalt —	
Gähn	Die einen erwischt's im Vorspiel, die anderen in der Oper, je nachdem, was einer gegessen hat.
Moral	Normales Leben und: Zerbinetta hat recht!
Ewigkeit	Bleiben wird ganz bestimmt die Zerbinetta-Arie für die Gurgeln (wie Mozart immer sagte) aller eitlen Koloratursopranistinnen.
Gourmet	Also 4 Sterne sind das bestimmt. Ariadne ist eine Feinschmecker-Oper par excellence, voller Sahnehäubchen, voller Feinheiten und sooooo sophisticated!

GESAMTWERTUNG

Ariadne ist der gelungene Versuch, in einer Oper Heiteres, Lyrisches, Sprechendes, Deklamierendes, Getragenes und Zerfahrenes zusammenzubringen. Sie ist außerdem mit einer Musik bestückt, die ihresgleichen sucht und deren Triumph im 20. Jahrhundert begonnen hat. Ich bin sicher, dass dies erst der Anfang einer ganz, ganz großen Karriere ist. Sie wird neben »Don Giovanni« und »Le nozze di Figaro« landen.

Die Frau ohne Schatten

Oper in drei Akten

Text: Hugo von Hofmannsthal

»Es ist behauptet worden, dass Strauss in ›Frau ohne Schatten‹ als Musiker kein neues Gesicht zeige, dass er derselbe sei wie im ›Rosenkavalier‹ und der ›Ariadne‹, dass das Werk keine neuen Probleme biete und dass er von einem Qualitätskomponisten zu einem Quantitätskomponisten geworden sei. Das böse Wort kann ich nicht ganz entkräften; wenn auch nur in dem Sinn, dass hier, meiner Empfindung nach, wirklich zu viel Musik und nicht immer zwingende, unvergessliche Musik gemacht worden ist – aber doch einzig deshalb, weil auch zu viel Verse, und wahrhaftig nicht immer zwingende, sondern zwecklos retardierende, durch Wiederholung ermüdende Verse gemacht worden sind.«

R. Specht: in »Der Merker«, 1. Dezember 1919. »Der Merker« ist seit weit über hundert Jahren zwar »nur« eine hektografierte Zeitung für die Stehplatzbesucher der Wiener Staatsoper – seit Neuestem auch online –, ist aber insgeheim die bedeutendste kritische Instanz in der Opernwelt. Jeder Fachmann weltweit las und liest den Merker, und das Wiener Stehplatz-Publikum gilt nach wie vor als das sachkundigste der Welt.

ENTSTEHUNG UND URAUFFÜHRUNG

Nach dem Erfolg von »Elektra« und »Rosenkavalier« muss Hugo von Hofmannsthal irgendwie abgehoben sein. Man hat den Eindruck, dass er sich und Strauss inzwischen alles zutraute, plötzlich schienen keine Grenzen mehr zu existieren, alles schien möglich, auch der Vergleich mit Mozart.

Aber der Reihe nach. Die Entstehung von »Die Frau ohne Schatten« zog sich hin. Im Februar 1911, kurz nach der Premiere vom »Rosenkavalier«, hatte Hofmannsthal zwei Ideen im Kopf: »Ariadne auf Naxos« und eben das Märchen von der Frau ohne Schatten. Der Kern der Handlung steht ihm schon von Anfang an recht differenziert vor Augen. Er schreibt am 26. Februar 1911 in sein Tagebuch: »Die Kaiserin, einer Fee Tochter, ist kinderlos. Man verschafft ihr das fremde Kind. Schließlich gibt sie es der rechten Mutter zurück ... Das zweite Paar (zu Kaiser und Kaiserin) sind Arlekin und Smeraldine. Sie will schön bleiben. Er täppisch und gut. Sie gibt ihr Kind her, einer als Fischhändlerin verkleideten bösen Fee; der Schatten als Zugabe.«

Anfang April traf man sich in Wien – Anlass war die Wiener Erstaufführung vom »Rosenkavalier« – und Hofmannsthal schreibt darüber: »Nachdem sich das Ganze etwas ausgeformt hatte, erzählte ich es einigen Freunden, darunter auch Strauss. Ich fragte ihn, ob er sich diese Handlung als Oper denken könne, oder er selber, scheint mir, fasste sie gleich als Opernhandlung auf. Das Musikalische des Prüfungs- und Läuterungsmotives, die Verwandtschaft mit dem Grundmotiv der ›Zauberflöte‹ fiel uns beiden auf.«

Strauss schreibt über das Treffen an seine Frau: »Soeben verlässt mich Hofmannsthal, der mir einen wundervollen neuen Stoff unterbreitet hat, das Schönste vom Schönen, edel, fantastisch, du wirst entzückt sein ... Er ist ein ganzer Kerl, weiß genau, was er will, was die Zeit erfordert, was ich brauche: hat den Kopf voll Poesie und Ideen, keiner kann an ihn heran ... Hofmannsthal hat aus dem Rosenkavalier enorm gelernt und versteht mich und meine Bedürfnisse wie kein anderer.«

Aber der Stoff wächst in den Händen des Dichters nicht ganz

so, wie er es möchte. Es spreizt sich alles ein bisschen und erst nach der Uraufführung der »Ariadne auf Naxos« kann sich Hofmannsthal auf das neue Stück konzentrieren. Im April 1913 reisen beide nach Italien, jetzt kommt die Sache ans Laufen.

Strauss schreibt seiner Frau: »Hofmannsthal und ich haben sehr schön zusammengearbeitet ... sein neuer Entwurf verspricht Außerordentliches!« Im nächsten Brief gerät er ins Schwärmen: »... unglaublich edel, großartig, reif und interessant, mit prachtvollen dramatischen, sittlichen Problemen, herrliche szenische Vorgänge ... Ich kann wirklich von Glück sagen, solch einen Mitarbeiter gefunden zu haben, der voll dramatischer Begabung, sittlicher Reife und voll der genialsten, ergreifendsten Einfälle ist.«

Auf einem Spaziergang zwischen St.Michael/Eppan und Bozen hat Strauss dann eine Idee, nämlich »die obere Welt mit dem ›Ariadne‹-Orchester zu begleiten, die dichtere, buntere Erdenatmosphäre mit dem großen Orchester«. Die Sprache, die Hofmannsthal zu gestalten hat, soll ebenfalls unterschiedlich sein: oben, bei Kaisers, heroischer Sprechgesang, unten, bei Färbers, ist es »wahrhafte Konversation, wie nur der Meister des Rosenkavaliers sie komponieren kann«. Dass die Übergänge von einer Welt in die andere, vom kleinen Orchester zum großen und umgekehrt, musikalisch vielversprechend sein würden, verstand sich von selbst.

Dennoch zog sich die Fertigstellung weiter: Krankheit des Vaters von Hofmannsthal, der Erste Weltkrieg, Hofmannsthal wurde eingezogen, was Strauss drastisch kommentierte: »Dichter könnte man wirklich zu Hause lassen, wo es sonst so reichlich Kanonenfutter gibt: Kritiker, Regisseure mit eigenen Ideen, Moliére-Spieler etc.«, schreibt er. Und als Hofmannsthal nicht an die Front geschickt wird, sondern einen Job in der sicheren Etappe erhält, kommentiert der Meister des groben Humors: »Hugo hat die verdammte Pflicht, den

Tod fürs Vaterland nicht zu sterben, bevor ich meinen III. Akt habe [der »Frau ohne Schatten« natürlich], der ihm, hoffe ich, noch mehr Ehre einbringen wird als eine schöne Todesanzeige in der ›Neuen Freien Presse‹.«

Und zu den Schatten, die der Krieg über die Menschen und die ganze Welt wirft, schreibt er an Hofmannsthal: »Inmitten all des Unerfreulichen, das – ausgenommen die glänzenden Taten unserer Armee – dieser Krieg bringt, ist fleißiges Arbeiten die einzige Rettung. Sonst käme man um vor Ärger über die Talentlosigkeit unserer Diplomatie, unserer Presse, des Kaisers Entschuldigungstelegramm an Wilson und all die Würdelosigkeiten, die man sich zuschulden kommen lässt. Und wie behandelt man die Künstler: Der Kaiser reduziert die Gagen am Hoftheater, die Herzogin von Meiningen setzt ihr Orchester auf die Straße, Reinhardt spielt Shakespeare, das Theater in Frankfurt spielt ›Carmen‹, ›Mignon‹ und ›Hoffmanns Erzählungen‹ – wer wird aus diesem deutschen Volk klug, dieser Mischung von Talentlosigkeit und Genie, Heroismus und Bedientenhaftigkeit ... Es ist widerlich, zu lesen, wie Jung-Deutschland gereinigt und geläutert aus diesem ›herrlichen Krieg‹ zurückkehren soll, wo man froh sein kann, wenn die armen Kerle erst von Läusen und Wanzen gereinigt und von allen Infektionen geheilt und erst wieder des Mordens entwöhnt werden müssen.«

Klare Worte. Und wahr sind sie auch.

Am 24. Juni 1917 ist die Partitur dann endlich fertig. Glücklich schreibt er Franz Schalk, dem Dirigenten der Uraufführung: »Die Vollendung der ›Frau ohne Sch‹ ist für mich und alle, die guten Musikwillens sind, eine wahre Feierkunde. Sie könnte mit ihrem tiefen Sinn und ihren herrlichen Tönen einem neuen Zeitalter wundervoll voranleuchten.«

Na, na, lieber Richard Strauss, Sie sind doch sonst nicht so großwortig. Waren Sie so sehr vom Erhabenen dieser Oper überzeugt?

Die Uraufführung sollte in München stattfinden, Dirigent und Komponist waren sich aber einig, dass diese Oper »schon aus künstlerischen Gründen« erst nach dem Krieg uraufgeführt werden solle, und das war dann am 10. Oktober 1919. In Wien.

Das Echo war unterschiedlich. Der Marcel Reich-Ranicki der Musikkritik bei der »Neuen Freien Presse«, Julius Korngold, schrieb: »Die ›Frau ohne Schatten‹ hat ihre Schattenseite: ihr Buch.« Dass es mit seinen »dunkel ineinander verschlungenen Gedanklichkeiten« nicht überzeuge. Und dergleichen mehr. Hofmannsthal ist außer sich und giftet: »Dieser missgünstige und bösartige, dabei sehr geschickte Mensch hat sich ja ein bestimmtes System zurechtgelegt: Jedes neue Werk zunächst durch einen Angriff auf den Text zu diskreditieren, während er zum Schein dem Komponisten Ehrerbietung erweist. Er weiß sehr gut, dass auf dem Theater und fürs Theaterpublikum fast alles getan ist, wenn es gelingt, den Text als langweilig, dunkel, unsympathisch usf. zu bezeichnen.«

Nun war Julius Korngold, der Vater des Komponisten Erich Wolfgang Korngold, tatsächlich ein erbitterter Feind von Strauss und Hofmannsthal. Weil er aber sehr kompetent war, hatte seine Meinung großes Gewicht – auch bei Strauss und Hofmannsthal. Er war der Nachfolger des legendären Eduard Hanslick (das war der, der über das Violinkonzert von Tschaikowski schrieb, es gebe Musik, die stinke), der Brahms-Freund und Wagner-Gegner war. Deshalb möpselt Strauss: »Wenn er wirklich Hanslick spielen will, kann es mir nur die größte Ehre sein, zum Richard Wagner von 1919 hinaufgeschimpft zu werden« (Strauss an Franz Schalk).

Doch die Kritik zieht sich durch die ganze Presse: dass die Personen blutleer seien, dass die Märchendichtung zu gewollt sei und nicht die Naivität habe, die ein Märchen haben müsse.

Es ging aber noch weiter: Perversität wird dem Dichter vorgeworfen, weil sich diese Oper ja nur um »das Eine« drehe und Hofmannsthal genau dieses perverse Bedürfnis im Publikum befriedige. Und selbst deutsch-nationale Töne durften nicht fehlen, so ein K. Horn in der »Deutschen Allgemeinen Zeitung« am 13.10.1919: »Zumindest muss es alle noch echt deutsch Empfindenden sonderbar berühren, dass der so gut deutsch gesinnte Meister sich noch immer an Stoffen berauscht, die zufolge ihrer schwülen Sinnlichkeit oder gar Perversität gesunder deutscher Art gänzlich widerstreben.« Zum Kotzen!

Vereinzelt gibt es aber auch Gegenstimmen, so schreibt die »Österreichische Rundschau«: »Die Frau ohne Schatten ist seit Wagner der erste Operntext, der nicht bloß zu schauen und zu hören, sondern auch zu denken gibt, der eine sittliche Idee enthält« – und damit liegt sie wohl richtig.

Andererseits: Die Uraufführung war Jubel. Was natürlich zum Meckern Anlass gibt. Ferdinand Scherber schreibt: »Der Erfolg der neuen Oper bedeutet natürlich Sensation, Jubel für Strauss. Auch darin ist Strauss Strauss geblieben; eine Art Rattenfänger des modernen Opernpublikums, das ihm unwillig folgt, aber doch folgt.«

Dummes Zeug: Die Oper war ein Riesenerfolg, auch der Stehplatz jubelte und allgemein war man der Meinung, dass nun endlich nach dem Krieg wieder Frieden eingekehrt sei – zur allgemeinen Erleichterung. Max Graf schreibt in »Der Morgen«: »Es ist ein gutes Zeichen für die Kraft der deutschen Musik, dass während des furchtbaren Dröhnens des Weltkrieges zwei musikalische Kunstwerke entstanden sind, die, jedes in seiner Art, vom künstlerischen Reichtum deutscher Musiker Zeugnis geben. Das eine ist der ›Palestrina‹ von Hans Pfitzner. Das andere ›Die Frau ohne Schatten‹ von Richard Strauss.«

Dennoch hat die Oper sich schwergetan, Fuß zu fassen. Und

das mag wohl an einer Schwierigkeit liegen, die Ernst Hardt, Intendant des Deutschen Nationaltheaters in Weimar, schon am 24. April 1919 in einem Brief an Strauss ansprach: »Lieber und verehrter Herr Strauss, ich hatte gehofft, einen Strauss-Zyklus, den ich für den Herbst in unseren Spielplan gesetzt, mit der ›Frau ohne Schatten‹ beginnen zu können. Nachdem ich nun das Werk kennengelernt habe, muss ich zu meiner tiefsten Trauer davon Abstand nehmen! In der Zeit dieser äußersten Materialnot ist es vollkommen ausgeschlossen, den geforderten Bühnenbildern und Verwandlungen auch nur einigermaßen zu entsprechen. Ja, ich fürchte, dass auch ohne diese Not nur sehr wenige Bühnen imstande sein werden, den technischen Anforderungen zu genügen ... Ließe sich denn nicht eine Bearbeitung der Bühnenschwierigkeiten vornehmen, damit Ihr Werk nicht auf zwei oder drei große Bühnen verbannt bleibt oder von kleineren äußerlich verhunzt wird, nur damit sie es geben können?«
Dem ist eigentlich nichts hinzuzufügen!

PERSONEN

Der Kaiser	Tenor
Die Kaiserin	hoher dramatischer Sopran
Die Amme	dramatischer Mezzosopran
Der Geisterbote	hoher Bariton
Ein Hüter der Schwelle des Tempels	Sopran oder bes. begabter Falsettsänger
Erscheinung eines Jünglings	hoher Tenor
Die Stimme des Falken	Sopran
Eine Stimme von oben	Alt
Barak, der Färber	Bassbariton
Sein Weib	hoher dramatischer Sopran

Des Färbers Brüder:	
Der Einäugige	hoher Bass
Der Einarmige	Bass
Der Bucklige	hoher Tenor
Sechs Kinderstimmen	3 Sopran
	3 Alt
Die Stimmen der Wächter der Stadt	3 hohe Bässe

Kaiserliche Diener
Fremde Kinder
Dienende Geister
Geisterstimmen

ORCHESTERBESETZUNG

2 Piccolo (auch 3. und 4. Flöte)
2 Flöten
2 Oboen
Englischhorn
Klarinette in Es (auch in D)
2 Klarinetten in B (auch in C)
Bassetthorn (auch Klarinette in C)
Bassklarinette in B (auch Klarinette in C)
4 Fagotte (4. auch Kontrafagott)
4 Hörner
4 Tenortuben in B und F (auch 5. – 8. Horn)
4 Trompeten
4 Posaunen
Basstuba
4 Pauken
Schlagzeug
Glockenspiel
Xylophon

5 chinesische Gongs
Becken
Kleine Trommel
Rute
Schellen
Große Trommel
Große Rührtrommel
Triangel
Tamburin
2 Paar Kastagnetten
Tamtam
Glasharmonika
2 Celestas
2 Harfen
16 erste Violinen
16 zweite Violinen
6 erste Violen
6 zweite Violen
6 erste Violoncelli
6 zweite Violoncelli
8 Kontrabässe

BESONDERHEITEN

Bühnenmusik:
2 Flöten
Oboe
2 Klarinetten in C
Fagott
Horn
6 Trompeten
6 Posaunen
Windmaschine
Donnermaschine

Orgel
4 Tamtams

DAUER

ca. 3 ½ Stunden

HANDLUNG

ERSTER AUFZUG

Erstes Bild: Auf einem flachen Dach über den kaiserlichen Gärten. Seitlich der Eingang in die Gemächer, matt erleuchtet

Die Amme kauert im Dunkel. Ein Geisterbote kommt, der zwölfte. Bote des Geisterfürsten Keikobad (wie mag Hofmannsthal nur auf diesen Namen gekommen sein?). Ob denn die Kaiserin einen Schatten werfe. Als ob die Oper dann so hieße, wie sie heißt! Also nein, sie wirft keinen Schatten. Weil er schon der zwölfte Bote sei, den der Geisterfürst zu seiner Tochter, der Kaiserin, schickt, bliebe nur noch wenig Zeit: drei Tage noch. Werfe sie dann immer noch keinen Schatten, werde ihr Mann, der Kaiser, zu Stein und sie müsse zurück ins Geisterreich. Die Amme findet das ganz schön, denn sie will zurück ins Geisterreich.
Der Kaiser kommt und teilt der Amme mit, dass er drei Tage auf die Jagd gehe und dass er hoffe, den verlorenen roten Falken wiederzufinden. Und dass sie auf die Kaiserin aufpassen solle. Die Kaiserin kommt und bedauert, dass sie sich, seit sie einem Menschen gehört, nicht mehr verwandeln kann: weder in einen Falken noch in eine Gazelle, die sie war, als der Kaiser sie mithilfe des roten Falken erobert hat. Da taucht der rote Falke auf, blutend und weinend. »Wie soll ich denn nicht weinen? Die Frau wirft keinen Schatten, der Kaiser muss versteinen.«

Verzweifelt bittet die Kaiserin die Amme um Hilfe: Sie soll ihr zum Schatten verhelfen, zum Kind. Die Amme will nicht so recht, denn den Schatten kann die Tochter des Geisterfürsten nur bei den Menschen finden: »Menschendunst ist uns Todesluft. Uns riecht ihre Reinheit nach rostigem Eisen und gestocktem Blut und nach alten Leichen!« Die Amme also fährt ein gesundes Horrorszenario auf, die Kaiserin aber »will den Schatten! Führ mich zu ihnen: ich will!«. Der Morgen bricht an, die beiden steigen ins Haus des Färbers hinab.

Verwandlung: Im Hause des Färbers
Ein kahler Raum. Werkstatt und Wohnung in einem

Die Brüder Baraks kloppen sich, Baraks Frau geht dazwischen. Die Brüder schmähen sie, Barak kommt, sie fährt ihn an: »Schaff sie mir fort. Oder es ist meines Bleibens nicht länger bei dir!« Barak schmeißt seine Brüder raus, dann wiederholt er das, was er wohl schon seit Jahren zu seiner unzufriedenen Frau sagt: »Gib du mir Kinder, dass sie mir hocken um die Schüsseln zu Abend, es soll mir keines hungrig aufstehen.« Tja, das hätte er mal besser nicht sagen sollen, denn jetzt kübelt sie Vorwürfe über ihn: »Dritthalb Jahr bin ich dein Weib – und du hast keine Frucht gewonnen aus mir und mich nicht gemacht zu einer Mutter. Gelüsten danach hab ich abtun müssen von meiner Seele: Nun ist es an dir, abzutun Gelüste, die dir lieb sind.«

Findet Barak jetzt nicht wirklich zielführend, bleibt aber gelassen, er ist ja ein genetisch-wohlwollendes Gemüt: »Aus einem jungen Mund gehen harte Worte und trotzige Reden, aber sie sind gesegnet mit dem Segen der Widerruflichkeit. Ich zürne dir nicht, bin freudigen Herzens.« »Segen der Widerruflichkeit«, eine Formulierung, wie sie 2016 hätte erfunden werden können, die Mode der Verkehrung ins Gegenteil, Kompliment!

Barak geht ab, um Ware wegzubringen, da kommen die Kaiserin und die Amme, als Mägde verkleidet. Sie sehen das, was die Frau Baraks noch nicht sieht: den Schatten. Und den wollen sie, koste es, was es wolle. Die Amme läuft zur Hochform auf:

»Alles zahlen begierige Käufer, wenn eine
Abtut ihren Schatten und gibt ihn dahin!
Die Sklavinnen und die Sklaven,
So viele ihrer du verlangest,
Und die Brokate und Seidengewänder,
In denen du stündlich wechselnd prangest
Und die Maultiere und Häuser
Und die Springbrunnen und die Gärten
Und deiner Liebenden nächtlich Gedränge
Und dauernde Jungherrlichkeit
Für ungemessene Zeit –
Dies alles ist dein,
Du Herrscherin,
Gibst du den Schatten dahin!«

Und sie zaubert: Schmuck, aus der Luft gegriffen, ein Pavillon, aus der Luft gegriffen, ein Jüngling.
Das beeindruckt die Frau des Färbers:

»Meine Seele ist satt geworden der Mutterschaft,
Eh sie davon verkostet hat.
Ich lebe hier im Haus
Und der Mann kommt mir nicht nah!
So ist es gesprochen
Und geschworen
In meinem Innern.«

Drei Tage werden die Kaiserin und die Amme bei ihr sein, um ihr dann den Schatten abzunehmen. Fünf Fische in der Pfanne (die ungeborenen Kinder) finden das zwar nicht so prickelnd: »Mutter! Oh weh! Dein hartes Herz!«, aber nutzt nix! Auch Barak erträgt geduldig, dass er jetzt nicht mehr bei seiner Frau schlafen darf, zieht aber völlig falsche Schlüsse:

»Sie haben es mir gesagt,
Dass ihre Seele seltsam sein wird
Und ihr Tun befremdlich
Die erste Zeit.«
Weil der Vorhang das auch nicht versteht, fällt er.

ZWEITER AUFZUG

Erstes Bild: Des Färbers Wohnung

Kaum ist Barak aus dem Haus, fängt die Amme an zu zaubern: Ein Liebhaber muss her, um die Frau endgültig dazu zu bringen, den Schatten herzugeben. Es gelingt aber nicht wirklich, Barak kommt zurück nach Hause. Er ist super drauf, hat gut verkauft und jetzt wird gegessen. Leider kann seine Frau das gar nicht teilen, blökt ihn an und entzieht sich: »Bitternis will ich tragen im Mund.«

Zweites Bild: Das kaiserliche Falknerhaus, einsam im Walde. Mondlicht zwischen den Bäumen

Der Kaiser kommt zum Falknerhaus. Die Kaiserin hatte ihm geschrieben:
»Das Falknerhaus, einsam im Walde,
Soll die drei Tage mir Wohnung sein –
Niemand um mich, nur die Amme allein,
Ferne den Menschen, verborgen der Welt.«
Aber: Keiner da. Als die Amme und die Kaiserin lautlos einschweben, wird ihm klar, dass sie gelogen hat. Er merkt, dass sie bei Menschen war: »Menschendunst hängt an ihr, Menschenatem folgt ihr nach«, er will sie töten, zieht sich aber in die Einsamkeit zurück.

Verwandlung: Der Kaiserin Schlafgemach im Falknerhaus

Die Kaiserin träumt schlecht. Sie hat Schuldgefühle gegenüber Barak.

Drittes Bild: Des Färbers Wohnung

Die Amme gibt Barak einen Schlaftrunk und zaubert den Jüngling herbei. Die Frau Baraks ist aber verängstigt durch diese Erscheinung, Misstrauen gegen die Amme steigt in ihr hoch, sie weckt ihren Mann. Der erkennt nicht, dass dieses Wecken ein Zeichen der Liebe ist, dass sie ihm zu vertrauen begann:
»Geschah dir das, was dir eben geschah,
Dein Herz müsste schwellen vor Zartheit.«
Schwillt aber nicht, er begreift es nicht:
»Ich höre und weiß nicht, was eines redet ...«
Kurz: Diese Enttäuschung lässt sie völlig ausflippen, sie versteigt sich schließlich dazu, zu bekennen:
»Und wenn du ausgegangen warst
Und trugest dir selber die Ware zum Markt,
So habe ich meinen Freund empfangen,
Einen Fremdling unter Fremdlingen,
Und wenn ich dich weckte aus deinem Schlaf
So kam ich aus seiner Umarmung!
Abtu ich von meinem Leibe die Kinder,
Die nicht geborenen,
Und mein Schoß wird dir nicht fruchtbar
Und keinem andern«
Harsche Worte. Die Amme erkennt die Chance und will, dass die Kaiserin jetzt, auf der Stelle, der Frau des Färbers den Schatten stiehlt. Als aber Barak lospoltert und ein Schwert zieht, um seine Frau umzubringen, will die Kaiserin den Schatten nicht mehr: »auf ihm ist Blut!«
Jetzt wird es ein bisschen hektisch auf der Bühne: Die Frau sagt ihrem Barak, dass sie das, was sie eben erzählt hat, noch gar nicht getan hat (»Verräter ward mein Mund an mir«), daraufhin verschwindet das Schwert, ein Fluss überflutet das Haus, die Amme zieht gerade noch im letzten Moment die

Kaiserin mit sich weg, die Flut aber reißt Barak und seine Frau auf getrennten Wellen mit sich fort.
Damit das Wasser nicht in den Zuschauerraum fließt, fällt der Vorhang.

DRITTER AKT

Erstes Bild: Unterirdische Gewölbe, durch eine quer laufende dicke Mauer in zwei Kammern geteilt

In zwei Kammern, die voneinander getrennt sind, warten Barak und seine Frau. Sie sehnen sich nacheinander und klettern, von einer Stimme von oben ermuntert, das Geröll hoch in der Hoffnung, einander zu finden.

Zweites Bild: Felsterrasse, dunkles Wasser gegenüber, steinerne Stufen zu einem mächtigen, tempelartigen Eingang ins Innere des Berges

Amme und Kaiserin kommen in einem Boot, der Bote des Geisterfürsten erwartet sie. Posaunen ertönen. Die Amme hat Angst vor den Geistermächten und fürchtet das Gericht (ich sage nur: Posaunen), die Kaiserin hingegen fürchtet ihren Vater nicht. Sie will den Weg der Prüfungen weiter beschreiten, und wir begreifen langsam, dass hier die große Ähnlichkeit zur »Zauberflöte« steckt: Der Färber und seine Frau müssen ihre Liebe wiederfinden nach all den Prüfungen (und damit das ungeborene Leben wieder zurückgewinnen), die Kaiserin muss ihren Kaiser mit eigenen Mitteln wieder zum Leben erwecken, nicht mit »gestohlenem« Leben. Der Färber und seine Frau sind zwar nicht so leichtlebig wie Papageno und Papagena, aber es ist ja auch eine andere Zeit und Hofmannsthal ist nicht Schikaneder. Unser Hugo war immer schon wesentlich »wesentlicher« als der bayerische Possenreißer! Also: Die Kaiserin trennt sich von der abgrundtief bösen Amme, diese wird vom Geisterboten aufs Boot geworfen und zur Strafe für ihre Intrigen zu den von ihr

so verabscheuten Menschen geschickt. Wäre das schon mal erledigt.
Es ist mal wieder Zeit für eine ...

Verwandlung: Das Innere eines tempelähnlichen Raumes

Die Kaiserin ist im Tempel, da springt ein Quell goldenen Wassers hoch, das Wasser des Lebens. Der Hüter der Schwelle des Tempels will sie verführen:
»So trink, du Liebende, von diesem Wasser!
Trink, und der Schatten, der des Weibes war,
Wird deiner sein, und du wirst sein wie sie!«
Das heißt: endlich schwanger, auf Kosten der Frau des Färbers, und so den schon fast versteinerten Mann an ihrer Seite zurückgewinnen.
Die Kaiserin aber wächst moralisch über sich hinaus: Sie will nicht auf Kosten der Frau des Färbers schwanger werden, sie will nicht fremdes Leben opfern, um Mensch werden zu können. (Nicht vergessen: sie ist ja Geistertochter, die Mensch werden möchte, weil sie den Kaiser lieben gelernt hat.) Als sie laut aus sich herausschreit »Ich – will – nicht!«, nämlich das Wasser des Lebens trinken und sich so den Schatten auf Kosten anderer erkaufen, passiert das, was wir natürlich schon erwartet haben: Sie hat plötzlich einen Schatten, einen eigenen. Der fällt quer durch den Tempel (meistens ziemlich riesig inszeniert, selbst wenn das Ganze, wie geschehen, in der Geburtshilfeabteilung eines Krankenhauses angesiedelt wird), mit allen Konsequenzen: Der Kaiser lebt, Barak und seine Frau sind geläutert und die Stimmen der Ungeborenen steigen zu Goethe'schen Gipfeln (woran man sieht, wie genau Hofmannsthal seinen Faust kannte!):
»Hört, wir gebieten Euch,
Ringet und traget,
Dass unser Lebenstag
Herrlich uns taget!

Was ihr an Prüfungen
Standhaft durchleidet,
Uns ist's zu strahlenden
Kronen geschmeidet.«
Also ich find dieses rhythmische Plagiat des »Faust« schon ein bisschen dreist, oder?!
Nun gut, es kommt noch mal eine ...

Verwandlung: Eine schöne Landschaft, steil aufsteigend, hebt sich heraus. Inmitten ein goldener Wasserfall, durch eine Kluft abstürzend.

Ein bisschen erinnert dieses Szenario an Karl Mays »Ardistan und Dschinnistan«, wo er mit einer Laterna magica ein Bild der Muttergottes auf einen Wasserfall projiziert, und alle beten und werden Christen und die Welt ist schön. Diese Verwandlung dient eigentlich nur dem Finale: Alles ist jetzt schön, man jubelt und die ungeborenen Kinder gleich mit. Und dem Vorhang bleibt nix anderes, als mit seinem Fallen auf die Ausgänge und Notausgänge hinzuweisen, durch die man dem goldenen Wasserfall entgehen kann.

HITS

Den ersten Hit in dieser Oper gibt's nach circa drei Minuten. Die Amme erzählt dem Geisterboten vom Sex im Kaiserbett, natürlich in gewählten Worten:
»Er ist bei ihr.
Die Nacht war nicht
In zwölf Monden,
Dass er ihrer nicht hätte begehrt!
Er ist ein Jäger
Und ein Verliebter,
Sonst ist er nichts!
Im ersten Dämmer
Schleicht er von ihr,

Wenn Sterne einfallen,
Ist er wieder da!«

Das ist zwar vornehm ausgedrückt, aber wir wissen, was gemeint ist! Und Strauss lässt dazu die Streicher schwellen, und wir wissen auch da, was gemeint ist.

Auftritt Kaiserin. Ein Auftritt mit allen Schikanen: lyrisch, aber virtuos, Hörner leiten ihn ein und dann das »Ist mein Liebster dahin«. Das perlt nach oben und hat dennoch eine wundervolle Kraft. Wir ahnen: Mit dieser Figur kommt langsam das große Kino.

»Wie soll ich denn nicht weinen?« – Falke und die Bläser (Oboen, Klarinette und Piccolo) lassen keinen Zweifel daran, dass da ein Vogel spricht (man sieht den Falken ja nicht, der steht normalerweise hinter der Bühne oder in der Bühnengasse). Also das ist schon sehr hilfreich. Und darauf, wie die Kaiserin vor der zweiten Szene noch einmal Gas geben darf, können Sie sich schon beim Platzsuchen freuen: hohes C beim »Der Kaiser muss versteinen!«, na, da kommt doch festliche Stimmung auf. Wir Opernfans sind doch alle auch ein bisschen Hochton-Fetischisten, oder?! (Nicht so wie Rossini: Als der das erste hohe C, von einem irischen Tenor im Brustton gesungen, hörte, meinte er, das klänge »wie der heisere Schrei eines Kapauns, dem man die Gurgel durchschneidet«.) Das Orchester darf auch Gas geben beim Übergang von der ersten zur zweiten Szene: ein sehr kräftiges, aufpeitschendes »Interludium«, da blinkt noch einmal die Kraft der »Elektra« durch.

Und wieder großartige Streicher, als die Frau Baraks ihre Klage singt:

»Dritthalb Jahr
Bin ich dein Weib –
Und du hast keine Frucht
Gewonnen aus mir.«

Tiefe Töne, und dennoch die Untermalung dessen, was bei

der Schilderung des Liebeslebens des Kaisers in der vorhergehenden Szene ein ganz anderes Gefühl ausgedrückt hat.
Dann die Verführungsmusik und der Chor der Sklavinnen: Das glitzert und gleißt und glänzt und schmeichelt sich in die Seele der Färbersfrau ohne Ende. Wunderbar!
Einleitung zweite Szene und Vorbereitung der melancholischen Überraschung, dass die Kaiserin nicht da ist: das Cello-Solo. Das ist ganz große Musik! Ebenso wie die Fortsetzung: »Falke, Falke, du wiedergefundener.« Richard Strauss hatte gesagt, dass der zweite Akt ihm ganz besonders leicht von der Hand gegangen sei. Hier hört man das.
Ein Hit ist auch die Vorbereitung der großen Explosion (und die ist natürlich der Megahit in dieser Oper): »Abtu ich von meinem Leibe die Kinder, die nichtgeborenen« – Strauss ist und bleibt der Weltmeister im Erzeugen von Spannung. Wo Rossini seinerzeit mit der ständigen, immer lauter werdenden Wiederholung einer Phrase das Publikum in den Wahnsinn trieb, arbeitete Strauss mit unglaublichen Orchesterfarben, die er mit wuchtigem Spachtel übereinanderschichtet, aber immer so, dass man alle Verästelungen nachvollziehen kann. Diese letzten 20 Minuten des zweiten Akts sind eigentlich die Oper, wegen der das Publikum kommt: großartig, wuchtig und von ungeheuer präziser Ausgelassenheit.
Spannung, wenn auch pianissimo, quasi subkutan, liefert auch der Beginn des dritten Akts. Auch da ein kleiner Tipp: Hören Sie genau hin, wie die Celesta die Flöten unterstützt, das ist eines der kleinen Instrumentationsgeheimnisse von Strauss. Und wissen Sie, wer das am meisten beklaut hat? Die Komponisten der Harry-Potter-Verfilmungen. Da kann man es dann nicht mehr hören, das Celesta-Flöten-Gedudel immer dann, wenn der Zauberstab auftaucht, und auch sonst flächendeckend. Übertreibung ist immer ein schlechter Ratgeber, möchte ich dazu mal sagen.

»Schweigt doch, ihr Stimmen«, singt schließlich die Frau des Färbers und leitet ein zwar wunderschönes, aber auch sehr eigenartiges Stück Oper ein, denn hier ereignet sich in der Musik etwas völlig anderes als im Text, wie ich finde. Der Text erzählt von Geständnis und Liebe:

»Dich wollt ich vergessen ...
Und wo ich ging verbotene Wege
Und meinte zu fliehen
Dein Angesicht
Es kam zu mir
Und suchte mich
Zuvor die Seele die Tat getan!«

Die Musik aber ist geradezu eine Sitzung beim Analytiker: Sie erzählt von der Bewusstwerdung; sie erzählt davon, dass ein Mensch beginnt zu verstehen, dass Liebe nicht bloß Gezärtel ist, sondern ein Gefühl, das nicht mehr in Worte passt; sie erzählt den Prozess der Persönlichkeitsreifung. Ach nee, sagen wir es ruhig in großen Worten: Sie erzählt von der Menschwerdung. Jedenfalls handelt es sich um die musikalische Schlüsselstelle, die hier schon erklärt, was gegen Ende der Oper die Kaiserin der Amme über die Menschen sagt:

»Du weißt es zu wenig,
Worauf ihrer Herzen
Geheimnis zielet,
Dir ist es verborgen.
Mit welchem Preis
Sie alles zahlen,
Aus schwerer Schuld
Sich wieder erneuen,
Dem Phönix gleich,
Aus ewigem Tode
Zu ewigem Leben
Sich immer erhöhen –
Kaum ahnen sie's selber.«

Und aus dieser »Musik der Bewusstwerdung« kommt dann das Duett »Mir anvertraut« – da hat Strauss schon ganz tief ins Herz hinein komponiert, meinen Sie nicht auch?
Das instrumentale Stück, das dem Duett folgt, kann sich auch sehen lassen, der erprobte Sinfoniker geht da sichere Wege. So erklärt sich vielleicht auch ein Phänomen dieser Oper: Es ist im Grunde eine Oper für Violine, Violoncello, Orchester und Gesang. Was Violine und Violoncello an fantastischem Melos in dieser Oper ausbreiten dürfen, ist wirklich ganz großes Kino. Nicht zuletzt als die Kaiserin vor ihrem Vater steht (den man nicht sieht). Da fällt mir nur Verdi ein, Don Carlo, das Cello-Solo vor »Ella giammai m'amò«. Lieber Richard Strauss, dass in einem Bayern so viel Sensibilität und Schönheit wohnen kann ...
Ab der letzten Verwandlung sind wir dann quasi im Finale und das braucht auch keine Vergleiche zu scheuen. So kann diese Oper durchaus Triumphe feiern.

FLOPS

Also Anfänge hat er schon bessere komponiert, der Richard. Dieser hier ist ein bisschen zaghaft. Die Basstuba in den ersten drei Takten ist zwar ein guter Start, aber dann müsste es in dieser Richtung doch weitergehen, es kommt doch immerhin ein Bote aus dem Geisterreich, oder?!
Der Kaiser tritt auf, ein Tenor. Da freut man sich natürlich schon: Ah, Tenor! Jetzt kommt doch sicher große Oper! Ja, schon, es ist auch große Oper, aber: Puccini hätte da mehr fürs Herz gemacht, dessen bin ich sicher. Vielleicht liegt es ein bisschen am Text, das ist schon alles ein bisschen mundhölzern. Dafür können aber letztlich weder Strauss noch Hofmannsthal etwas: Es ist halt Deutsch und kein Italienisch, was willste machen ...
Schauen Sie bei der Schlägerei der drei Brüder Baraks in der

zweiten Szene mal in den Orchestergraben auf die ersten Geigen. Das ist ein Violinkonzert, was die da zu tun haben. Lieber Richard Strauss, das hast du aber mit der Musikergewerkschaft nicht wirklich abgesprochen, oder? Nach diesen Noten wäre eine halbe Stunde Pause eigentlich tarifgerecht!

Ich muss ehrlich sagen, dass mich das Goetheplagiat vor dem Finale und im Finale des dritten Akts unglaublich nervt. Wissen Sie warum? Weil ich da den Eindruck habe, dass Hofmannsthal sich dieses Versmaß angezogen hat wie ein Gewand:

»Schatten zu werfen,
Beide erwählt,
Beide in prüfenden
Flammen gestählt.«

Also ich weiß es nicht. Und das Wort »gestählt« hab ich noch nie leiden können, seit ich von Karl Kraus und seinen letzten Tagen der Menschheit den Missbrauch dieses Wortes gelernt habe: Stahlbad (ein Restaurant in Baden-Baden heißt heute noch so, unerträglich!), stählerner Wille, stählerne Faust, vom Krieg gestählt – nein, Herr von Hofmannsthal, Sie waren zwar »nur« in der Etappe im Ersten Weltkrieg, aber konsequente Schlüsse aus diesem Albtraum der Menschheit und seiner Sprache haben Sie leider nicht gezogen, das ist für mich ein Riesenflop, denn: Sie hätten den Intellekt dazu gehabt und Sie kannten Karl Kraus. Spätestens von dem hätten Sie lernen können.

Ansonsten hätte ich als Flop höchstens anzumerken, dass sich die Sprache auch insgesamt ein wenig bleiern und altväterlich anhört. Das ginge ja noch, wenn es echt wäre. Ich kann mich aber des Eindrucks nicht erwehren, dass Hofmannsthal sich mit Absicht den Vatermörder um den Hals schnallt, damit es ehrwürdiger klingt. Es klingt aber eher gestelzt. Zum Beispiel:

»Dein Angesicht
Es kam zu mir
Und suchte mich
Zuvor die Seele die Tat getan!«
Ich meine: Ein »bevor« hätte es ja auch getan – und man wüsste Bescheid. So muss man immer noch einen Moment nachdenken, in der Zeit läuft aber natürlich die Musik weiter und man droht, den Anschluss zu verpassen.
Aber das war's auch schon mit den Flops.

OBACHT

Diese Oper ist etwas für Liebhaber des Extremen: Werbetexter können hier einen Steinbruch altertümelnder Wörter entdecken, die sie dann ganz avantgardistisch in ihre Werbung einbauen können, Musik-Kissen-Döser können hier in Orchesterfarben schwelgen ohne Ende, Liebhaber extremer Stimmen kommen immer wieder auf ihre Kosten, ich sage nur: Kaiserin. Dies alles aber funktioniert nur, wenn das Märchen in der Inszenierung ein Märchen bleibt, wenn die Sänger und Sängerinnen diese extremen Partien richtig draufhaben, da darf es keinen Millimeter Unsicherheit geben (bei »La donna è mobile« zum Beispiel kann der Tenor mogeln, macht nix, kennt ja eh jeder, hier aber geht so was ja gar nicht!), und wenn das Orchester diese extremen technischen Anforderungen bewältigen kann. Das heißt: höchstes technisches Niveau (inklusive Bühnentechnik, der so einiges abverlangt wird) und höchstes Niveau an Fantasie, sonst isses vorbei. Die »Frau ohne Schatten« in die Geburtsstation eines Krankenhauses zu verlegen ist tödlich.

DER KLEINE OPERNTÄUSCHER

Wenn Sie diese Stelle aus einem Brief (vom 6. Dezember 1919) von Hugo von Hofmannsthal an Rudolf Pannwitz in der Pause zitieren, werden Sie staunen, wie expertenmäßig Sie rüberkommen. Wahrscheinlich würde Sie sogar der Dramaturg ehrfürchtig fragen, wo Sie das herhaben:

»Ich weiß, dass alles, was ich auf dem Gebiet des Theaters tue, von den konfusen Deutschen ganz besonders verkannt und verzerrt wird. Hier aber bin ich vielleicht stark durch mein Österreichertum, dass ich ein wirkliches Theater, so volkstümliches wie höheres, in der Kinderzeit gekannt, genossen und verstanden habe – und einmal, wo Sie mich sonst meiner Stärke zu wenig bewusst fühlen, sündige ich hier auf meine Stärke. Ich glaube, dass einfach durch die theatralische Kraft dieser Arbeiten – ›Rosenkavalier‹, ›Ariadne‹, ›Frau ohne Schatten‹ –, dadurch dass sie fürs musikalische Theater, das nur ein Teil des Theaters ist, nicht ein Teil der Musikliteratur, richtig konzipiert sind, und dadurch, dass ich aus Strauss den theatralischen Musiker ... hervorgelockt habe, diese Arbeiten ziemlich lange da sein werden.«

Na, von »Selbstbewusstsein« zu sprechen, wäre untertrieben, oder?

BEWERTUNGEN

Magie

Obwohl es ein Märchen ist, denen Magie ja immer innewohnt, funktioniert die Magie nur etwas eingeschränkt, weil: Es ist a bisserl lang und es geht nur, wenn es auch als Märchen inszeniert wird.

Erotik —	Es geht zwar um die Arterhaltung, aber nicht um den Weg dahin …
Fazzoletto	Die Musik geht mir öfter zu Herzen als die Worte. Aber es sind schon Stellen da: zum Heulen schön!
Gewalt —	Seh ich jetzt keine auf der Szene
Gähn –	1 Gähn auf jeden Fall, denn es zieht sich ja wirklich etwas. Für Operngänger ohne Sitzfleisch: 5 Gähn. So jemand sollte diese Oper eher als autogenes Training betrachten, dann geht die Zeit schneller vorbei!
Moral	Was den Hofmannsthal sicher freut, denn er war schon ein Obermoralist. Jedenfalls: Das ist die Oper des Reifungsprozesses, mehr Moral geht ja kaum noch.
Ewigkeit	Ob die ganze Oper bleiben wird, wage ich nicht zu sagen. Aber einige Stellen ganz, ganz bestimmt: »Mir anvertraut« oder »Abtu ich …«.
Gourmet	Diese Oper ist musikalische Feinkost und textlich so abgehoben, dass man schon von Textur sprechen könnte.

GESAMTWERTUNG

Schon ein tolles Märchen und eine noch schönere Musik. Aber weil es sich ein bisschen zieht, weil es ein bisschen altklug ist und weil ich nicht wirklich in die Oper gehe, um meine Lebensphilosophie zu überprüfen, wird sie nie die Popularität erlangen, wie sie eine Zauberflöte hat. Dazu kommt, dass sie technisch ungeheuer anspruchsvoll ist: vielen Opernhäusern also schon allein dadurch verwehrt.

Arabella

Lyrische Komödie in drei Aufzügen

Text: Hugo von Hofmannsthal

»Das Rätsel der Strauss'schen Natur zu lösen, die,
obwohl Trägerin einer der erstaunlichsten Begabungen,
dennoch nicht von ihr durchdrungen und besessen ist
wie die anderer großer Künstler, sondern sie in der Tat nur
›trägt‹ wie einen Anzug, den man ablegen kann – dies ist
weder mir noch wohl irgendjemand anderem gelungen.«

Fritz Busch, der vorgesehene Dirigent der Uraufführung,
in: »Aus dem Leben eines Musikers«

»Das war jetzt unser letzter Tanz für alle Zeit.
Kann sein, dass wir uns später einmal wiedersehn,
dann sind wir Bekannte aus der Jugendzeit.«

Arabella in »Arabella«

ENTSTEHUNG UND URAUFFÜHRUNG

Arabella ist die letzte gemeinsame Arbeit von Hofmannsthal und Strauss. Sie wollten es noch einmal wissen, einen zweiten »Rosenkavalier« schaffen. Unbedingt.
Ich meine: Die beiden haben »Elektra«, »Rosenkavalier«, »Ariadne auf Naxos«, »Die Frau ohne Schatten« und die »Ägyptische Helena« geschaffen – fünf Opern, die aus so unterschiedlichen Ecken kommen, dass man kaum glauben kann, dass sie von demselben Duo stammen –, und sie ha-

ben den Hals immer noch nicht voll? Immer noch weiter? Ein zweiter Rosenkavalier? Bitte, wenn's weiter nix is ...
1922 blitzte eine Idee auf, eine Komödie, etwas Operettenhaftes vielleicht, auf jeden Fall etwas Leichtes, eben so etwas wie der »Rosenkavalier«, nur ganz anders. Hofmannsthal fängt an, in seiner Kiste zu kramen, und siehe da: »Lucidor oder Figuren zu einer ungeschriebenen Komödie« (1910) schlummert neben einem Lustspielentwurf von 1925 »Der Fiaker als Graf«. Das klingt zwar wie eine schaurige Vorstadtkomödie aus der Vor-Nestroy-Zeit, aber dem Poeten schwebt, und das schreibt er 1927 an Richard Strauss, Folgendes vor: »Das Szenarium einer dreiaktigen Spieloper, ja fast Operette, das an Lustigkeit dem der ›Fledermaus‹ nichts nachgibt – und dem ›Rosenkavalier‹ verwandt ist, ohne jede Selbstnachahmung.« Wie gesagt: so was wie der Rosenkavalier, aber ganz anders. Und so präzisiert Hofmannsthal seine Idee in Bezug auf die Figur der Arabella folgendermaßen: »keinerlei äußere Verwandtschaft oder Ähnlichkeit mit dem Rosenkavalier, aber eine innere Verwandtschaft.« Oder, auf gut Wienerisch: So was wie der Rosenkavalier, aber halt ganz anders ...
Präzisere Vorstellungen hat der Dichter allerdings, was die Musik angeht. So schreibt er am 26. Juli 1928 an Strauss: »... wenn sich, als ein neuer Stilversuch, nicht absteigender Kräfte, sondern gesteigerter Kunsteinsicht, zu einem WENIGER von Musik gelangen ließe, wenn die Führung, die Melodie etwas mehr in die Stimme gelegt werden und das Orchester, mindestens auf große Strecken, begleitend und nicht sich in der Symphonie auslebend, sich der Stimme subordinieren würde ... so wäre, für ein Werk dieser Art, der Operette ihr Zauberring entwunden, mit dem sie die Seelen der Zuhörenden so voll bezwingt!« Strauss antwortet, dass er sich bemühen werde ...
Nun war es leider so, dass das Leben mitten in dieser wundervollen Zusammenarbeit zuschlug. Weniger das Leben,

sondern mehr der Tod. Hofmannsthal hatte vom zweiten und dritten Akt bis dahin lediglich eine Kurzfassung vorgelegt. 1928 arbeitete er den ersten Akt vollständig um und legte ihn am 10. Juli 1929 dem Komponisten vor – zusammen mit dem 2. und 3. Aufzug. Am 13. Juli 1929 erschoss sich Hofmannsthals Sohn Franz im Alter von 26 Jahren. Zwei Tage nach dem Suizid seines Sohnes starb Hofmannsthal an einem Schlaganfall, als er zur Beerdigung seines Sohnes aufbrechen wollte.

Strauss kam mit der Arbeit an der »Arabella« nun eher langsam voran, es fehlte ihm wohl die Auseinandersetzung mit dem Dichter. Dennoch: im Herbst 1929 war der erste Aufzug skizziert, im November 1931 lag die Klavierskizze der Oper vor, die Partitur war Mitte Oktober 1932 fertig. Am 1. Juli 1933 fand dann schließlich die Uraufführung an der Dresdner Oper statt, Hitler war gerade ein halbes Jahr an der Macht. Seine Marionetten hatten den Intendanten, Alfred Reucker, und Generalmusikdirektor Fritz Busch ihrer Ämter enthoben. (Just ihnen aber hatte Richard Strauss die Oper gewidmet.) Clemens Krauss, er war Gast aus Wien, dirigierte statt Fritz Busch die Uraufführung. Sie war ein Erfolg. Auch die Nazis versuchten leider, sich diesen Erfolg an die Weste zu dübeln.

»Melos«, die renommierte Musikzeitschrift (von Hermann Scherchen in den 1920er-Jahren als Organ der »Neuen Musikgesellschaft« gegründet), der zeitgenössischen Musik verpflichtet, schrieb über die Oper und die Uraufführung Folgendes:

»Strauss hat zurückgefunden von der symbolischen Mystik der ›Frau ohne Schatten‹, von der mythologischen Ferne der ›Ägyptischen Helena‹, und schafft hier in einer letzten, über das Grab fortzeugenden Verbundenheit mit Hugo v. Hofmannsthal ein großes dreiaktiges Werk, das sich in greifbare Lebensnähe stellt und darüber hinaus größere Verbindlichkeit anstrebt, als sie etwa das private ›Intermezzo‹ beansprucht. Das hat in Richard Strauss noch einmal alle schöpferischen Kräfte geweckt. Die ›lyrische Komödie‹ Arabella atmet eine Lebendigkeit, die, auch abgesehen von aller hohen Meisterschaft ihrer artistischen Faktur, den außerordentlichen persönlichen Erfolg der Uraufführung in überraschend hohem Maße rechtfertigt.« (Heinz Joachim, Juli 1933)

PERSONEN

Graf Waldner, Rittmeister a. D.	Bass
Adelaide, seine Frau	Mezzosopran
Ihre Töchter:	
Arabella	Sopran
Zdenka	Sopran
Mandryka	Bariton
Matteo, Jägeroffizier	Tenor
Verehrer der Arabella:	
Graf Elemer	Tenor
Graf Dominik	Bariton
Graf Lamoral	Bass
Die Fiakermilli	Koloratursopran
Eine Kartenaufschlägerin	Sopran
Welko, Leibhusar des Mandryka	
Djura, Jankel, Diener des Mandryka	
Ein Zimmerkellner	
Begleiterin der Arabella	
Drei Spieler	
Ein Arzt	
Groom	
Fiaker, Ballgäste, Hotelgäste, Kellner	

ORCHESTERBESETZUNG

3 Flöten (3. auch Piccolo)
2 Oboen
Englischhorn
Klarinette in C
2 Klarinetten in B (auch in A)
Bassklarinette
3 Fagotte
(3. auch Kontrafagott)
4 Hörner
3 Trompeten
3 Posaunen
Tuba
Pauken
Harfe
Streicher

DAUER

ca. 2 3/4 Stunden

HANDLUNG

Wien 1860

ERSTER AUFZUG

Salon in einem Wiener Stadthotel. Flügeltür in der Mitte. Rechts vorne ein Fenster, weiter rückwärts eine Tür. Links gleichfalls eine Tür. Der Salon ist reich und neu möbliert im Geschmack der 1860er-Jahre.

Familie Waldner ist in eine extreme finanzielle Schieflage geraten – wie übrigens viele Adlige heute noch, denn nicht alles ist Thurn und Taxis, vieles ist Wurm und Nix-is. (Na ja, nicht der feinste Reim, aber für diesen Zweck geht's noch an, oder? Falls Ihnen etwas Passenderes einfällt: Mailen Sie mir, www.beikircher.de.) Im Falle der Familie Waldner war es allerdings die ungebremste Spielsucht des Grafen. Man ist in ein Hotel gezogen, um eine gewisse Bonität vorzutäuschen, vor allem aber: um eine der beiden Töchter zu verheiraten. Für eine Mitgift in beiden Fällen wird die Kohle wohl nicht reichen. Also wird aus Zdenka Zdenko.

Während der Graf am Spieltisch versucht, sein Vermögen wieder einzuspielen, natürlich vergebens, befragt Mama Adelaide eine Kartenlegerin, ob denn nicht endlich eine Lösung in Sicht sei. Natürlich sieht die Kartenaufschlägerin eine Lösung (die Aussicht auf die Brosche mit Smaragden verstärkt die seherischen Kräfte ganz ungeheuer): Es kommt ein Bräutigam für Arabella. Von weit her. Durch den Wald. Ein Offizier. Aber es droht auch Gefahr: Die Seherin sieht gezogene Säbel und den Rückzug des Bräutigams. Mama Adelaide glaubt, in diesem vagen Nebel von Andeutungen den reichen Grafen Emerel zu erkennen, und ist schon fast glücklich.

Na, das ist ja ein Auftakt. Wir sind erst am Anfang der Oper, aber schon liegen die Karten klar und offen auf dem Tisch. Matteo, der Jägeroffizier, ist in Arabella verliebt, aber Zdenko, ihr Bruder, der eigentlich ein Mädchen ist und Zdenka heißt, was aber Matteo nicht weiß, liebt Matteo über alles. Die Gläubiger, die alle paar Minuten versuchen, die Bühne zu stürmen, um an ihr Geld zu kommen, werden vertröstet mit der Nachricht, man habe vor zu verreisen. Zdenko/Zdenka will das hintertreiben, denn: Würden sie tatsächlich verreisen, sähe sie ihren geliebten Matteo nicht mehr wieder. Matteo kommt unerwartet herein und zeigt sich untröstlich darüber, dass ihn Arabella nicht beachtet: kein Brief, keine SMS, nix auf die Mailbox, rein gar nichts. Damit er sich nicht umbringt (und damit wirklich nicht mehr erreichbar wäre für Zdenka), macht ihm Zdenka Hoffnungen, dass Arabella ihn lieb habe, und verspricht Matteo einen Brief. Und das alles nur, damit Matteo – und wäre es an Arabellas Seite – in ihrer Nähe bleibt. Nun denn: Junge Mädchen – und dann noch in Hosenrollen – können schon auf ziemlich krude Ideen kommen. Zumal in einer Oper.

Arabella kommt, sie sieht die Blumen auf dem Tisch, die Matteo ihr gebracht hat, und denkt, ein Husar habe sie hereingebracht, der Leibhusar eines fremden Reisenden, den sie kurz zuvor auf der Straße getroffen hat: Wir ahnen da schon – auch musikalisch –, dass das der berühmte »Richtige« ist.

Und nach ein bisserl Geplauder kommt auch schon der große Hit dieser Oper, »Aber der Richtige«, und dafür hat Hofmannsthal auch die richtigen Worte gefunden:

»Aber der Richtige, wenn's einen gibt für mich auf dieser Welt, der wird einmal dastehn, da vor mir, und wird mich anschaun und ich ihn, und keine Zweifel werden sein und keine Fragen, und selig werd ich sein und gehorsam wie ein Kind.«

Worte, die – so will ich doch stark hoffen – jeder von uns nachvollziehen kann, sicherlich aber jede.

Während Waldner und seine Frau Adelaide über das Geld sprechen, das nicht da ist, und Herr Waldner seiner Gattin erzählt, dass er einen alten Regimentskameraden angeschrieben habe, den Mandryka, reich, aber – zum Glück – ein Fantast, und dass er ihm ein Bild von Arabella beigelegt habe in der Hoffnung, dass der Alte im Zuge des hochkochenden Johannistriebs sich in sie verliebt und alle aus der Misere rettet, kündigt sich ein Besucher an: Mandryka. Nein, nicht der alte Mandryka, sondern sein Neffe. Onkel tot, Neffe Bild gesehen, er sich verliebt, er viertausend Angestellte, er Alleinerbe. Also insgesamt ganz gute Voraussetzungen.

Was beide aber nicht wirklich wissen, ist Folgendes: Mandryka hat vorhin Arabella auf der Straße gesehen und ihr einen Blick zugeworfen, der sie völlig fertiggemacht hat. Eigentlich

könnte Arabella jetzt durch die Tür kommen, Mandryka übernimmt die Schulden und die beiden lieben sich ins Jawort hinein, aber das wäre natürlich nicht wirklich operndienlich. Strauss und Hofmannsthal wollen uns da schon noch ein bisschen auf die Folter spannen und unterhalten.
Also: Mandryka hält quasi um die Hand Arabellas an und bietet Waldner sein Portemonnaie an (»Teschek, bedien dich!«), Waldner bedient sich und hofft auf weiteres Glück im Spiel.
Arabella ist mit einer Spazierfahrt mit »ihren« drei Grafen einverstanden, Zdenka ist ja dabei, und träumt davon, ihren »Richtigen« vielleicht wieder zu treffen. Vielleicht beim Fiakerball? Und der Vorhang möchte am liebsten oben bleiben, weil er das Happy End kaum erwarten kann, aber er muss sich fügen und fällt.

ZWEITER AUFZUG

Vorraum zu einem öffentlichen Ballsaal, prunkvoll im Geschmack der 1860er-Jahre. Logenartige Räume, aus Säulen und Draperien, links und rechts. In der Mitte die Treppe zu einer Estrade, von der man in den eigentlichen Ballsaal hinabsieht und zu dem man links und rechts von dieser Treppe hinabsteigt

Im Schatten ihrer Eltern begegnet Mandryka nun Arabella. Es ist beiden klar: Das hier ist der Beginn einer ganz großen Liebe. Er erzählt ihr von seiner Heimat, von seiner Frau, die schon nach zwei Jahren so jung gestorben sei, davon, dass er Arabellas Bild gesehen habe (Arabella: »Wie kommt man eigentlich da drunten in Slawonien zu einem Bild von mir?«), und von dem schönen Brauch, dass die Braut dem Bräutigam zur Verlobung ein Glas Wasser aus dem Brunnen hinterm Haus bringt.
Arabella bittet ihn um eine Stunde Zeit, um sich von ihrem Mädchenleben zu verabschieden, sie ist ja die Ballkönigin

und hat da ein paar Pflichten (Arabella: »Darf ich?«, Mandryka: »Sie dürfen alles, was Sie wollen!«), daraufhin holt die Fiakermilli sie mit einer grandiosen Koloraturarie ab.
Waldner frönt dem Kartenspiel, Arabella verabschiedet »ihre« drei Grafen, Mandryka füttert seine künftige Schwiegermutter, da passiert es: Matteo steht dumm rum und jammert darüber, dass Arabella ihn nicht beachtet. »Die Blumen für alle! Für alle ihr Lächeln! Sie selber für alle! Was bleibt für mich?« Er will sich natürlich umbringen ... Nee, verwenden wir lieber das schöne alte Wort: Er will sich entleiben. Damit er das nicht tut, gibt ihm Zdenka den Schlüssel zu Arabellas Zimmer und behauptet, den habe Arabella ihr gegeben. Für ihn. Dummerweise bekommt Mandryka das mit, und ab da ist er fertig mit der Welt. Jetzt ist Finale Furioso angesagt: Wenn Ungarn durchdrehen, dann halt mit Zymbal, Geige und einem Mulatschak. Als Mandryka dann noch ein Billett von Arabella bekommt: »Für heute sag ich Ihnen gute Nacht, ich fahr nach Haus, von morgen an bin ich die Ihrige«, dreht er vollständig durch. Er fühlt sich zum Narren gehalten, schnappt sich die Fiakermilli, flirtet mit ihr, da kommen Adelaide und ihr spielender Waldner und schleppen den tobenden Mandryka nach Haus.
Damit auch wirklich keiner den Skandal mitbekommt, fällt der Vorhang. Besser so.

DRITTER AUFZUG

Im Hotel. Offener Raum, zugleich Stiegenhaus. Die Stiege läuft in zwei Wendungen aufwärts. Unten stehen ein paar Tische mit Zeitungen, Schaukelstühle, Fauteuils. Vorne rechts ist die Portierloge und der Ausgang auf die Gasse. Es ist Nacht, der Raum ist mit Öllampen beleuchtet.

Arabella kommt ins Hotel und träumt von ihrem Mandryka. Da steht Matteo. Sie grüßt ihn frostig mit dem Klassiker:

»Sie hier?« Er missversteht natürlich, hält das für Maskerade (»Geheimnis eines Mädchenherzens, unergründliches!«), zumal er glaubt, dass sie noch vor einer Viertelstunde in ihrem Zimmer in seinen Armen lag. Gut, es war dunkel, Licht war aus (Zdenka hat es ausgemacht, damit er nicht sieht, dass er nicht mit Arabella ... sondern mit ihr), also da kann es schon mal zu Missverständnissen kommen. Dennoch: Er ist empört über die vermeintliche Komödie, die Arabella ihm vorspielt, sie ruft schon beinahe um Hilfe, da kommen Papa und Mama und Mandryka herein. Der erkennt natürlich in Matteo den Mann mit dem Schlüssel und ab jetzt ist beinahe kein Halten mehr. Arabella steht als Betrügerin da, Matteo und Mandryka wollen sich duellieren, auch Papa Waldner will sich mit Mandryka duellieren, mit Pistolen. Ach, zu blöd! Die Pistolen sind verkauft? Dann müssen neue her. Die Schlinge, die sich immer mehr um Arabellas Hals zuzieht, droht die Situation ins Unausweichliche entgleiten zu lassen. Da kommt die Lösung: Zdenka kommt im Negligé aus Arabellas Zimmer, alles klärt sich auf und Mandryka bittet für Matteo, dem Jägeroffizier verzeihend, den Papa Waldner um die Hand Zdenkas. Die wollte eigentlich eben noch in die Donau gelaufen sein, vor lauter Schimpf und Schande, und weiß deshalb gar nicht, was sie jetzt machen soll (Arabella: »Du musst jetzt glücklich sein, wie Du's verdienst!«). Und Mandryka und Arabella wissen jetzt auch, dass sie im Glücksabo das große Los gezogen haben. Selbst die Hotelgäste, die das alles mit höchstem Interesse verfolgt haben, suchen nun ihre Zimmer mit dem legendären Satz auf den Lippen auf: »Wir gehen schlafen! Jetzt passiert nichts mehr!« Was aber nicht ganz stimmt, denn: Arabella reicht ihrem Mandryka zu guter Letzt noch ein Glas Wasser, wir wissen, was das bedeutet, und der Vorhang, der dem Ganzen nun wirklich lang genug zugeschaut hat, fällt.

HITS

Ich bin ja eigentlich ein Ouvertüren-Fan, keine Frage. Die gemächliche Hinführung zum Sujet, das kuschelige Sich-Zurechtrücken im Opernsessel (selbst auf dem Stehplatz steht man sich's erst mal bequem zurecht, bevor es losgeht, vielleicht ergattert man sich sogar einen Griff an der stoffbezogenen Stange, was für den Wohlfühlmodus von erheblichem Vorteil ist), das Sich-noch-ein-bisschen-umgucken-Können, wer sonst noch alles da ist, der kurze Blick in die Besetzungsliste für das Kurzzeitgedächtnis, damit es in der Pause so aussieht, als sei man mit dem Besetzungsbüro auf Du und Du, alles das – und natürlich die Ouvertüre selbst – gehört einfach dazu, so wie für die meisten Kino erst Kino ist, wenn sie eine Tüte Popcorn in der Hand halten. Aber auch wie einige Opern direkt loslegen, zum Beispiel »Elektra« oder »Salome« oder eben »Arabella«, ist genial. Man ist mit dem Armheben des Dirigenten drin, mittendrin. Bei »Arabella« sind das genau sieben Takte und schon werden die Karten gelegt. Toll.

Die etwas komische Verzweiflung des Matteo ist von Strauss so wundervoll ironisch untermalt (»Dahin ist es gekommen zwischen mir und ihr« – als wäre jemals was gewesen zwischen ihm und ihr), dass es für mich ein Hit ist. Zugegeben, ein kleiner und ein kurzer, aber immerhin.

Dann kommt der Megahit. Vorbereitet von sehr inniger und zärtlicher Musik im Duett Zdenka–Arabella, ist der Megahit in dieser Oper natürlich Arabellas »Aber der Richtige, wenn's einen gibt für mich auf dieser Welt« – da haben wir wieder ganz großes Richard-Strauss-Kino.

Und immer wieder staune ich über das leise, ironische Talent dieses groß gewachsenen, wenn auch nicht groben Bayern. Auch wenn ich natürlich weiß, dass Grobheit durchaus Sensibilität beinhalten kann, diese feine Ironie ist halt etwas, was man eher Franzosen oder Wienern zutraut, nicht unbedingt Münchnern. Weit gefehlt! Wie Strauss das Gespräch zwischen Adelaide und ihrem Zockergatten über die Geldsorgen im Walzerschritt kommentiert, ist einsame Spitze. Geldsorgen im Walzerschritt – auf so eine Idee muss einer erst mal kommen! Hit, ganz zweifellos.

Eine geradezu Rossini'sche Köstlichkeit sind die 21 Takte Cello-Triller, als Mandryka den Schluzi-Grafen fragt: »Als in dem Brief an meinen sel'gen Onkel das reizende Porträt des Fräulein Tochter hineingeschlossen wurde, darf ich annehmen, dass da eine Absicht im Spiele war.« Da ist sie wieder, diese Strauss'sche Ironie. Er ist ein Meister dieses Stils, in diesem Punkte nur mit Mozart (wenn die Klarinetten den Cherubino auslachen) und Rossini vergleichbar. Diese Triller steigern einerseits die Spannung, andererseits sind sie ein spöttischer Kommentar zu dem Versuch des Grafen, seine Tochter zu verschachern, um finanziell aus der Bedrouille zu kommen. All das erzählen diese Triller. Für einen Kabarettisten wie mich sind solche Stellen immer wieder die Highlights.

Und ein weiterer großer Hit ist die Ernsthaftigkeit, die Strauss in der Figur des Mandryka diesem Luftikus von Grafen gegenüberstellt: Da sind ihm große Töne eingefallen, Respekt! Sein Heiratsantrag ist ebenfalls nicht nur musikalisch hörenswert: Strauss zwingt Mandryka, seinem zukünftigen Schwiegervater seine Vermögensverhältnisse im absoluten Beschleunigungsmodus aufzudecken – schnell, damit er nicht alles mitbekommt, und schnell, weil der Graf ein Geld-Schnell-Fresser ist, er leidet sozusagen an Pecunia-Phagie, und schnell, weil das ein aufgeregtes und aufregendes Thema ist.

Was Arabella am Ende des ersten Aufzugs zu singen hat, nach »Mein Elemer«, ist Sehnsucht der reinsten Art, wundervoll. Von den Walzerklängen ganz zu schweigen. Was für ein Ende des ersten Aufzugs!

Weiter zum zweiten Aufzug. Wenn ich eine Frau wäre und ein Mann würde mir in solchen Tönen von seiner ersten Frau erzählen und überhaupt von seinem Leben: Ich wäre hin und weg. Na gut, das ist Arabella ja auch. Einmal mehr ein Häkchen im Kästchen Sensibilität! »Und du wirst mein Gebieter sein«, singt Arabella und Strauss setzt das in die hellste Tonart, die zur Verfügung steht: E-Dur. Was für ein Duett!

Schaut man sich so einige der Frauenfiguren in Strauss-Opern an, fragt man sich: Was hat der bloß am Koloratursopran gefunden? In der »Arabella« darf die Fiakermilli zwar nur kurz brillieren, aber dafür umso heftiger. Drei Koloratursterne sind ihr dabei mindestens sicher. Da kann ich nur sagen: Sogar die alten Karawanken, da wanken sie und punken ...

Das lyrische Walzerwiegen beim Verabschieden der drei Grafen ist auch etwas sehr Subtiles, auf das Sie sich freuen können. Wer sich so verabschieden kann, muss ein warmes, edles Herz haben!

Mandryka und Fiakermilli – wie fantastisch das zusammenpasst: Koloraturjodler und sein »ungarisches« Ausflippen – Hit!

Die Einleitung des dritten Aufzugs ist auch ein Hammer. Sie rekapituliert noch einmal das Geschehen und die Aufgeregtheit wird zusammengefasst in einem grandiosen Orchesterstück. Der bayerische Musikliebhaber wird diese sechs Minuten in die Worte fassen, die das größte Kompliment darstellen: »Dös is dir scho a Hund, der Strauss!«

Na ja, dann kommt die letzte Viertelstunde in dieser Oper, ein einziges Drei-Sterne-Vergnügen. Da kann ich mich nur in Superlativen suhlen, und weil ich das jetzt schon oft genug gemacht habe, sage ich einfach: Mehr als so ein Finale kann Oper einfach nicht. Ganz groß! Selbst der Vorhang lässt sich da fallen und legt sich einer fantastischen Arabella zu Füßen. Recht so!

FLOPS

Noch mal: Ich bin nun mal ein Ouvertüren-Fan. Wenn die fehlt, ist das für mich einfach ein Flop – bis auf ganz wenige Ausnahmen ...
Ansonsten ist die Arabella eine Oper, in der ich keine wirklichen Flops sehe, tut mir leid.

OBACHT

Die berühmte Schweizer Sopranistin Lisa della Casa war die Arabella. Das heißt: Man muss schon über eine Sängerin verfügen, die ähnliche Qualitäten, Farben, Lyrismen zur Verfügung hat, denn diese Oper steht und fällt natürlich mit der Arabella. Ist sie zu leichtfüßig, funktionieren weder die Szenen noch die Arien. (Vom Gegenteil müssen wir nicht reden, man wird diese Rolle, eine der subtilsten in der Opernwelt, schon keinem Trampel anvertrauen.) Das macht diese Oper wirklich besonders schwierig. Aber wenn es klappt, ist es einfach nur schön!

DER KLEINE OPERNTÄUSCHER

Hier könnten Sie in der Pause eine kleine Diskussion darüber entfachen, welche Arabella wohl die beste aller Zeiten war. Viorica Ursuleac soll bei der Uraufführung den Vorhang zu Tränen gerührt haben. Oder vielleicht doch Lisa della Casa? Ja natürlich. Seit den Salzburger Festspielen nach dem Zweiten Weltkrieg dominierte sie, die Schweizerin, diese Partie und das zu Recht. Nein, Birgit Nilsson hat die Arabella,

zumindest soweit ich weiß, nie gegeben, das wär ja wohl auch 'ne dolle Fehlbesetzung gewesen. Aber vielleicht macht ja ein Regietheater-Jünger mal einen Schlenker in diese Richtung, hätte was! Überhaupt ist das Thema Fehlbesetzungen ein tolles Pausenthema. Da stehen Ihnen alle Möglichkeiten offen, zu glänzen oder Heiterkeit zu ernten.
Jetzt aber mal im Ernst: Neben Lisa della Casa (die für meinen Geschmack immer eine winzige Kleinigkeit zu süß war, bei allem Respekt vor ihrer unglaublichen Stimmgeschmeidigkeit) ist für mich *die* Arabella Gundula Janowitz.

BEWERTUNGEN

Magie	Sie nimmt einen gefangen, diese Oper, durch ihre Lyrik und durch ihre Komik.
Erotik	Na ja: Manche schwärmen für Hosenrollen und Zdenko/a, das hat natürlich schon auch eine gewisse Erotik. Am meisten Erotik hat für mich allerdings Mandryka, weil: Er ist ein ernster Typ und Erotik ist eine ernste Angelegenheit!
Fazzoletto	Wenn eine Arabella da oben steht, die über die Weichheit verfügt, die die Partie immer wieder verlangt: Schnief!
Gewalt	Die man dem Grafen Waldner umlegen sollte: So geht man nicht mit seiner Familie um.

Gähn —

Moral — Immerhin zwei Happy Ends! Aber ob der Papa weiterspielt, wissen wir nicht!

Ewigkeit — Diese Oper bleibt!!!

Gourmet — Immer wieder, durch die ganze Oper durch, Geschenke fürs Herz und für die Ohren!

GESAMTWERTUNG

Arabella ist eine Oper, die alles enthält, was eine Oper haben muss: große Lyrik, einen herausragenden Text, unglaublich schöne Musik, Dramatik und Spannung und – Komik. Diese Oper ist Vergnügen rundherum!

Capriccio

Ein Konversationsstück für Musik in einem Aufzug

Von Clemens Krauss und Richard Strauss

»Wäre die Welt auf irgendeine Weise anders oder besser gewesen, wenn Strauss es 1940–41 unterlassen hätte, Capriccio zu komponieren? Nein, sie wäre schlechter gewesen. Er hatte Schopenhauer gelesen und kannte dessen Ansicht, neben der Weltgeschichte wandle die Geschichte der Philosophie, des Wissens und der Künste, ohne Schuld und von Blut unbefleckt. Strauss' größte Oper benötigt keine weitere Rechtfertigung.«

Michael Kennedy in »Richard Strauss: Man, Musician and Enigma«, London 1999

Clemens Krauss (eigentlich Clemens Heinrich von Baltazzi): geboren am 31. März 1893 in Wien, gestorben am 16. Mai 1954 in Mexico City. Heute stört das niemanden mehr, damals war es ein Skandal: Er war ein uneheliches Kind. Mama Clementine Krauss Sängerin, Papa Hector von Baltazzi Rennreiter. Was Wunder, dass der Sprössling Musiker wurde. In seinem Beruf hat er noch den ganz soliden Weg eingeschlagen, ein Weg, den die Bühnenkünstler seit dem Verlust der »Provinz« (ich sage nur: Hans Moser als Romeo in Mährisch-Ostrau!!!) nicht mehr einschlagen können: Studium am Konservatorium in Wien, dann der Marsch durch die Provinz: Brünn (Chordirektor ab 1913), dann Riga, Nürnberg, Stettin und Graz, dann Dirigent an der Wiener Oper (neben Franz Schalk). 1924 Intendant der Frankfurter Oper, 1929 schließlich Musikdirektor an der Wiener Staatsoper. Er hatte in seiner ersten Wiener Zeit Richard Strauss kennengelernt und sich mit ihm angefreundet. Ihre Freundschaft mündete in einen wunderschönen Höhepunkt: Sie schrieben gemeinsam das Libretto von »Capriccio«, Krauss zu einem größeren Anteil.

In der Nazi-Zeit hat sich Clemens Krauss ambivalent verhalten: Er war zwar nie Parteimitglied, suchte aber dennoch einige Male die Nähe zu Hitler, der sehr viel von ihm hielt, auch wenn er ihn nicht nach Wien ließ. Hitler wollte ihn in München haben, und so wurde er 1937 Generalmusikdirektor an der Bayrischen Staatsoper. Er suchte sich mit den Machthabern einigermaßen gutzustellen. Von Hitler bekam er auch den Auftrag, ab 1941 die Salzburger Festspiele als künstlerischer Leiter zu gestalten, was er dazu nutzte, den Festspielen so viel wie möglich österreichisches Kolorit zu erhalten. Er musste ziemlich jonglieren, um den Widerstand einiger Nazi-Größen zu überwinden, was ihm natürlich nicht jeder dankte. Dennoch: Krauss war mit Sicherheit kein Nazi, obwohl er von Hitler auf die berühmte »Gottbegnadeten-Liste« gesetzt wurde, was seine Einberufung verhinderte. Er hat zum Beispiel 1943 Werke von Debussy und Ravel dirigiert, deren Werke die Nazis verboten hatten. Bis heute ist er nachhaltig im Gedächtnis geblieben, weil er der Gründungsdirigent der Neujahrskonzerte der Wiener Philharmoniker war. 1939 und 1940 fanden diese Konzerte am 31. Dezember statt, ab 1941 dann am 1. Januar. Bis zu seinem Tod 1954 hat er sie dirigiert und wenn Sie ein Fan dieser Konzerte sind, besorgen Sie sich Aufnahmen dieser frühen Neujahrskonzerte – die Aufnahmen sind zu Recht legendär. Nach dem Krieg durfte er wegen seiner Nähe zu den Nazis sie zunächst nicht mehr dirigieren, 1948 wurde das Berufsverbot dann aufgehoben. In erster Ehe war Clemens Krauss mit der Opernsängerin Margarete Abraham verheiratet und hatte mit ihr zwei Kinder. In zweiter Ehe war er mit Viorica Ursuleac verbunden, die er in Frankfurt kennengelernt hatte. Sie war die Arabella der Uraufführung und überhaupt im Strauss-Repertoire bestens beheimatet.

ENTSTEHUNG UND URAUFFÜHRUNG

1934 erzählte Stefan Zweig Strauss von einem Librettisten, der vielleicht ganz interessante Ideen gehabt habe: Giambattista de Casti, Zeitgenosse Mozarts, Libretto-Autor für Paisiello und Salieri. Zweig forschte in der Bibliothek in Wien ein bisschen herum und stieß auf eine Oper mit dem Titel »Prima la musica, poi le parole – zuerst die Musik, dann die Worte«. Am 23. August 1934 schrieb Zweig dem Komponisten, das Buch sei zwar Schrott, der Titel aber verheißungsvoll und originell.

Strauss war gerade mit der »Schweigsamen Frau« fertig geworden und auf der Suche nach neuen Stoffen. Zweig schrieb »Maria Stuart« zu Ende und machte sich dann an das Opernlibretto. Da musste ihm Strauss mitteilen, dass Goebbels ihm habe mitteilen lassen, dass man eine zweite Oper von Stefan Zweig »nicht verantworten könne«. Zweig hatte das Buch zur »Schweigsamen Frau« geschrieben und das war den Nazis ein gewaltiger Dorn im Auge. Zweig zog sich zurück und übergab an Joseph Gregor. Der hatte schon drei Libretti für Strauss geschrieben: »Die Liebe der Danae«, »Friedenstag« und »Daphne«, war also quasi im Geschäft.

Die Zusammenarbeit entpuppte sich bei dieser Oper aber als gewaltiger Flop. »Ihr De-Casti-Entwurf war mir eine Enttäuschung. Keine Idee von dem, was mir vorschwebte: eine geistreiche dramatische Paraphrase des Themas:

Erst die Worte, dann die Musik (Wagner), oder erst die Musik, dann die Worte (Verdi), oder nur Worte, keine Musik (Goethe), oder nur Musik, keine Worte (Mozart)«, schrieb Strauss an Gregor, tröstete den Zerknirschten dann aber mit

den Zeilen: »Vergessen Sie nicht, welch gute Resultate meine etwas rüpelhafte Mitarbeit bisher schon gezeitigt hat.«
Doch als Gregor die Geschichte schließlich im Weimar der Goethe-Zeit ansiedeln will, ist Strauss endgültig entsetzt: »Um Gottes willen keine Anspielungen auf große Persönlichkeiten: Goethe – Frau von Stein! Brr!« Kurz: Gregor hat keine Chance beim Meister.

Im Oktober 1939 komplimentiert er Gregor aus dem Projekt, er schreibt ihm: »Ich beeile mich daher, Sie zu bitten, sich mit dem Sorgenkind nicht weiter zu plagen. Haben Sie allerschönsten, herzlichen Dank für Ihre bisherigen Bemühungen! Ich will nun selber mein Glück versuchen.«

Ein paar Wochen zuvor hatte Strauss an Clemens Krauss geschrieben: »Ich mag eigentlich keine ›Oper‹ mehr schreiben, sondern möchte mit dem de Casti so etwas ganz Ausgefallenes, eine dramaturgische Abhandlung ... eine theatralische Fuge – auch der gute alte Verdi hat's am Schluss des Falstaff nicht lassen können – denken Sie an Beethovens Quartettfuge – das sind so Greisenunterhaltungen – schreiben! Ob Gregor so was leisten kann, ich kann's noch nicht sagen. Bis heute hat er's noch nicht verstanden, was ich eigentlich will: keine Lyrik, keine Poesie, keine Gefühlsduselei –: Verstandestheater, Kopfgrütze, trockenen Witz!«

Und kurze Zeit später: »Bitte überlegen Sie, während Sie vielleicht ›Palestrina‹ dirigieren – das dürfte Ihre einzige Freizeit sein –, ob Ihnen auch vielleicht was Hübsches dazu einfällt!«

Es geht noch ein bisschen hin und her, Krauss meint, man könne vielleicht doch mit Gregor zusammenarbeiten, Strauss meint, wenn er Gregor rauskicke, bekäme man gar nix mehr von ihm, wo man doch vielleicht das ein oder andere Krümelchen von ihm brauchen könne. Krauss ist es schließlich, der auf die Idee kommt, Strauss solle Gregor sagen, dass er selber den Text schreiben wolle. Ergebnis: Krauss und Strauss stürzen sich auf das Buch für die Oper. Krauss schickt die erste Szene, der Komponist ist begeistert, das Ganze spurtet in olympische Höhen, Strauss schreibt »Lieber Goethe« und unterschreibt mit »Schiller«, es muss den beiden großen Spaß gemacht haben, sowohl das Schreiben als auch das Sich-Beweihräuchern.

Strauss kommt noch eine Idee: Er hat sein ganzes Leben Operette gehasst – außer die »Fledermaus«, den »Zigeunerbaron« und Jacques Offenbach. Von ihm stammt der Satz, dass die Operette »die Straßendirne unter den Schwestern Apolls« sei, und beim Namen Franz Lehár fing er an zu krampfen. »... in ein paar Takten von mir liegt eben mehr Musik als in einer ganzen Lehár'schen Operette«, schrieb er an Hofmannsthal. Er möchte der Operette also eins auswischen und schlug Krauss vor, in das Libretto einige Attacken gegen die Operette einzuflechten. Allerdings ist nicht viel daraus geworden, ein paar Sticheleien, das war's.

Weil Strauss sich Gregor ein bisschen warmgehalten hatte (man weiß ja nie, vielleicht hätte man ihn noch brauchen können), schickt er ihm am 16.2.1941 das fertige Libretto und schreibt: »Die Lektüre wird Ihnen die trostreiche Erkenntnis bringen, dass ›prima la musica – poi le parole‹ nicht von einem Musiker geschaffen werden konnte, sondern eben nur von Musikern, die noch gleichzeitig Theaterkapellmeister waren ... Und so kann ich sagen, das Stückchen ist wenigstens inhaltlich genau das geworden, was mir vorschwebte, und ich hoffe, dass es auch vor Ihrem Kennerauge bestehen wird.«

Denkste! Gregor ist beleidigt und stinksauer, mäkelt in seiner Antwort an allem herum, sodass Strauss an Krauss schreibt: »Ich glaube, Gregor bildet sich ernsthaft ein, er hätte es besser gemacht«, und Gregors Brief kurz als »ebenso blöd wie neiderfüllt« bezeichnet. Und Punkt.

Als die Arbeit an der Partitur endlich abgeschlossen war, zog

Richard Strauss auch einen Schlussstrich unter sein Opernschaffen. Krauss hatte ihm geschrieben, er denke über eine neue Oper nach, und bekommt als Antwort: »Was eine neue Oper betrifft, so kann es immerhin erfreulich sein, wenn Sie darüber nachdenken wollen. Aber glauben Sie wirklich, dass nach dem Capriccio ... noch was Besseres oder wenigstens gleich Gutes folgen kann? Ist nicht dieses Des-Dur der beste Abschluss meines theatralischen Lebenswerkes? Man kann doch nur ein Testament hinterlassen!«

Die Uraufführung im Nationaltheater in München am 28. Oktober 1942 war ein großer Erfolg. Viorica Ursuleac, die Gattin von Clemens Krauss, sang die Gräfin, Hans Hotter den Olivier, Horst Taubmann den Flamand, Georg Hann den La Roche und Hildegarde Ranczak die Clairon. Nicht gerade eine Kriegsnotbesetzung, sondern vom Feinsten!

Übrigens: Als Clemens Krauss mit dem Regisseur über die Besetzung der Rollen sprach, kam der mit einem Vorschlag für die Partie der Gräfin, der Krauss überhaupt nicht gefiel. Seine Reaktion auf diesen »unmöglichen« Vorschlag ist überliefert und zeigt, wie spitzzüngig und schlagfertig Krauss sein konnte. Er sagte: »Schließlich muss die Gräfin von einer Frau verkörpert werden, die überzeugend darstellen kann, dass sie zwischen zwei Verehrern schwankt, ohne sich für einen entscheiden zu können. Bei der von Ihnen vorgeschlagenen Sängerin weiß jedoch jeder im Zuschauerraum schon von Anfang an, dass sie sich für – beide entscheiden wird.«

»Capriccio« wurde noch 1944 in Zürich, Dresden und Wien aufgeführt. 1950 folgten die Salzburger Festspiele mit Lisa della Casa und Anton Dermota, Karl Böhm dirigierte. Von da an trat die Oper einen vielleicht leisen, aber dauerhaften Siegeszug um die Welt an. »Capriccio« ist das meistaufgeführte Spätwerk des Komponisten.

Seit 1957 wird »Capriccio« übrigens gerne mit Pause gegeben. Man mag darüber denken, wie man will, aber es ist nicht unpraktisch, die Leute bei so einem anspruchsvollen Stück ein bissl verschnaufen zu lassen. Ob Strauss zugestimmt hätte? Ich bin sicher: Niemals!

PERSONEN

Die Gräfin	Sopran
Der Graf, ihr Bruder	Bariton
Flamand, ein Musiker	Tenor
Olivier, ein Dichter	Bariton
La Roche, der Theaterdirektor	Bass
Die Schauspielerin Clairon	Alt
Monsieur Taupe	Tenor
Eine italienische Sängerin	Sopran
Ein italienischer Tenor	Tenor
Eine junge Tänzerin	
Der Haushofmeister	Bass
Acht Diener	4 Tenöre 4 Bässe
Drei Musiker	1 Violinist 1 Cellist 1 Cembalospieler

ORCHESTERBESETZUNG

3 Flöten (3. auch Piccolo)
2 Oboen
Englischhorn
Klarinette in C
2 Klarinetten in B
Bassetthorn
Bassklarinette in B
3 Fagotte (3. auch Kontrafagott)
4 Hörner

2 Trompeten
3 Posaunen
Pauken
Schlagzeug
Becken
Große Trommel
2 Harfen
Cembalo
16 erste Violinen
16 zweite Violinen
10 Violen
10 Violoncelli
6 Kontrabässe

BESONDERHEITEN

Bühnenmusik: Streichsextett
Violine
Violoncello
Cembalo

DAUER

ca. 2 1/4 Stunden

HANDLUNG

Ein Schloss in der Nähe von Paris, zur Zeit, als Gluck dort sein Reformwerk der Oper begann.
Etwa um 1775.
Gartensaal eines Rokoko-Schlosses.
Es ist früh am Nachmittag.

Gräfin Madelaine hört ein Streichsextett, das Flamand, der Komponist, für sie geschrieben hat. Er steht mit Olivier, dem

Dichter, bei ihr und hört zu. La Roche, der Theaterdirektor, sitzt auch da, schläft aber (»Bei sanfter Musik schläft sich's am besten«).

Flamand und Olivier sind, was die Gräfin angeht, Rivalen: Beide buhlen um ihre Gunst und schnell ist klar, dass sie es mit ihren Waffen ausfechten werden: mit Wörtern und Tönen. »Prima la musica – poi le parole!« Oder: »Prima le parole – poi la musica.« Die Gräfin, meint Flamand, wird es entscheiden. Der Theaterdirektor, La Roche, hält als Pragmatiker dagegen: Alle Leute würden doch eh nur aufs Dekor schauen, auf die Ausstattung, und auf die hohen Töne der Tenöre warten. Damals wie heute. Auch der Reformer Gluck hätte nichts Neues geboten: alte Legenden, zu laute und zu gescheite Musik.

Nun denn, man neckt sich noch ein bisschen, Olivier hat eine Szene für eine Schauspielerin, Clairon, seine Ex, geschrieben, sie soll die Szene mit dem Bruder der Gräfin spielen. Verliebt beobachten der Musiker und der Dichter die Gräfin, dann gehen sie zur Probe.

Die Gräfin und ihr Bruder kommen aus dem Nebenzimmer, sie ist immer noch in die Musik versunken. Der Graf macht sich ein bisschen über die Gräfin lustig: Sie höre die Musik, schaue aber den Komponisten an. Man solle doch besser das Werk vom Menschen, der es geschaffen hat, trennen. Der Theaterdirektor kommt mit den anderen zurück, die Proben können beginnen, die Geburtstagsfeier für die Gräfin steht: eine Sinfonie von Flamand, ein Drama von Olivier und eine große »Azione teatrale« von La Roche mit tollen Bühnenbildern, Ballett und italienischen Sängern. Großer Auftritt für die weltberühmte Schauspielerin Clairon. Clairon und der Graf lesen aus dem Stück, das sie gleich spielen sollen, und Olivier teilt mit, dass er ein Sonett gefunden habe, das Flamand gleich vertonen wird: »Kein Andres, das mir so im Herzen loht«. Clairon ist begeistert und man eilt zur Probe.

Die Gräfin ist allein mit dem Dichter und dem Musiker. Olivier bekrittelt, dass das Liebesgedicht, das Sonett, an die falsche Adresse gelangt sei, und korrigiert diesen »Fehler« des Grafen, indem er es nun der Gräfin vorliest. Flamand sitzt am Cembalo und improvisiert erste Töne zu den Versen. Der Gräfin ist das ein bisschen zu salopp: »Ach, man sollte Liebesschwüre nicht öffentlich vortragen!« Flamand nimmt das Sonett und geht, er will es gleich fertig vertonen. Die Gräfin ermuntert Olivier (»Habt Ihr mir nichts in Prosa zu sagen?«), der ist völlig konfus ob seiner Verliebtheit und drängelt, sie will aber behutsam erobert werden:
Olivier: »Immer Geduld – niemals Erfüllung.«
Gräfin: »Hoffnung ist süß, Gewährung vergänglich!«
Olivier: »Habt doch Erbarmen.«
Gräfin: »Mit Euch? Mit ihm? Mit zweien zugleich!«
Olivier: »So krönt den Sieger!«
Es wird immer klarer: Die Gräfin hat sich zu entscheiden zwischen den beiden Männern und damit auch zwischen Musik und Poesie.
Flamand stürzt herein, er hat fertig komponiert und will das Sonett nun vortragen:
»Kein Andres, das mir so im Herzen loht,
Nein, Schöne, nichts auf dieser ganzen Erde,
Kein Andres, das ich so wie Dich begehrte,
Und käm von Venus mir ein Angebot.
Dein Auge beut mir himmlisch-süße Not,
Und wenn ein Aufschlag alle Qual vermehrte,
Ein andrer Wonne mir und Lust gewährte –
Zwei Schläge sind dann Leben oder Tod.
Und trüg ich's fünfmalhunderttausend Jahre,
Erhielte außer Dir, Du Wunderbare,
Kein andres Wesen über mich Gewalt.
Durch neue Adern müsst' mein Blut ich gießen,

In meinen, voll von Dir, zum Überfließen,
Fänd neue Liebe weder Raum noch Halt.«
(Das Sonett ist übrigens weder von Krauss noch von Strauss, es stammt von Pierre Ronsard, 1578, aber das nur am Rande.)
Jetzt geht die Debatte erst richtig los: Olivier ist eifersüchtig und findet, dass die Musik seine Verse zerstört. Er weiß nicht mehr, wem das Gedicht jetzt gehört: der Musik oder der Poesie. Die Gräfin löst das Problem:
»Wenn Sie erlauben, gehört es jetzt mir!
Als schönes Geschenk des heutigen Tags.«
Als sie allein sind, drängt jetzt auch Flamand die Gräfin, sich zu entscheiden: Poesie oder Musik, Olivier oder Flamand? Sie weicht mit einem schönen Satz aus:
»Alles verwirrt sich –
Worte klingen, Töne sprechen.«
Das langt dem Musiker natürlich nicht und er erhält das Versprechen der Gräfin, sich zu entscheiden, in der Bibliothek, »morgen mittag um elf!«.
Spätestens jetzt ist das Szenario klar, die Rollen sind verteilt. Die Gräfin ordnet an, im Salon die Schokolade zu servieren, der Graf, ihr Bruder, kommt und sie berichtet ihm, dass beide Männer sich in sie verliebt haben.
Die Diskussion über Wort und/oder Musik geht immer weiter. Zwischendurch geht's auch ums Theater, das allem Trug Vorschub leiste. Die Gräfin nimmt das Theater allerdings in Schutz: »Wie in einem Zauberspiegel gewahren wir uns selbst. Das Theater ist das ergreifende Sinnbild des Lebens.«
Sie schlägt vor, die Sänger zu hören, und die beiden Italiener unterhalten mit einem wunderbaren Duett in Belcanto-Tradition: »Addio, mia vita, addio!«
La Roche wird gefragt, was er denn beim Geburtstag bieten wolle, und er schwärmt von seiner Theateraktion, der Darstellung der Geburt der Pallas Athene, die ja aus dem Kopf von Zeus in die Welt kam. Kennen wir, ist wie bei Alien 1.

Jetzt kommt das berühmte »Lachensemble«! Man lacht La Roche wegen dieses grotesken Einfalls aus. Dann berichtet er von seinem zweiten Einfall: Der Theatermann möchte auch den Untergang Karthagos auf die Bretter stellen. Da sind der Dichter und der Musiker sauer, es kommt zum »Streitensemble«. La Roche verteidigt seine Ideen, er glaube an die »ewigen Gesetze des Theaters« und fordert Olivier und Flamand auf, Werke zu schaffen, die deren würdig sind. Er hält mit großer Geste gleichsam seinen eigenen Nachruf, alle singen ein sarkastisches »Amen«. Die Gräfin fordert die Herrschaften schließlich auf, gemeinsam ein Werk zu schaffen, das ihrer würdig ist.

»Schauder erfasst mich, sie bestellt eine Oper«, quengelt ihr Bruder. Nach einigem Hin und Her ist natürlich die Frage zu beantworten, was für eine Oper darf's denn sein? »Ariadne auf Naxos«? »Daphne«? Da kommt der Graf auf die Idee:

»Ich wüsste ein äußerst fesselndes Thema!
... Schildert Konflikte, die uns bewegen.
Schildert Euch selbst!
Die Ereignisse des heutigen Tags – was wir alle
Erlebt – dichtet und komponiert es als Oper!«

Man bricht nach Paris auf.

Die Gräfin erscheint in ganz großer Abendrobe und setzt sich an die Harfe, spielt und singt das Sonett und verliert sich in Gedanken bei der Frage: Musik oder Poesie? Olivier oder Flamand? Und welchen Schluss soll denn die Oper geben, bei der es ja um die Beantwortung dieser Frage gehen wird? Sie schaut in den Spiegel, macht einen Knicks und geht bester Stimmung soupieren – allein! Was ja schon eine Antwort auf diese Fragen wäre.

Da fällt natürlich kein Vorhang, da gleitet er elegant und verführerisch zu Boden, weil er allein weiß, was sich hinter dem Vorhang noch alles abspielen wird!

HITS

Der erste Hit dieser Oper ist, dass Richard Strauss in der zweiten Hälfte seiner Siebziger war, als er sie schrieb. In diesem Alter so eine zauberhafte Musik schreiben zu können und mit so einer Leichtigkeit über den Dingen schweben zu können: Chapeau! Respekt! Und eine ganz, ganz tiefe Verbeugung!

Ein Hit ist natürlich der quasi Mozart'sche Anfang mit dem Streichquartett. Sofort ist klar, dass es jetzt um Kammerspiele geht, um Intimes, um graziöse Verstrickungen, um Leichtes, Elegantes und Schönes. Wunderbar. Und das Quartett hinter der Bühne spielt das alles noch einmal, damit man sich die Musik auch wirklich merken kann ...

Für mich persönlich ist auch ein Hit, wie schnell La Roche aus seinem Musikschläfchen aufwacht und sofort mitten in der Diskussion ist. Also ich brauche länger, bis ich wach werde, wenn ich geweckt werde!

Zauberhaft ist, wie elegant Strauss Rossini einfädelt bei »Nichts übertrifft die italienische Oper«.

Sprachlich und musikalisch auch herrlich die Stelle, an der der Poet und der Musiker versunken sind in den Anblick der nicht zu sehenden Gräfin und schwärmen:

Flamand: »Verträumt ihr Auge.«

Olivier: »Ein entzückendes Lächeln umspielt ihre Lippen.«

Flamand: »Jung, strahlend schön!«

Und La Roche gnadenlos kontert: »Und Witwe! Und Witwe!« Ist das nicht schön?!

Hit: »Kein Andres« – na bitte, von wegen Belcanto, der Bayer Richard Strauss kann das auch.

Hit: Olivier beklagt sich nach dem Vortrag des Sonetts über die Zerstückelung seiner Sprache durch die Musik und singt das in einem Rhythmus, der den melodiösen Fluss zerhackt. Es klingt wie gestottert! Eine feine Ironie des Komponisten

Strauss und eine kleine Rache an den Dichtern, die ihm oft das Leben schwer machten.

Die Liebeserklärung des Flamand, »Diese Liebe, plötzlich geboren«, ist eine sehr schöne Stelle, wenn auch nicht gerade ein Megahit, aber sehr wohltönend! Und dankbar für einen Tenor obendrein.

Der anschließende Dialog von Gräfin und Flamand ist aber auf jeden Fall ein Hit. Und das Orchester-Allegro lässt keine Fragen mehr offen, die Musik hat gewonnen, eindeutig. Sonst hätte Strauss seine Gräfin an dieser Stelle ein Gedicht aufsagen lassen, oder?!

Sehr hübsch beim zweiten Tanz der Kontrast der graziösen Musik zum Streit der beiden Ex: Clairon und Olivier. Und das Streitgespräch zwischen den sechs Streithähnchen: Olivier, Flamand, La Roche, Graf, Gräfin und Clairon. Achten Sie da mal auf das Orchester: Wie witzig das durcheinanderwuselt und die Hirngespinste in den Köpfen der hitzig Diskutierenden widerspiegelt.

Dann aber: Hitissimo! »Addio, mia vita, addio«. Das Duett ist beides in einem: Belcanto und Kommentar dazu durch das Orchester. Denn was die Orchestermusiker spielen, ist eben kein Bellini, sondern Richard Strauss. Auch wenn man das kaum hört, so schön schmilzt das dahin. Toll. Das Duett der Italiener versucht, den Belcanto wieder aufzunehmen, aber es gelingt ihnen nicht wirklich, sie sind angesteckt von der Diskussion und holpern ziemlich herum, erst am Ende finden sie sich wieder.

Hits sind das Lachoktett und das kurz danach anschließende Streitoktett: Ensemblekunst vom Feinsten, vergnüglich und gleichzeitig eine herrliche Parodie auf das, was Rossini mal die »riga die carciofi« nannte, die Artischockenreihe, wenn nämlich – und das musste damals in jeder Oper sein – das Ensemble in einer Reihe an der Rampe steht, nix miteinander zu tun hat, aber in den Saal hupt, was die Lunge hergibt.

Für Rossini ein albernes, überlebtes Opernmittel. Richard Strauss greift genau das auf und amüsiert sich darüber zu Tode, köstlich!
Strauss lässt das Ensemble miteinander lachen, miteinander streiten und weiß: Alle haben ihren Spaß daran, ganz sicher am meisten die Sängerinnen und Sänger.
Ein Hit ist auch das »Holla, ihr Streiter in Apoll« – ein intelligentes parodistisches Spiel mit dem Rezitativ, das wir aus allen klassischen Opern kennen. Da zeigt uns Strauss: Man kann es auch so machen!
»Ich diene den ewigen Gesetzen des Theaters« – das ist schon ein großer Opernmonolog.
Mein kleiner sprachlicher Lieblingshit ist »Morgen mittag um elf«, vor allem wie die Zeile kurz vor dem Ende der Oper wieder auftaucht. Als ich diese Stelle das erste Mal hörte, musste ich laut lachen: Wie? In einer Oper? So eine triviale Textzeile? Und was wäre gewesen, hätte Krauss »Morgen mittag um halb zwölf« vorgeschlagen? Dann hätte Strauss, dessen bin ich sicher, den Text geändert, damit der Rhythmus stimmt.
Ganz große Oper und damit HITISSIMO ist das Finale. Das geht los (bitte Taschentücher bereithalten!) mit dem Sonett »Kein Andres«, das die Gräfin jetzt endlich singen darf, und ist von da an – Verzeihung, ich wiederhole mich – großes Kino. So zauberhaft hat bis dahin kein Komponist eine Sängerin am Ende einer Oper in Szene gesetzt, mein Gott, ist das schön.
Und das Ganze vom Orchester in einem Pizziccato wegzupfen zu lassen – yeahh!

FLOPS

Was für ein ungewöhnlicher Anfang für eine Oper! Wenn das so losgeht, frag ich mich, warum ich nicht zu Hause geblieben bin und mir ein Streichquartett von Mozart aufgelegt habe, im Glas einen samtigen Burgunder, gut, passen würde auch ein feiner Spätburgunder von der Ahr, vielleicht ein Mayer-Näkel oder Stodden. Ich bräuchte auch nicht darauf zu achten, ob das Handy ausgemacht ist, ob ich Hustenbonbons dabeihabe und wo denn um alles in der Welt die Tempotaschentücher sind …

Und dann klaut Strauss auch noch bei Rossini!!! An der Stelle des Gesprächs, wo La Roche das hohe Lied der italienischen Oper singt: Rossini, wo man hinhört! Zu allem Überfluss wird das Ganze auch noch einmal von der Bühnenmusik wiederholt, geht's noch?

Ein Flop ist natürlich die Szene, in der deklamiert wird und in der der Graf das Sonett das erste Mal zum Vortrage bringt: Herr Strauss, wussten Sie nicht, dass man Sängerinnen und Sänger nicht deklamieren lassen darf und erst recht nicht, wenn es sich um Literatur handelt? Es kann ja auch mal gut gehen, aber so etwas auf die Opernbretter zu schreiben, ist höchst riskant und hart am Rande des Lachabgrundes, in das die Sängerinnen und Sänger stürzen können, wenn sie mal sprechen statt singen sollen!

Ein Flop ist auch, die beiden Italiener nicht länger singen zu lassen. Ich meine: Eine Oper als Diskussion über die Oper, das ist ja schon ziemlich sophisticated, aber dann die »wirklichen« Sänger nicht mal richtig aussingen zu lassen, uns kein melodiöses Kissen zu gönnen, das ist ungalant, Herr Strauss.

Übrigens: Wäre ich Ensemblemitglied – was weiß ich: der Graf meinethalben –, ich wäre stinksauer auf Richard Strauss. Da singt man sich die ganze Zeit die Gurgel aus dem Hals, spielt geistreiche Konversation, und darf dann nicht mal am Schluss der Oper in der »riga die carciofi« vorne stehen und den Applaus anschieben. Nein, Herr Strauss, so schön das Ende der Oper die Gräfin in Szene setzt, allen anderen Mitwirkenden an diesem Abend treten Sie so etwas von auf die Füße, das sollte Ihnen leidtun!

OBACHT

Na ja, gefährlich ist natürlich die Szene, wo deklamiert wird. Es gibt Opern, da ist das nicht wirklich heikel. Selbst beim »Fidelio«. Ob da nun der Kerkerchef unten im Verlies schwäbelt oder nicht, fällt nicht besonders ins Gewicht, es kommen ja dann genug dramatische Szenen. Auch bei Mozarts »Entführung« oder »Zauberflöte« nimmt man es einfach hin, wenn's beim Sprechen stolpert, wackelt, stottert und wie bei einer Schüleraufführung daherstelzt – nicht immer natürlich, aber oft genug –, weil man ja danach wieder mit den überirdisch schönen Einfällen Mozarts belohnt wird. Bei »Capriccio« ist es deshalb so heikel, weil das Ganze ja im Grundton eine lyrische Angelegenheit ist. Da ist die Fallhöhe eines schlecht rezitierten Sonetts zu der wunderschönen Musik, in der es später erklingt, wirklich riesengroß. Wenn da einfach nur dahergeleiert wird, dann vergällt einem das die ganze Oper. Zwei, drei Stunden Sprechunterricht und Unterricht darin, wie man ein Gedicht aufsagen muss, damit es nicht wie Storch im Salat klingt, ist hier ein Muss!

DER KLEINE OPERNTÄUSCHER

Bei dieser Oper können Sie in der Pause brillieren, wenn Sie das Motto des Geleitworts zitieren, das Richard Strauss dem Theaterdirektor La Roche in den Mund gelegt und der Opernpartitur vorangestellt hat, ein Geleitwort, das in der Regel nur Dirigenten sehen. Ob die's lesen?
»Der Arie ihr Recht!
Auf die Sänger nimm Rücksicht!
Nicht zu laut das Orchester.«

BEWERTUNGEN

Magie 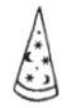

Erst einmal nimmt es einen ja nicht sonderlich gefangen, dass man da der Diskussion von drei Theaterprofis, einer Liebhaberin, einer Schauspielerin und einem Dilettanten zuhören soll. Aber je mehr die Liebe – und die Musik sowieso – eine Rolle spielt, desto magischer wird's.

Erotik 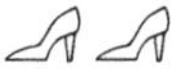

Die Gräfin ist zwar sehr, sehr diskret und dezent (darin ist ja Richard Strauss Meister, siehe »Rosenkavalier«), aber sie hat viel Erotik in ihrer Musik.

Fazzoletto 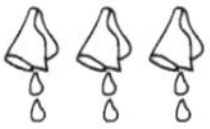

Ab dem zweiten Drittel erwischt es mich immer wieder und in der letzten Szene sowieso!

Gewalt —

Gähn null bis 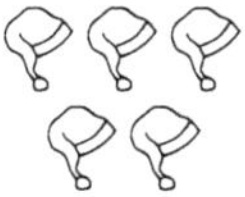

0 für einen wie mich und 5 für jemanden wie meinen Bekannten Karlheinz, den ich mitgenommen habe, um ihn in die Welt der Oper einzuführen. Es war ein Fehler, und die Strafe war: Er schlief bis zum Schluss. Anschließend musste ich ihn in eine Bar begleiten, um mit drei, vier Grappa das Schläfchen in

der Oper wieder wachzuspülen – ach Gott, was tut man nicht alles für die Kunst!

Moral —

Ich sehe keine Bischofsmützen.

Ewigkeit

Diese Oper ist zwar etwas für die ultimativen Opernliebhaber, für die Intrepidi – die Unerschrockenen, aber auch wenn sie nicht an einen »Don Giovanni« heranreicht oder an die »Nozze di Figaro« – sie ist ein exquisites Kammerspiel, das bleiben wird, dessen bin ich ganz sicher.

Gourmet

Es ist die Gourmet-Oper schlechthin. Sie zitiert Oper, sie dreht sich um Oper, und das mit einer Musik, die so ausgeschlafen ist wie kaum eine andere in dem Œuvre von Strauss.

GESAMTWERTUNG

Es müssten 5 sein, aber weil »Capriccio« eine Oper für Feinschmecker ist, muss ich um ein Opernglas reduzieren. »Capriccio« ist ein Werk, das neben der Musik und dem Text noch etwas anderes beinhaltet: Altersweisheit, und das in einer Leichtfüßigkeit, die einen umhaut.

Hier zieht ein Komponist die Summe seines Lebens und hat dafür eine Form gefunden, die Spiegelbild seines Schaffens ist, nämlich in der Oper die Grundprobleme von Oper zu diskutieren. Das ist schon fast abgeklärt reif – wenn da nicht auch die subtile, aber präsente Komik wäre, die das Ganze glücklich auf der Erde hält. Einzigartig!

Und was ist heute mit der Oper?

Oper ist für viele die verrückteste, bizarrste Kunstform überhaupt. Menschen müssen ihren Gefühlen Ausdruck verleihen, wie sie es im normalen Leben nie tun würden: mit Gesang. Bei Arien bleibt die Handlung stehen – im Schauspiel undenkbar – und fünf Minuten lang hören wir zum Beispiel, was Eifersucht mit einem machen kann. Oder: Er oder sie haben sich schon entleibt, singen dann aber noch eine halbe Stunde lang weiter, ein medizinisches Wunder. Schon bizarr, oder?

Nun ist aber Musik eine Sprache, die anderen Gesetzen gehorcht als unser normales Leben in Raum und Zeit. In der Musik sind alle Gesetze aufgehoben und das spüren und wissen wir seit Hunderttausenden von Jahren. Ebenso wissen wir, dass Musik immer schon auch als Heilmittel gewirkt hat, nur wissen wir nicht genau, wie es funktioniert. Und mehr als Literatur ist Musik für alle da, man muss keine Schulen besucht haben, um Musik hören, verstehen und genießen zu können.

So weit, so gut. Bei der Oper haben wir es aber mit einem klaren Sonderfall zu tun: Die Oper ist in den letzten 200 Jahren elitär geworden. Nicht jeder geht in die Oper, nicht jeder kann sie sich leisten, und schon seit einiger Zeit macht die Arie vom Untergang der Hochkultur die Runde. Das ist einfach Blödsinn. Die Silberlocken, die das Premierenabo in den deutschen Opernhäusern innehaben, weil sie es sich leisten können, zu zeigen, dass sie es sich leisten können (na gut, einige kommen schon auch wegen der Musik!), beschwören den Niedergang ihrer, sagen wir mal, Kaste und der dazugehörigen Abzeichen (neben den üblichen Abzeichen ist das eben auch die Oper). Die Oper würde sterben, die jungen Leute verstünden nichts mehr von Oper, deshalb gingen sie da nicht rein.

Dieses Gejammere übersieht etwas: Wir haben heute mehr Musik um uns herum als jede Generation vor uns, wir leben heute in einer Welt, von der die Komponisten aller Zeiten immer schon geträumt haben: Musik überall, Musik immer und Musik für jeden. Früher waren das Einzelereignisse, heute kann man sich im Kaufhaus nicht mal erleichtern, ohne dass Musik aus dem Lautsprecher kommt. Musik in Warteschleifen am Telefon (gerne die quäkende »Für Elise« vom Sinuston-Generator), Musik beim Tanken, beim Starten, beim Landen – wir leben längst nicht mehr in einer ruhigen Welt, Schallverschmutzung ist intensiver als Lichtverschmutzung, die stört ja nur die Astronomen.

UND: Oper spielt dabei eine ganz zentrale Rolle, nur eben in anderen Medien. Einerseits natürlich im Kino. Da meine ich aber nicht so sehr die begleitende, untermalende Filmmusik, da meine ich hochdifferenzierte, leitmotivisch aufgebaute Opernmusik. Wenn Sie sich den »Herrn der Ringe«-Zyklus anschauen und oder bei den Harry-Potter-Filmen das Geklingel der Celesta hören, wenn der Zauberstab auftaucht, dann merken Sie: Das ist wie in der Oper. Auch kein Playstation-Spiel kommt ohne Musik aus, kein Quiz im Fernsehen, keine Endzeit-Doku über Kometen, die auf die Erde knallen, und erst recht keine ZDF-History-Folge, noch nicht mal Nachrichten: überall Musik, Fanfaren, Leitmotive, angsterzeugende Booster-Klänge. Und alles ist geklaut: geklaut von »seriöser« Opernmusik. Wagner, Richard Strauss (der vor allem!), Korngold, Schreker, nehmen Sie, wen Sie wollen: Sie haben die Farben erfunden, und die Filmkomponisten und

Spieledesigner bedienen sich Gefühls-Puzzle für Gefühls-Puzzle an ihren Einfällen. Vielleicht wäre es mal eine Idee, einem spielsüchtigen Jugendlichen zu erklären, dass er nach der Musik von Richard Strauss spielt, dann bekäme man ihn vielleicht auch mal in die Oper gelockt: Da kannst du das, was du hier nur andeutungsweise hörst, richtig hören, komm doch mal mit.

Es gibt also keinen Grund zur Verzweiflung und zum Endzeitgetröte: Fast jeder Mensch überall auf der Welt hört Musik, da sind dann auch die zehn Prozent drunter, die auch mal in die Oper gehen. Man muss nur sehen, wie barock und lustvoll im Sommer die Open-Air-Operngalas gestaltet werden und mit welcher Freude man sich die Verdi-Arien anhört – und schon kann man eine Flasche entkorken und schwelgen, schwelgen, schwelgen, um wieder optimistischer in die Zukunft zu schauen. Im Barock, als die Oper entstanden ist, haben die Hofleute genau so Musik genossen: als Event, und keiner hat sich darüber aufgeregt. Denken wir bitte öfter daran, dass Musik etwas Lebendiges ist, das sich in der Zeit verändert.

Ich habe mich zum Beispiel daran gewöhnt, im Auto Schubert zu hören, wobei ich, je nach Straßengeräuschen, das Volumen rauf- und runterdrehe. Ein Verbrechen, wenn man das vom Konzertsaal her sieht, aber ohne Schubert möchte ich nicht leben und ich will nicht immer darauf warten, bis er im Konzertsaal gespielt wird, und wer weiß, ob ich dann überhaupt Zeit habe, ins Konzert zu gehen. Und wenn ich bei der Opernmusik, die ich höre, die Personen, die Handlung, die Bühne vermisse, dann hole ich mir eine DVD. Oder gehe gleich ins Kino, dort habe ich dasselbe wie in der Oper: die Geschichte, die großen Gefühle: Verrat, Betrug, Eifersucht, Liebe, Mord, schöne Menschen (na ja, meistens schönere als in der Oper) und eben auch Musik. Vielleicht nicht gerade die Stimmen wie in der Oper, aber im Prinzip schon das theatrale Gesamterlebnis. Klar unterscheidet sich Oper immer noch von alledem: »Der Abendstern« aus dem »Tannhäuser« muss live gehört werden, wenn er das Herz treffen soll, oder das »Aber der Richtige« aus der »Arabella«. Aber – und das ist meine Kernthese – das ist nur eine der Möglichkeiten, das Bedürfnis zu befriedigen, das Kunst befriedigt: das Bedürfnis danach, dass mir Menschen ihre Geschichte erzählen und mich an ihren Gefühlen beteiligen, dass Musik mir vom Inneren des Menschen erzählt, weil kein anderes Medium das so gut kann. Wichtig ist, so finde ich, dass es authentisch ist und bleibt: Verdi hat mit Philipp II. gefühlt, als er »Ella giammai m'amò – sie hat mich nie geliebt« komponiert hat, genau so, wie Wim Wenders mit der Kamera seine Protagonisten vom »Buena Vista Social Club« gestreichelt hat, weil er sie liebt.

Klar sind Autorenfilmer und Opernkomponisten in der Minderheit. Nur: Es ist nicht so, dass die »hohe« Kunst stürbe, es ist so, dass die anderen mehr geworden sind. Triviales hat es immer gegeben, ich möchte nicht wissen, was für Lieder die Römer zu ihren Gladiatoren-Spielen gesungen haben, das waren sicher auch keine Verse von Sophokles oder Sappho. Der Punkt ist, dass die Oper auf die eine oder andere Art immer leben wird, weil es immer Menschen geben wird, die sich von Stimmen, einem Orchester, von Klängen, Farben und Bühnenbildern gefangen nehmen lassen. Und das ist umso mehr der Fall, je weniger wir die Oper auf die Straße zerren, um zu zeigen, wie prophetisch Beethoven im »Fidelio« den offenen Vollzug propagiert habe oder dass der Strauss'sche Herodes in der »Salome« nix anderes als ein dekadenter Loddel im Bordell gewesen sei. Ich liebe Oper, ich bin aber auch ein Fan von Aufführungen, die an der Partitur bleiben: Meine Gedanken über Bezüge zu heute mache ich mir dann schon selbst.

Also: Don't cry – opera is still alive and well!

Register